CÓDIGO DE PROPRIEDADE INDUSTRIAL

E LEGISLAÇÃO COMPLEMENTAR

Supervisão Editorial
JAIR LOT VIEIRA

CÓDIGO DE PROPRIEDADE INDUSTRIAL

E LEGISLAÇÃO COMPLEMENTAR

LEI Nº 9.279, DE 14 DE MAIO DE 1996

DIREITOS E OBRIGAÇÕES RELATIVOS À PROPRIEDADE INDUSTRIAL

EDIPRO

CÓDIGO DE PROPRIEDADE INDUSTRIAL

E LEGISLAÇÃO COMPLEMENTAR REGULAMENTADORA E ALTERADORA

LEI Nº 9.279, DE 14 DE MAIO DE 1996 E ALTERAÇÕES

1ª Edição - Atualizada até DOU de 30.6.2003

Supervisão Editorial: *Jair Lot Vieira*
Editor: *Alexandre Rudyard Benevides*
Capa: *Equipe Edipro*
Revisão: *Ricardo Virando*

Nº de Catálogo: 0089

Dados de Catalogação na Fonte (CIP) Internacional
(Câmara Brasileira do Livro, SP, Brasil)

Brasil
[Código de propriedade industrial]
Código de propriedade industrial - Lei nº 9.279, de 14 de maio de 1996 - legislação complementar, regulamentadora e alteradora / supervisão editorial Jair Lot Vieira - Bauru, SP: EDIPRO, 1ª ed. 2003 (Série Legislação).

ISBN 85-7283-402-8

1. Propriedade industrial 2. Propriedade industrial - Brasil 3. Propriedade industrial - Leis e legislação - Brasil I. Vieira, Jair Lot, 1946-. II. Título. III. Série

03-2652 CDU-347.77(81)(094.56)

Índices para catálogo sistemático:
1. Brasil : Leis comentadas : Propriedade industrial : Direito Comercial 347.77(81)(094.56)

EDIPRO - Edições Profissionais Ltda.
Rua Conde de São Joaquim, 332 - Liberdade
CEP 01320-010 - São Paulo - SP
Fone (11) 3107-4788 - FAX (11) 3107-0061
E-mail: edipro@uol.com.br

Atendemos pelo Reembolso Postal

SUMÁRIO

Todos têm direito à proteção dos interesses morais e materiais ligados a qualquer produção científica, literária ou artística da sua autoria.

Declaração Universa dos Direitos Humanos – Artigo 27, item 2

Art. 5º. *Todos são iguais perante a lei, sem distinção de qualquer natureza, garantindo-se aos brasileiros e aos estrangeiros residentes no País a inviolabilidade do direito à vida, à liberdade, à igualdade, à segurança e à propriedade, nos termos seguintes:*

XXIX *- a lei assegurará aos autores de inventos industriais privilégio temporário para sua utilização, bem como proteção às criações industriais, à propriedade das marcas, aos nomes de empresas e a outros signos distintivos, tendo em vista o interesse social e o desenvolvimento tecnológico e econômico do País;*

Constituição da República Federativa do Brasil de 1988

CÓDIGO DE PROPRIEDADE INDUSTRIAL

LEI Nº 9.279, DE 14 DE MAIO DE 1996

Regula direitos e obrigações relativos à propriedade industrial.

O Presidente da República,

Faço saber que o Congresso Nacional decreta e eu sanciono a seguinte Lei:

DISPOSIÇÕES PRELIMINARES

Art. 1º. Esta Lei regula direitos e obrigações relativos à propriedade industrial.

- *CF, art. 5º: "XXIX - a lei assegurará aos autores de inventos industriais privilégio temporário para sua utilização, bem como proteção às criações industriais, à propriedade das marcas, aos nomes de empresas e a outros signos distintivos, tendo em vista o interesse social e o desenvolvimento tecnológico e econômico do País;".*

Art. 2º. A proteção dos direitos relativos à propriedade industrial, considerado o seu interesse social e o desenvolvimento tecnológico e econômico do País, efetua-se mediante:

I - concessão de patentes de invenção e de modelo de utilidade;

II - concessão de registro de desenho industrial;

III - concessão de registro de marca;

IV - repressão às falsas indicações geográficas; e

V - repressão à concorrência desleal.

Art. 3º. Aplica-se também o disposto nesta Lei:

I - ao pedido de patente ou de registro proveniente do exterior e depositado no País por quem tenha proteção assegurada por tratado ou convenção em vigor no Brasil; e

II - aos nacionais ou pessoas domiciliadas em país que assegure aos brasileiros ou pessoas domiciliadas no Brasil a reciprocidade de direitos iguais ou equivalentes.

Art. 4º. As disposições dos tratados em vigor no Brasil são aplicáveis, em igualdade de condições, às pessoas físicas e jurídicas nacionais ou domiciliadas no País.

• *CF: "Art. 4º. A República Federativa do Brasil rege-se nas suas relações internacionais pelos seguintes princípios: (...) V - igualdade entre os Estados;*

Art. 5º. Consideram-se bens móveis, para os efeitos legais, os direitos de propriedade industrial.

• ***Novo Código Civil:***

*"**Art. 82.** São móveis os bens suscetíveis de movimento próprio, ou de remoção por força alheia, sem alteração da substância ou da destinação econômico-social.*

Art. 83. Consideram-se móveis para os efeitos legais:

I - as energias que tenham valor econômico;

II - os direitos reais sobre objetos móveis e as ações correspondentes;

III - os direitos pessoais de caráter patrimonial e respectivas ações."

TÍTULO I - DAS PATENTES

CAPÍTULO I - DA TITULARIDADE

Art. 6º. Ao autor de invenção ou modelo de utilidade será assegurado o direito de obter a patente que lhe garanta a propriedade, nas condições estabelecidas nesta Lei.

§ 1º. Salvo prova em contrário, presume-se o requerente legitimado a obter a patente.

§ 2º. A patente poderá ser requerida em nome próprio, pelos herdeiros ou sucessores do autor, pelo cessionário ou por aquele a quem a lei ou o contrato de trabalho ou de prestação de serviços determinar que pertença a titularidade.

§ 3º. Quando se tratar de invenção ou de modelo de utilidade realizado conjuntamente por duas ou mais pessoas, a patente poderá ser requerida por todas ou qualquer delas, mediante nomeação e qualificação das demais, para ressalva dos respectivos direitos.

§ 4º. O inventor será nomeado e qualificado, podendo requerer a não divulgação de sua nomeação.

Art. 7º. Se dois ou mais autores tiverem realizado a mesma invenção ou modelo de utilidade, de forma independente, o direito de obter patente será assegurado àquele que provar o depósito mais antigo, independentemente das datas de invenção ou criação.

Parágrafo único. A retirada de depósito anterior sem produção de qualquer efeito dará prioridade ao depósito imediatamente posterior.

CAPÍTULO II - DA PATENTEABILIDADE

Seção I - Das Invenções e dos Modelos de Utilidade Patenteáveis

Art. 8º. É patenteável a invenção que atenda aos requisitos de novidade, atividade inventiva e aplicação industrial.

Art. 9º. É patenteável como modelo de utilidade o objeto de uso prático, ou parte deste, suscetível de aplicação industrial, que apresente nova forma ou disposição, envolvendo ato inventivo, que resulte em melhoria funcional no seu uso ou em sua fabricação.

Art. 10. Não se considera invenção nem modelo de utilidade:

I - descobertas, teorias científicas e métodos matemáticos;

II - concepções puramente abstratas;

III - esquemas, planos, princípios ou métodos comerciais, contábeis, financeiros, educativos, publicitários, de sorteio e de fiscalização;

IV - as obras literárias, arquitetônicas, artísticas e científicas ou qualquer criação estética;

V - programas de computador em si;

VI - apresentação de informações;

VII - regras de jogo;

VIII - técnicas e métodos operatórios ou cirúrgicos, bem como métodos terapêuticos ou de diagnóstico, para aplicação no corpo humano ou animal; e

IX - o todo ou parte de seres vivos naturais e materiais biológicos encontrados na natureza, ou ainda que dela isolados, inclusive o genoma ou germoplasma de qualquer ser vivo natural e os processos biológicos naturais.

Art. 11. A invenção e o modelo de utilidade são considerados novos quando não compreendidos no estado da técnica.

§ 1º. O estado da técnica é constituído por tudo aquilo tornado acessível ao público antes da data de depósito do pedido de patente, por descrição escrita ou oral, por uso ou qualquer outro meio, no Brasil ou no exterior, ressalvado o disposto nos arts. 12, 16 e 17.

§ 2º. Para fins de aferição da novidade, o conteúdo completo de pedido depositado no Brasil, e ainda não publicado, será considerado estado da técnica a partir da data de depósito, ou da prioridade reivindicada, desde que venha a ser publicado, mesmo que subseqüentemente.

§ 3º. O disposto no parágrafo anterior será aplicado ao pedido internacional de patente depositado segundo tratado ou convenção em vigor no Brasil, desde que haja processamento nacional.

Art. 12. Não será considerada como estado da técnica a divulgação de invenção ou modelo de utilidade, quando ocorrida durante os 12 (doze) meses que precederem a data de depósito ou a da prioridade do pedido de patente, se promovida:

I - pelo inventor;

II - pelo Instituto Nacional da Propriedade Industrial - INPI, através de publicação oficial do pedido de patente depositado sem o consentimento do inventor, baseado em informações deste obtidas ou em decorrência de atos por ele realizados; ou

III - por terceiros, com base em informações obtidas direta ou indiretamente do inventor ou em decorrência de atos por este realizados.

Parágrafo único. O INPI poderá exigir do inventor declaração relativa à divulgação, acompanhada ou não de provas, nas condições estabelecidas em regulamento.

Art. 13. A invenção é dotada de atividade inventiva sempre que, para um técnico no assunto, não decorra de maneira evidente ou óbvia do estado da técnica.

Art. 14. O modelo de utilidade é dotado de ato inventivo sempre que, para um técnico no assunto, não decorra de maneira comum ou vulgar do estado da técnica.

Art. 15. A invenção e o modelo de utilidade são considerados suscetíveis de aplicação industrial quando possam ser utilizados ou produzidos em qualquer tipo de indústria.

Seção II - Da Prioridade

Art. 16. Ao pedido de patente depositado em país que mantenha acordo com o Brasil, ou em organização internacional, que produza efeito de depósito nacional, será assegurado direito de prioridade, nos prazos estabelecidos no acordo, não sendo o depósito invalidado nem prejudicado por fatos ocorridos nesses prazos.

§ 1º. A reivindicação de prioridade será feita no ato de depósito, podendo ser suplementada dentro de 60 (sessenta) dias por outras prioridades anteriores à data do depósito no Brasil.

§ 2º. A reivindicação de prioridade será comprovada por documento hábil da origem, contendo número, data, título, relatório descritivo e, se for o caso, reivindicações e desenhos, acompanhado de tradução simples da certidão de depósito ou documento equivalente, contendo dados identificadores do pedido, cujo teor será de inteira responsabilidade do depositante.

§ 3º. Se não efetuada por ocasião do depósito, a comprovação deverá ocorrer em até 180 (cento e oitenta) dias contados do depósito.

§ 4º. Para os pedidos internacionais depositados em virtude de tratado em vigor no Brasil, a tradução prevista no § 2º deverá ser apresentada no prazo de 60 (sessenta) dias contados da data da entrada no processamento nacional.

§ 5º. No caso de o pedido depositado no Brasil estar fielmente contido no documento da origem, será suficiente uma declaração do depositante a este respeito para substituir a tradução simples.

§ 6º. Tratando-se de prioridade obtida por cessão, o documento correspondente deverá ser apresentado dentro de 180 (cento e oitenta) dias contados do depósito, ou, se for o caso, em até 60 (sessenta) dias da data da entrada no processamento nacional, dispensada a legalização consular no país de origem.

§ 7º. A falta de comprovação nos prazos estabelecidos neste artigo acarretará a perda da prioridade.

§ 8º. Em caso de pedido depositado com reivindicação de prioridade, o requerimento para antecipação de publicação deverá ser instruído com a comprovação da prioridade.

Art. 17. O pedido de patente de invenção ou de modelo de utilidade depositado originalmente no Brasil, sem reivindicação de prioridade e não publicado, assegurará o direito de prioridade ao pedido posterior sobre a mesma matéria depositado no Brasil pelo mesmo requerente ou sucessores, dentro do prazo de 1 (um) ano.

- *Ver art. 4, C.1, da Convenção de Paris, ratificada pelo Decreto nº 1.263, de 10.10.1994.*

§ 1º. A prioridade será admitida apenas para a matéria revelada no pedido anterior, não se estendendo a matéria nova introduzida.

§ 2º. O pedido anterior ainda pendente será considerado definitivamente arquivado.

§ 3º. O pedido de patente originário de divisão de pedido anterior não poderá servir de base a reivindicação de prioridade.

Seção III - Das Invenções e dos Modelos de Utilidade Não Patenteáveis

Art. 18. Não são patenteáveis:

I - o que for contrário à moral, aos bons costumes e à segurança, à ordem e à saúde públicas;

II - as substâncias, matérias, misturas, elementos ou produtos de qualquer espécie, bem como a modificação de suas propriedades físico-químicas e os respectivos processos de obtenção ou modificação, quando resultantes de transformação do núcleo atômico; e

III - o todo ou parte dos seres vivos, exceto os microorganismos transgênicos que atendam aos três requisitos de patenteabilidade - novidade, atividade inventiva e aplicação industrial - previstos no art. 8º e que não sejam mera descoberta.

Parágrafo único. Para os fins desta Lei, microorganismos transgênicos são organismos, exceto o todo ou parte de plantas ou de animais, que expressem, mediante intervenção humana direta em sua composição genética, uma característica normalmente não alcançável pela espécie em condições naturais.

CAPÍTULO III - DO PEDIDO DE PATENTE

Seção I - Do Depósito do Pedido

Art. 19. O pedido de patente, nas condições estabelecidas pelo INPI, conterá:

I - requerimento;

II - relatório descritivo;

III - reivindicações;

IV - desenhos, se for o caso;

V - resumo; e

VI - comprovante do pagamento da retribuição relativa ao depósito.

Art. 20. Apresentado o pedido, será ele submetido a exame formal preliminar e, se devidamente instruído, será protocolizado, considerada a data de depósito a da sua apresentação.

Art. 21. O pedido que não atender formalmente ao disposto no art. 19, mas que contiver dados relativos ao objeto, ao depositante e ao inventor, poderá ser entregue, mediante recibo datado, ao INPI, que estabelecerá as exigências a serem cumpridas, no prazo de 30 (trinta) dias, sob pena de devolução ou arquivamento da documentação.

Parágrafo único. Cumpridas as exigências, o depósito será considerado como efetuado na data do recibo.

Seção II - Das Condições do Pedido

Art. 22. O pedido de patente de invenção terá de se referir a uma única invenção ou a um grupo de invenções inter-relacionadas de maneira a compreenderem um único conceito inventivo.

Art. 23. O pedido de patente de modelo de utilidade terá de se referir a um único modelo principal, que poderá incluir uma pluralidade de elementos distintos, adicionais ou variantes construtivas ou configurativas, desde que mantida a unidade técnico-funcional e corporal do objeto.

Art. 24. O relatório deverá descrever clara e suficientemente o objeto, de modo a possibilitar sua realização por técnico no assunto e indicar, quando for o caso, a melhor forma de execução.

Parágrafo único. No caso de material biológico essencial à realização prática do objeto do pedido, que não possa ser descrito na forma deste artigo e que não estiver acessível ao público, o relatório será suplementado por depósito do material em instituição autorizada pelo INPI ou indicada em acordo internacional.

Art. 25. As reivindicações deverão ser fundamentadas no relatório descritivo, caracterizando as particularidades do pedido e definindo, de modo claro e preciso, a matéria objeto da proteção.

Art. 26. O pedido de patente poderá ser dividido em dois ou mais, de ofício ou a requerimento do depositante, até o final do exame, desde que o pedido dividido:

I - faça referência específica ao pedido original; e

II - não exceda à matéria revelada constante do pedido original.

Parágrafo único. O requerimento de divisão em desacordo com o disposto neste artigo será arquivado.

Art. 27. Os pedidos divididos terão a data de depósito do pedido original e o benefício de prioridade deste, se for o caso.

Art. 28. Cada pedido dividido estará sujeito a pagamento das retribuições correspondentes.

Art. 29. O pedido de patente retirado ou abandonado será obrigatoriamente publicado.

§ 1º. O pedido de retirada deverá ser apresentado em até 16 (dezesseis) meses, contados da data do depósito ou da prioridade mais antiga.

§ 2º. A retirada de um depósito anterior sem produção de qualquer efeito dará prioridade ao depósito imediatamente posterior.

Seção III - Do Processo e do Exame do Pedido

Art. 30. O pedido de patente será mantido em sigilo durante 18 (dezoito) meses contados da data de depósito ou da prioridade mais antiga, quando houver, após o que será publicado, à exceção do caso previsto no art. 75.

§ 1º. A publicação do pedido poderá ser antecipada a requerimento do depositante.

§ 2º. Da publicação deverão constar dados identificadores do pedido de patente, ficando cópia do relatório descritivo, das reivindicações, do resumo e dos desenhos à disposição do público no INPI.

§ 3º. No caso previsto no parágrafo único do art. 24, o material biológico tornar-se-á acessível ao público com a publicação de que trata este artigo.

Art. 31. Publicado o pedido de patente e até o final do exame, será facultada a apresentação, pelos interessados, de documentos e informações para subsidiarem o exame.

Parágrafo único. O exame não será iniciado antes de decorridos 60 (sessenta) dias da publicação do pedido.

Art. 32. Para melhor esclarecer ou definir o pedido de patente, o depositante poderá efetuar alterações até o requerimento do exame, desde que estas se limitem à matéria inicialmente revelada no pedido.

Art. 33. O exame do pedido de patente deverá ser requerido pelo depositante ou por qualquer interessado, no prazo de 36 (trinta e seis) meses contados da data do depósito, sob pena do arquivamento do pedido.

Parágrafo único. O pedido de patente poderá ser desarquivado, se o depositante assim o requerer, dentro de 60 (sessenta) dias contados do arquivamento, mediante pagamento de uma retribuição específica, sob pena de arquivamento definitivo.

Art. 34. Requerido o exame, deverão ser apresentados, no prazo de 60 (sessenta) dias, sempre que solicitado, sob pena de arquivamento do pedido:

I - objeções, buscas de anterioridade e resultados de exame para concessão de pedido correspondente em outros países, quando houver reivindicação de prioridade;

II - documentos necessários à regularização do processo e exame do pedido; e

III - tradução simples do documento hábil referido no § 2º do art. 16, caso esta tenha sido substituída pela declaração prevista no § 5º do mesmo artigo.

Art. 35. Por ocasião do exame técnico, será elaborado o relatório de busca e parecer relativo a:

I - patenteabilidade do pedido;

II - adaptação do pedido à natureza reivindicada;

III - reformulação do pedido ou divisão; ou

IV - exigências técnicas.

Art. 36. Quando o parecer for pela não patenteabilidade ou pelo não enquadramento do pedido na natureza reivindicada ou formular qualquer exigência, o depositante será intimado para manifestar-se no prazo de 90 (noventa) dias.

§ 1º. Não respondida a exigência, o pedido será definitivamente arquivado.

§ 2º. Respondida a exigência, ainda que não cumprida, ou contestada sua formulação, e havendo ou não manifestação sobre a patenteabilidade ou o enquadramento, dar-se-á prosseguimento ao exame.

Art. 37. Concluído o exame, será proferida decisão, deferindo ou indeferindo o pedido de patente.

CAPÍTULO IV - DA CONCESSÃO E DA VIGÊNCIA DA PATENTE

Seção I - Da Concessão da Patente

Art. 38. A patente será concedida depois de deferido o pedido, e comprovado o pagamento da retribuição correspondente, expedindo-se a respectiva carta-patente.

§ 1º. O pagamento da retribuição e respectiva comprovação deverão ser efetuados no prazo de 60 (sessenta) dias contados do deferimento.

§ 2º. A retribuição prevista neste artigo poderá ainda ser paga e comprovada dentro de 30 (trinta) dias após o prazo previsto no parágrafo anterior, independentemente de notificação, mediante pagamento de retribuição específica, sob pena de arquivamento definitivo do pedido.

§ 3º. Reputa-se concedida a patente na data de publicação do respectivo ato.

Art. 39. Da carta-patente deverão constar o número, o título e a natureza respectivos, o nome do inventor, observado o disposto no § 4º do art. 6º, a qualificação e o domicílio do titular, o prazo de vigência, o relatório descritivo, as reivindicações e os desenhos, bem como os dados relativos à prioridade.

Seção II - Da Vigência da Patente

Art. 40. A patente de invenção vigorará pelo prazo de 20 (vinte) anos e a de modelo de utilidade pelo prazo 15 (quinze) anos contados da data de depósito.

Parágrafo único. O prazo de vigência não será inferior a 10 (dez) anos para a patente de invenção e a 7 (sete) anos para a patente de modelo de utilidade, a contar da data de concessão, ressalvada a hipótese de o INPI estar impedido de proceder ao exame de mérito do pedido, por pendência judicial comprovada ou por motivo de força maior.

CAPÍTULO V - DA PROTEÇÃO CONFERIDA PELA PATENTE

Seção I - Dos Direitos

Art. 41. A extensão da proteção conferida pela patente será determinada pelo teor das reivindicações, interpretado com base no relatório descritivo e nos desenhos.

Art. 42. A patente confere ao seu titular o direito de impedir terceiro, sem o seu consentimento, de produzir, usar, colocar à venda, vender ou importar com estes propósitos:

I - produto objeto de patente;

II - processo ou produto obtido diretamente por processo patenteado.

§ 1º. Ao titular da patente é assegurado ainda o direito de impedir que terceiros contribuam para que outros pratiquem os atos referidos neste artigo.

§ 2º. Ocorrerá violação de direito da patente de processo, a que se refere o inciso II, quando o possuidor ou proprietário não comprovar, mediante determinação judicial específica, que o seu produto foi obtido por processo de fabricação diverso daquele protegido pela patente.

Art. 43. O disposto no artigo anterior não se aplica:

I - aos atos praticados por terceiros não autorizados, em caráter privado e sem finalidade comercial, desde que não acarretem prejuízo ao interesse econômico do titular da patente;

II - aos atos praticados por terceiros não autorizados, com finalidade experimental, relacionados a estudos ou pesquisas científicas ou tecnológicas;

III - à preparação de medicamento de acordo com prescrição médica para casos individuais, executada por profissional habilitado, bem como ao medicamento assim preparado;

IV - a produto fabricado de acordo com patente de processo ou de produto que tiver sido colocado no mercado interno diretamente pelo titular da patente ou com seu consentimento;

V - a terceiros que, no caso de patentes relacionadas com matéria viva, utilizem, sem finalidade econômica, o produto patenteado como fonte inicial de variação ou propagação para obter outros produtos; e

VI - a terceiros que, no caso de patentes relacionadas com matéria viva, utilizem, ponham em circulação ou comercializem um produto patenteado que haja sido introduzido licitamente no comércio pelo detentor da patente ou por detentor de licença, desde que o produto patenteado não seja utilizado para multiplicação ou propagação comercial da matéria viva em causa;

VII - aos atos praticados por terceiros não autorizados, relacionados à invenção protegida por patente, destinados exclusivamente à produção de informações, dados e resultados de testes, visando à obtenção do registro de comercialização, no Brasil ou em outro país, para a exploração e comercialização do produto objeto da patente, após a expiração dos prazos estipulados no art. 40.

• *Inciso VII com redação dada pela Lei nº 10.196, de 14.2.2001.*

Art. 44. Ao titular da patente é assegurado o direito de obter indenização pela exploração indevida de seu objeto, inclusive em relação à exploração ocorrida entre a data da publicação do pedido e a da concessão da patente.

§ 1º. Se o infrator obteve, por qualquer meio, conhecimento do conteúdo do pedido depositado, anteriormente à publicação, contar-se-á o período da exploração indevida para efeito da indenização a partir da data de início da exploração.

§ 2º. Quando o objeto do pedido de patente se referir a material biológico, depositado na forma do parágrafo único do art. 24, o direito à indenização será somente conferido quando o material biológico se tiver tornado acessível ao público.

§ 3º. O direito de obter indenização por exploração indevida, inclusive com relação ao período anterior à concessão da patente, está limitado ao conteúdo do seu objeto, na forma do art. 41.

Seção II - Do Usuário Anterior

Art. 45. À pessoa de boa fé que, antes da data de depósito ou de prioridade de pedido de patente, explorava seu objeto no País, será assegurado o direito de continuar a exploração, sem ônus, na forma e condição anteriores.

§ 1º. O direito conferido na forma deste artigo só poderá ser cedido juntamente com o negócio ou empresa, ou parte desta que tenha direta relação com a exploração do objeto da patente, por alienação ou arrendamento.

§ 2º. O direito de que trata este artigo não será assegurado a pessoa que tenha tido conhecimento do objeto da patente através de divulgação na forma do art. 12, desde que o pedido tenha sido depositado no prazo de 1 (um) ano, contado da divulgação.

CAPÍTULO VI - DA NULIDADE DA PATENTE

Seção I - Das Disposições Gerais

Art. 46. É nula a patente concedida contrariando as disposições desta Lei.

Art. 47. A nulidade poderá não incidir sobre todas as reivindicações, sendo condição para a nulidade parcial o fato de as reivindicações subsistentes constituírem matéria patenteável por si mesmas.

Art. 48. A nulidade da patente produzirá efeitos a partir da data do depósito do pedido.

Art. 49. No caso de inobservância do disposto no art. 6º, o inventor poderá, alternativamente, reivindicar, em ação judicial, a adjudicação da patente.

Seção II - Do Processo Administrativo de Nulidade

Art. 50. A nulidade da patente será declarada administrativamente quando:

I - não tiver sido atendido qualquer dos requisitos legais;

II - o relatório e as reivindicações não atenderem ao disposto nos arts. 24 e 25, respectivamente;

III - o objeto da patente se estenda além do conteúdo do pedido originalmente depositado; ou

IV - no seu processamento, tiver sido omitida qualquer das formalidades essenciais, indispensáveis à concessão.

Art. 51. O processo de nulidade poderá ser instaurado de ofício ou mediante requerimento de qualquer pessoa com legítimo interesse, no prazo de 6 (seis) meses contados da concessão da patente.

Parágrafo único. O processo de nulidade prosseguirá ainda que extinta a patente.

Art. 52. O titular será intimado para se manifestar no prazo de 60 (sessenta) dias.

Art. 53. Havendo ou não manifestação, decorrido o prazo fixado no artigo anterior, o INPI emitirá parecer, intimando o titular e o requerente para se manifestarem no prazo comum de 60 (sessenta) dias.

Art. 54. Decorrido o prazo fixado no artigo anterior, mesmo que não apresentadas as manifestações, o processo será decidido pelo Presidente do INPI, encerrando-se a instância administrativa.

Art. 55. Aplicam-se, no que couber, aos certificados de adição, as disposições desta Seção.

Seção III - Da Ação de Nulidade

Art. 56. A ação de nulidade poderá ser proposta a qualquer tempo da vigência da patente, pelo INPI ou por qualquer pessoa com legítimo interesse.

§ 1º. A nulidade da patente poderá ser argüida, a qualquer tempo, como matéria de defesa.

§ 2º. O juiz poderá, preventiva ou incidentalmente, determinar a suspensão dos efeitos da patente, atendidos os requisitos processuais próprios.

Art. 57. A ação de nulidade de patente será ajuizada no foro da Justiça Federal e o INPI, quando não for autor, intervirá no feito.

§ 1º. O prazo para resposta do réu titular da patente será de 60 (sessenta) dias.

§ 2º. Transitada em julgado a decisão da ação de nulidade, o INPI publicará anotação, para ciência de terceiros.

CAPÍTULO VII - DA CESSÃO E DAS ANOTAÇÕES

Art. 58. O pedido de patente ou a patente, ambos de conteúdo indivisível, poderão ser cedidos, total ou parcialmente.

Art. 59. O INPI fará as seguintes anotações:

I - da cessão, fazendo constar a qualificação completa do cessionário;

II - de qualquer limitação ou ônus que recaia sobre o pedido ou a patente; e

III - das alterações de nome, sede ou endereço do depositante ou titular.

Art. 60. As anotações produzirão efeito em relação a terceiros a partir da data de sua publicação.

CAPÍTULO VIII - DAS LICENÇAS

Seção I - Da Licença Voluntária

Art. 61. O titular de patente ou o depositante poderá celebrar contrato de licença para exploração.

Parágrafo único. O licenciado poderá ser investido pelo titular de todos os poderes para agir em defesa da patente.

Art. 62. O contrato de licença deverá ser averbado no INPI para que produza efeitos em relação a terceiros.

§ 1º. A averbação produzirá efeitos em relação a terceiros a partir da data de sua publicação.

§ 2º. Para efeito de validade de prova de uso, o contrato de licença não precisará estar averbado no INPI.

Art. 63. O aperfeiçoamento introduzido em patente licenciada pertence a quem o fizer, sendo assegurado à outra parte contratante o direito de preferência para seu licenciamento.

Seção II - Da Oferta de Licença

Art. 64. O titular da patente poderá solicitar ao INPI que a coloque em oferta para fins de exploração.

§ 1º. O INPI promoverá a publicação da oferta.

§ 2º. Nenhum contrato de licença voluntária de caráter exclusivo será averbado no INPI sem que o titular tenha desistido da oferta.

§ 3º. A patente sob licença voluntária, com caráter de exclusividade, não poderá ser objeto de oferta.

§ 4º. O titular poderá, a qualquer momento, antes da expressa aceitação de seus termos pelo interessado, desistir da oferta, não se aplicando o disposto no art. 66.

Art. 65. Na falta de acordo entre o titular e o licenciado, as partes poderão requerer ao INPI o arbitramento da remuneração.

§ 1º. Para efeito deste artigo, o INPI observará o disposto no § 4º do art. 73.

§ 2º. A remuneração poderá ser revista decorrido 1 (um) ano de sua fixação.

Art. 66. A patente em oferta terá sua anuidade reduzida à metade no período compreendido entre o oferecimento e a concessão da primeira licença, a qualquer título.

Art. 67. O titular da patente poderá requerer o cancelamento da licença se o licenciado não der início à exploração efetiva dentro de 1 (um) ano da concessão, interromper a exploração por prazo superior a 1 (um) ano, ou, ainda, se não forem obedecidas as condições para a exploração.

Seção III - Da Licença Compulsória

Art. 68. O titular ficará sujeito a ter a patente licenciada compulsoriamente se exercer os direitos dela decorrentes de forma abusiva, ou por meio dela praticar abuso de poder econômico, comprovado nos termos da lei, por decisão administrativa ou judicial.

§ 1º. Ensejam, igualmente, licença compulsória:

I - a não exploração do objeto da patente no território brasileiro por falta de fabricação ou fabricação incompleta do produto, ou, ainda, a falta de uso integral do processo patenteado, ressalvados os casos de inviabilidade econômica, quando será admitida a importação; ou

II - a comercialização que não satisfizer às necessidades do mercado.

§ 2º. A licença só poderá ser requerida por pessoa com legítimo interesse e que tenha capacidade técnica e econômica para realizar a exploração eficiente do objeto da patente, que deverá destinar-se, predominantemente, ao mercado interno, extinguindo-se nesse caso a excepcionalidade prevista no inciso I do parágrafo anterior.

§ 3º. No caso de a licença compulsória ser concedida em razão de abuso de poder econômico, ao licenciado, que propõe fabricação local, será garantido um prazo, limitado ao estabelecido no art. 74, para proceder à importação do objeto da licença, desde que tenha sido colocado no mercado diretamente pelo titular ou com o seu consentimento.

§ 4º. No caso de importação para exploração de patente e no caso da importação prevista no parágrafo anterior, será igualmente admitida a importação por terceiros de produto fabricado de acordo com patente de processo ou de produto, desde que tenha sido colocado no mercado diretamente pelo titular ou com o seu consentimento.

§ 5º. A licença compulsória de que trata o § 1º somente será requerida após decorridos 3 (três) anos da concessão da patente.

Art. 69. A licença compulsória não será concedida se, à data do requerimento, o titular:

I - justificar o desuso por razões legítimas;

II - comprovar a realização de sérios e efetivos preparativos para a exploração; ou

III - justificar a falta de fabricação ou comercialização por obstáculo de ordem legal.

Art. 70. A licença compulsória será ainda concedida quando, cumulativamente, se verificarem as seguintes hipóteses:

I - ficar caracterizada situação de dependência de uma patente em relação a outra;

II - o objeto da patente dependente constituir substancial progresso técnico em relação à patente anterior; e

III - o titular não realizar acordo com o titular da patente dependente para exploração da patente anterior.

§ 1º. Para os fins deste artigo considera-se patente dependente aquela cuja exploração depende obrigatoriamente da utilização do objeto de patente anterior.

§ 2º. Para efeito deste artigo, uma patente de processo poderá ser considerada dependente de patente do produto respectivo, bem como uma patente de produto poderá ser dependente de patente de processo.

§ 3º. O titular da patente licenciada na forma deste artigo terá direito a licença compulsória cruzada da patente dependente.

Art. 71. Nos casos de emergência nacional ou interesse público, declarados em ato do Poder Executivo Federal, desde que o titular da patente ou seu licenciado não atenda a essa necessidade, poderá ser concedida, de ofício, licença compulsória, temporária e não exclusiva, para a exploração da patente, sem prejuízo dos direitos do respectivo titular.

Parágrafo único. O ato de concessão da licença estabelecerá seu prazo de vigência e a possibilidade de prorrogação.

- *Art. 71 regulamentado pelo Decreto nº 3.201, de 6.10.1999.*

Art. 72. As licenças compulsórias serão sempre concedidas sem exclusividade, não se admitindo o sublicenciamento.

Art. 73. O pedido de licença compulsória deverá ser formulado mediante indicação das condições oferecidas ao titular da patente.

§ 1º. Apresentado o pedido de licença, o titular será intimado para manifestar-se no prazo de 60 (sessenta) dias, findo o qual, sem manifestação do titular, será considerada aceita a proposta nas condições oferecidas.

§ 2º. O requerente de licença que invocar abuso de direitos patentários ou abuso de poder econômico deverá juntar documentação que o comprove.

§ 3º. No caso de a licença compulsória ser requerida com fundamento na falta de exploração, caberá ao titular da patente comprovar a exploração.

§ 4º. Havendo contestação, o INPI poderá realizar as necessárias diligências, bem como designar comissão, que poderá incluir especialistas não integrantes dos quadros da autarquia, visando arbitrar a remuneração que será paga ao titular.

§ 5º. Os órgãos e entidades da administração pública direta ou indireta, federal, estadual e municipal, prestarão ao INPI as informações solicitadas com o objetivo de subsidiar o arbitramento da remuneração.

§ 6º. No arbitramento da remuneração, serão consideradas as circunstâncias de cada caso, levando-se em conta, obrigatoriamente, o valor econômico da licença concedida.

§ 7º. Instruído o processo, o INPI decidirá sobre a concessão e condições da licença compulsória no prazo de 60 (sessenta) dias.

§ 8º. O recurso da decisão que conceder a licença compulsória não terá efeito suspensivo.

Art. 74. Salvo razões legítimas, o licenciado deverá iniciar a exploração do objeto da patente no prazo de 1 (um) ano da concessão da licença, admitida a interrupção por igual prazo.

§ 1º. O titular poderá requerer a cassação da licença quando não cumprido o disposto neste artigo.

§ 2º. O licenciado ficará investido de todos os poderes para agir em defesa da patente.

§ 3º. Após a concessão da licença compulsória, somente será admitida a sua cessão quando realizada conjuntamente com a cessão, alienação ou arrendamento da parte do empreendimento que a explore.

CAPÍTULO IX - DA PATENTE DE INTERESSE DA DEFESA NACIONAL

Art. 75. O pedido de patente originário do Brasil cujo objeto interesse à defesa nacional será processado em caráter sigiloso e não estará sujeito às publicações previstas nesta Lei.

§ 1º. O INPI encaminhará o pedido, de imediato, ao órgão competente do Poder Executivo para, no prazo de 60 (sessenta) dias, manifestar-se sobre o caráter sigiloso. Decorrido o prazo sem a manifestação do órgão competente, o pedido será processado normalmente.

§ 2º. É vedado o depósito no exterior de pedido de patente cujo objeto tenha sido considerado de interesse da defesa nacional, bem como qualquer divulgação do mesmo, salvo expressa autorização do órgão competente.

§ 3º. A exploração e a cessão do pedido ou da patente de interesse da defesa nacional estão condicionadas à prévia autorização do órgão competente, assegurada indenização sempre que houver restrição dos direitos do depositante ou do titular.

• *Art. 75 regulamentado pelo Decreto nº 2.553, de 16.4.1998.*

CAPÍTULO X - DO CERTIFICADO DE ADIÇÃO DE INVENÇÃO

Art. 76. O depositante do pedido ou titular de patente de invenção poderá requerer, mediante pagamento de retribuição específica, certificado de adição para proteger aperfeiçoamento ou desenvolvimento introduzido no objeto da invenção, mesmo que destituído de atividade inventiva, desde que a matéria se inclua no mesmo conceito inventivo.

§ 1º. Quando tiver ocorrido a publicação do pedido principal, o pedido de certificado de adição será imediatamente publicado.

§ 2º. O exame do pedido de certificado de adição obedecerá ao disposto nos arts. 30 a 37, ressalvado o disposto no parágrafo anterior.

§ 3º. O pedido de certificado de adição será indeferido se o seu objeto não apresentar o mesmo conceito inventivo.

§ 4º. O depositante poderá, no prazo do recurso, requerer a transformação do pedido de certificado de adição em pedido de patente, beneficiando-se da data de depósito do pedido de certificado, mediante pagamento das retribuições cabíveis.

Art. 77. O certificado de adição é acessório da patente, tem a data final de vigência desta e acompanha-a para todos os efeitos legais.

Parágrafo único. No processo de nulidade, o titular poderá requerer que a matéria contida no certificado de adição seja analisada para se verificar a possibilidade de sua subsistência, sem prejuízo do prazo de vigência da patente.

CAPÍTULO XI - DA EXTINÇÃO DA PATENTE

Art. 78. A patente extingue-se:

I - pela expiração do prazo de vigência;

II - pela renúncia de seu titular, ressalvado o direito de terceiros;

III - pela caducidade;

IV - pela falta de pagamento da retribuição anual, nos prazos previstos no § 2º do art. 84 e no art. 87; e

V - pela inobservância do disposto no art. 217.

Parágrafo único. Extinta a patente, o seu objeto cai em domínio público.

Art. 79. A renúncia só será admitida se não prejudicar direitos de terceiros.

Art. 80. Caducará a patente, de ofício ou a requerimento de qualquer pessoa com legítimo interesse, se, decorridos 2 (dois) anos da concessão da primeira licença compulsória, esse prazo não tiver sido suficiente para prevenir ou sanar o abuso ou desuso, salvo motivos justificáveis.

§ 1º. A patente caducará quando, na data do requerimento da caducidade ou da instauração de ofício do respectivo processo, não tiver sido iniciada a exploração.

§ 2º. No processo de caducidade instaurado a requerimento, o INPI poderá prosseguir se houver desistência do requerente.

Art. 81. O titular será intimado mediante publicação para se manifestar, no prazo de 60 (sessenta) dias, cabendo-lhe o ônus da prova quanto à exploração.

Art. 82. A decisão será proferida dentro de 60 (sessenta) dias, contados do término do prazo mencionado no artigo anterior.

Art. 83. A decisão da caducidade produzirá efeitos a partir da data do requerimento ou da publicação da instauração de ofício do processo.

CAPÍTULO XII - DA RETRIBUIÇÃO ANUAL

Art. 84. O depositante do pedido e o titular da patente estão sujeitos ao pagamento de retribuição anual, a partir do início do terceiro ano da data do depósito.

§ 1º. O pagamento antecipado da retribuição anual será regulado pelo INPI.

§ 2º. O pagamento deverá ser efetuado dentro dos primeiros 3 (três) meses de cada período anual, podendo, ainda, ser feito, independente de notificação, dentro dos 6 (seis) meses subseqüentes, mediante pagamento de retribuição adicional.

Art. 85. O disposto no artigo anterior aplica-se aos pedidos internacionais depositados em virtude de tratado em vigor no Brasil, devendo o pagamento das retribuições anuais vencidas antes da data da entrada no processamento nacional ser efetuado no prazo de 3 (três) meses dessa data.

Art. 86. A falta de pagamento da retribuição anual, nos termos dos arts. 84 e 85, acarretará o arquivamento do pedido ou a extinção da patente.

CAPÍTULO XIII - DA RESTAURAÇÃO

Art. 87. O pedido de patente e a patente poderão ser restaurados, se o depositante ou o titular assim o requerer, dentro de 3 (três) meses, contados da notificação do arquivamento do pedido ou da extinção da patente, mediante pagamento de retribuição específica.

CAPÍTULO XIV - DA INVENÇÃO E DO MODELO DE UTILIDADE REALIZADO POR EMPREGADO OU PRESTADOR DE SERVIÇO

• *Arts. 88 a 93 regulamentados pelo Decreto nº 2.553, de 16.4.1998.*

Art. 88. A invenção e o modelo de utilidade pertencem exclusivamente ao empregador quando decorrerem de contrato de trabalho cuja execução ocorra no Brasil e que tenha por objeto a pesquisa ou a atividade inventiva, ou resulte esta da natureza dos serviços para os quais foi o empregado contratado.

§ 1º. Salvo expressa disposição contratual em contrário, a retribuição pelo trabalho a que se refere este artigo limita-se ao salário ajustado.

§ 2º. Salvo prova em contrário, consideram-se desenvolvidos na vigência do contrato a invenção ou o modelo de utilidade, cuja patente seja requerida pelo empregado até 1 (um) ano após a extinção do vínculo empregatício.

Art. 89. O empregador, titular da patente, poderá conceder ao empregado, autor de invento ou aperfeiçoamento, participação nos ganhos econômicos resultantes da exploração da patente, mediante negociação com o interessado ou conforme disposto em norma da empresa.

Parágrafo único. A participação referida neste artigo não se incorpora, a qualquer título, ao salário do empregado.

Art. 90. Pertencerá exclusivamente ao empregado a invenção ou o modelo de utilidade por ele desenvolvido, desde que desvinculado do contrato de trabalho e não decorrente da utilização de recursos, meios, dados, materiais, instalações ou equipamentos do empregador.

Art. 91. A propriedade de invenção ou de modelo de utilidade será comum, em partes iguais, quando resultar da contribuição pessoal do empregado e de recursos, dados, meios, materiais, instalações ou equipamentos do empregador, ressalvada expressa disposição contratual em contrário.

§ 1º. Sendo mais de um empregado, a parte que lhes couber será dividida igualmente entre todos, salvo ajuste em contrário.

§ 2º. É garantido ao empregador o direito exclusivo de licença de exploração e assegurada ao empregado a justa remuneração.

§ 3º. A exploração do objeto da patente, na falta de acordo, deverá ser iniciada pelo empregador dentro do prazo de 1 (um) ano, contado da data de sua concessão, sob pena de passar à exclusiva propriedade do empregado a titularidade da patente, ressalvadas as hipóteses de falta de exploração por razões legítimas.

§ 4º. No caso de cessão, qualquer dos co-titulares, em igualdade de condições, poderá exercer o direito de preferência.

Art. 92. O disposto nos artigos anteriores aplica-se, no que couber, às relações entre o trabalhador autônomo ou o estagiário e a empresa contratante e entre empresas contratantes e contratadas.

Art. 93. Aplica-se o disposto neste Capítulo, no que couber, às entidades da Administração Pública, direta, indireta e fundacional, federal, estadual ou municipal.

Parágrafo único. Na hipótese do art. 88, será assegurada ao inventor, na forma e condições previstas no estatuto ou regimento interno da entidade a que se refere este artigo, premiação de parcela no valor das vantagens auferidas com o pedido ou com a patente, a título de incentivo.

TÍTULO II
DOS DESENHOS INDUSTRIAIS

CAPÍTULO I - DA TITULARIDADE

Art. 94. Ao autor será assegurado o direito de obter registro de desenho industrial que lhe confira a propriedade, nas condições estabelecidas nesta Lei.

Parágrafo único. Aplicam-se ao registro de desenho industrial, no que couber, as disposições dos arts. 6º e 7º.

CAPÍTULO II - DA REGISTRABILIDADE

Seção I - Dos Desenhos Industriais Registráveis

Art. 95. Considera-se desenho industrial a forma plástica ornamental de um objeto ou o conjunto ornamental de linhas e cores que possa ser aplicado a um produto, proporcionando resultado visual novo e original na sua configuração externa e que possa servir de tipo de fabricação industrial.

Art. 96. O desenho industrial é considerado novo quando não compreendido no estado da técnica.

§ 1º. O estado da técnica é constituído por tudo aquilo tornado acessível ao público antes da data de depósito do pedido, no Brasil ou no exterior, por uso ou qualquer outro meio, ressalvado o disposto no § 3º deste artigo e no art. 99.

§ 2º. Para aferição unicamente da novidade, o conteúdo completo de pedido de patente ou de registro depositado no Brasil, e ainda não publicado, será considerado como incluído no estado da técnica a partir da data de depósito, ou da prioridade reivindicada, desde que venha a ser publicado, mesmo que subseqüentemente.

§ 3º. Não será considerado como incluído no estado da técnica o desenho industrial cuja divulgação tenha ocorrido durante os 180 (cento e oitenta) dias que precederem a data do depósito ou a da prioridade reivindicada, se promovida nas situações previstas nos incisos I a III do art. 12.

Art. 97. O desenho industrial é considerado original quando dele resulte uma configuração visual distintiva, em relação a outros objetos anteriores.

Parágrafo único. O resultado visual original poderá ser decorrente da combinação de elementos conhecidos.

Art. 98. Não se considera desenho industrial qualquer obra de caráter puramente artístico.

Seção II - Da Prioridade

Art. 99. Aplicam-se ao pedido de registro, no que couber, as disposições do art. 16, exceto o prazo previsto no seu § 3º, que será de 90 (noventa) dias.

Seção III - Dos Desenhos Industriais Não Registráveis

Art. 100. Não é registrável como desenho industrial:

I - o que for contrário à moral e aos bons costumes ou que ofenda a honra ou imagem de pessoas, ou atente contra liberdade de consciência, crença, culto religioso ou idéia e sentimentos dignos de respeito e veneração;

II - a forma necessária comum ou vulgar do objeto ou, ainda, aquela determinada essencialmente por considerações técnicas ou funcionais.

CAPÍTULO III - DO PEDIDO DE REGISTRO

Seção I - Do Depósito do Pedido

Art. 101. O pedido de registro, nas condições estabelecidas pelo INPI, conterá:

I - requerimento;

II - relatório descritivo, se for o caso;

III - reivindicações, se for o caso;

IV - desenhos ou fotografias;

V - campo de aplicação do objeto; e

VI - comprovante do pagamento da retribuição relativa ao depósito.

Parágrafo único. Os documentos que integram o pedido de registro deverão ser apresentados em língua portuguesa.

Art. 102. Apresentado o pedido, será ele submetido a exame formal preliminar e, se devidamente instruído, será protocolizado, considerada a data do depósito a da sua apresentação.

Art. 103. O pedido que não atender formalmente ao disposto no art. 101, mas que contiver dados suficientes relativos ao depositante, ao desenho industrial e ao autor, poderá ser entregue, mediante recibo datado, ao INPI, que estabelecerá as exigências a serem cumpridas, em 5 (cinco) dias, sob pena de ser considerado inexistente.

Parágrafo único. Cumpridas as exigências, o depósito será considerado como efetuado na data da apresentação do pedido.

Seção II - Das Condições do Pedido

Art. 104. O pedido de registro de desenho industrial terá que se referir a um único objeto, permitida uma pluralidade de variações, desde que se destinem ao mesmo propósito e guardem entre si a mesma característica distintiva preponderante, limitado cada pedido ao máximo de 20 (vinte) variações.

Parágrafo único. O desenho deverá representar clara e suficientemente o objeto e suas variações, se houver, de modo a possibilitar sua reprodução por técnico no assunto.

Art. 105. Se solicitado o sigilo na forma do § 1º do art. 106, poderá o pedido ser retirado em até 90 (noventa) dias contados da data do depósito.

Parágrafo único. A retirada de um depósito anterior sem produção de qualquer efeito dará prioridade ao depósito imediatamente posterior.

Seção III - Do Processo e do Exame do Pedido

Art. 106. Depositado o pedido de registro de desenho industrial e observado o disposto nos arts. 100, 101 e 104, será automaticamente publicado e simultaneamente concedido o registro, expedindo-se o respectivo certificado.

§ 1º. A requerimento do depositante, por ocasião do depósito, poderá ser mantido em sigilo o pedido, pelo prazo de 180 (cento e oitenta) dias contados da data do depósito, após o que será processado.

§ 2º. Se o depositante se beneficiar do disposto no art. 99, aguardar-se-á a apresentação do documento de prioridade para o processamento do pedido.

§ 3º. Não atendido o disposto nos arts. 101 e 104, será formulada exigência, que deverá ser respondida em 60 (sessenta) dias, sob pena de arquivamento definitivo.

§ 4º. Não atendido o disposto no art. 100, o pedido de registro será indeferido.

CAPÍTULO IV - DA CONCESSÃO E DA VIGÊNCIA DO REGISTRO

Art. 107. Do certificado deverão constar o número e o título, nome do autor - observado o disposto no § 4º do art. 6º, o nome, a nacionalidade e o domicílio do titular, o prazo de vigência, os desenhos, os dados relativos à prioridade estrangeira, e, quando houver, relatório descritivo e reivindicações.

Art. 108. O registro vigorará pelo prazo de 10 (dez) anos contados da data do depósito, prorrogável por 3 (três) períodos sucessivos de 5 (cinco) anos cada.

§ 1º. O pedido de prorrogação deverá ser formulado durante o último ano de vigência do registro, instruído com o comprovante do pagamento da respectiva retribuição.

§ 2º. Se o pedido de prorrogação não tiver sido formulado até o termo final da vigência do registro, o titular poderá fazê-lo nos 180 (cento e oitenta) dias subseqüentes, mediante o pagamento de retribuição adicional.

CAPÍTULO V - DA PROTEÇÃO CONFERIDA PELO REGISTRO

Art. 109. A propriedade do desenho industrial adquire-se pelo registro validamente concedido.

Parágrafo único. Aplicam-se ao registro do desenho industrial, no que couber, as disposições do art. 42 e dos incisos I, II e IV do art. 43.

Art. 110. À pessoa que, de boa fé, antes da data do depósito ou da prioridade do pedido de registro explorava seu objeto no País, será assegurado o direito de continuar a exploração, sem ônus, na forma e condição anteriores.

§ 1º. O direito conferido na forma deste artigo só poderá ser cedido juntamente com o negócio ou empresa, ou parte deste, que tenha direta relação com a exploração do objeto do registro, por alienação ou arrendamento.

§ 2º. O direito de que trata este artigo não será assegurado a pessoa que tenha tido conhecimento do objeto do registro através de divulgação nos termos do § 3º do art. 96, desde que o pedido tenha sido depositado no prazo de 6 (seis) meses contados da divulgação.

CAPÍTULO VI - DO EXAME DE MÉRITO

Art. 111. O titular do desenho industrial poderá requerer o exame do objeto do registro, a qualquer tempo da vigência, quanto aos aspectos de novidade e de originalidade.

Parágrafo único. O INPI emitirá parecer de mérito, que, se concluir pela ausência de pelo menos um dos requisitos definidos nos arts. 95 a 98, servirá de fundamento para instauração de ofício de processo de nulidade do registro.

CAPÍTULO VII - DA NULIDADE DO REGISTRO

Seção I - Das Disposições Gerais

Art. 112. É nulo o registro concedido em desacordo com as disposições desta Lei.

§ 1º. A nulidade do registro produzirá efeitos a partir da data do depósito do pedido.

§ 2º. No caso de inobservância do disposto no art. 94, o autor poderá, alternativamente, reivindicar a adjudicação do registro.

Seção II - Do Processo Administrativo de Nulidade

Art. 113. A nulidade do registro será declarada administrativamente quando tiver sido concedido com infringência dos arts. 94 a 98.

§ 1º. O processo de nulidade poderá ser instaurado de ofício ou mediante requerimento de qualquer pessoa com legítimo interesse, no prazo de 5 (cinco) anos contados da concessão do registro, ressalvada a hipótese prevista no parágrafo único do art. 111.

§ 2º. O requerimento ou a instauração de ofício suspenderá os efeitos da concessão do registro se apresentada ou publicada no prazo de 60 (sessenta) dias da concessão.

Art. 114. O titular será intimado para se manifestar no prazo de 60 (sessenta) dias contados da data da publicação.

Art. 115. Havendo ou não manifestação, decorrido o prazo fixado no artigo anterior, o INPI emitirá parecer, intimando o titular e o requerente para se manifestarem no prazo comum de 60 (sessenta) dias.

Art. 116. Decorrido o prazo fixado no artigo anterior, mesmo que não apresentadas as manifestações, o processo será decidido pelo Presidente do INPI, encerrando-se a instância administrativa.

Art. 117. O processo de nulidade prosseguirá, ainda que extinto o registro.

Seção III - Da Ação de Nulidade

Art. 118. Aplicam-se à ação de nulidade de registro de desenho industrial, no que couber, as disposições dos arts. 56 e 57.

CAPÍTULO VIII - DA EXTINÇÃO DO REGISTRO

Art. 119. O registro extingue-se:

I - pela expiração do prazo de vigência;

II - pela renúncia de seu titular, ressalvado o direito de terceiros;

III - pela falta de pagamento da retribuição prevista nos arts. 108 e 120; ou

IV - pela inobservância do disposto no art. 217.

CAPÍTULO IX - DA RETRIBUIÇÃO QÜINQÜENAL

Art. 120. O titular do registro está sujeito ao pagamento de retribuição qüinqüenal, a partir do segundo qüinqüênio da data do depósito.

§ 1º. O pagamento do segundo qüinqüênio será feito durante o 5º (quinto) ano da vigência do registro.

§ 2º. O pagamento dos demais qüinqüênios será apresentado junto com o pedido de prorrogação a que se refere o art. 108.

§ 3º. O pagamento dos qüinqüênios poderá ainda ser efetuado dentro dos 6 (seis) meses subseqüentes ao prazo estabelecido no parágrafo anterior, mediante pagamento de retribuição adicional.

CAPÍTULO X - DAS DISPOSIÇÕES FINAIS

Art. 121. As disposições dos arts. 58 a 63 aplicam-se, no que couber, à matéria de que trata o presente Título, disciplinando-se o direito do empregado ou prestador de serviços pelas disposições dos arts. 88 a 93.

TÍTULO III
DAS MARCAS

CAPÍTULO I - DA REGISTRABILIDADE

Seção I - Dos Sinais Registráveis como Marca

Art. 122. São suscetíveis de registro como marca os sinais distintivos visualmente perceptíveis, não compreendidos nas proibições legais.

Art. 123. Para os efeitos desta Lei, considera-se:

I - marca de produto ou serviço: aquela usada para distinguir produto ou serviço de outro idêntico, semelhante ou afim, de origem diversa;

II - marca de certificação: aquela usada para atestar a conformidade de um produto ou serviço com determinadas normas ou especificações técnicas, notadamente quanto à qualidade, natureza, material utilizado e metodologia empregada; e

III - marca coletiva: aquela usada para identificar produtos ou serviços provindos de membros de uma determinada entidade.

Seção II - Dos Sinais Não Registráveis como Marca

Art. 124. Não são registráveis como marca:

I - brasão, armas, medalha, bandeira, emblema, distintivo e monumento oficiais, públicos, nacionais, estrangeiros ou internacionais, bem como a respectiva designação, figura ou imitação;

II - letra, algarismo e data, isoladamente, salvo quando revestidos de suficiente forma distintiva;

III - expressão, figura, desenho ou qualquer outro sinal contrário à moral e aos bons costumes ou que ofenda a honra ou imagem de pessoas ou atente contra liberdade de consciência, crença, culto religioso ou idéia e sentimento dignos de respeito e veneração;

IV - designação ou sigla de entidade ou órgão público, quando não requerido o registro pela própria entidade ou órgão público;

V - reprodução ou imitação de elemento característico ou diferenciador de título de estabelecimento ou nome de empresa de terceiros, suscetível de causar confusão ou associação com estes sinais distintivos;

VI - sinal de caráter genérico, necessário, comum, vulgar ou simplesmente descritivo, quando tiver relação com o produto ou serviço a distinguir, ou aquele empregado comumente para designar uma característica do produto ou serviço, quanto à natureza, nacionalidade, peso, valor, qualidade e época de produção ou de prestação do serviço, salvo quando revestidos de suficiente forma distintiva;

VII - sinal ou expressão empregada apenas como meio de propaganda;

VIII - cores e suas denominações, salvo se dispostas ou combinadas de modo peculiar e distintivo;

IX - indicação geográfica, sua imitação suscetível de causar confusão ou sinal que possa falsamente induzir indicação geográfica;

X - sinal que induza a falsa indicação quanto à origem, procedência, natureza, qualidade ou utilidade do produto ou serviço a que a marca se destina;

XI - reprodução ou imitação de cunho oficial, regularmente adotada para garantia de padrão de qualquer gênero ou natureza;

XII - reprodução ou imitação de sinal que tenha sido registrado como marca coletiva ou de certificação por terceiro, observado o disposto no art. 154;

XIII - nome, prêmio ou símbolo de evento esportivo, artístico, cultural, social, político, econômico ou técnico, oficial ou oficialmente reconhecido, bem como a imitação suscetível de criar confusão, salvo quando autorizados pela autoridade competente ou entidade promotora do evento;

XIV - reprodução ou imitação de título, apólice, moeda e cédula da União, dos Estados, do Distrito Federal, dos Territórios, dos Municípios, ou de país;

XV - nome civil ou sua assinatura, nome de família ou patronímico e imagem de terceiros, salvo com consentimento do titular, herdeiros ou sucessores;

XVI - pseudônimo ou apelido notoriamente conhecidos, nome artístico singular ou coletivo, salvo com consentimento do titular, herdeiros ou sucessores;

XVII - obra literária, artística ou científica, assim como os títulos que estejam protegidos pelo direito autoral e sejam suscetíveis de causar confusão ou associação, salvo com consentimento do autor ou titular;

XVIII - termo técnico usado na indústria, na ciência e na arte, que tenha relação com o produto ou serviço a distinguir;

XIX - reprodução ou imitação, no todo ou em parte, ainda que com acréscimo, de marca alheia registrada, para distinguir ou certificar produto ou serviço idêntico, semelhante ou afim, suscetível de causar confusão ou associação com marca alheia;

XX - dualidade de marcas de um só titular para o mesmo produto ou serviço, salvo quando, no caso de marcas de mesma natureza, se revestirem de suficiente forma distintiva;

XXI - a forma necessária, comum ou vulgar do produto ou de acondicionamento, ou, ainda, aquela que não possa ser dissociada de efeito técnico;

XXII - objeto que estiver protegido por registro de desenho industrial de terceiro; e

XXIII - sinal que imite ou reproduza, no todo ou em parte, marca que o requerente evidentemente não poderia desconhecer em razão de sua atividade, cujo titular seja sediado ou domiciliado em território nacional ou em país com o qual o Brasil mantenha acordo ou que assegure reciprocidade de tratamento, se a marca se destinar a distinguir produto ou serviço idêntico, semelhante ou afim, suscetível de causar confusão ou associação com aquela marca alheia.

Seção III - Marca de Alto Renome

Art. 125. À marca registrada no Brasil considerada de alto renome será assegurada proteção especial, em todos os ramos de atividade.

Seção IV - Marca Notoriamente Conhecida

Art. 126. A marca notoriamente conhecida em seu ramo de atividade nos termos do art. 6º bis (I), da Convenção da União de Paris para Proteção da Propriedade Industrial, goza de proteção especial, independentemente de estar previamente depositada ou registrada no Brasil.

- *Ver Convenção da União de Paris para Proteção da Propriedade Industrial, no final desta edição.*

§ 1º. A proteção de que trata este artigo aplica-se também às marcas de serviço.

§ 2º. O INPI poderá indeferir de ofício pedido de registro de marca que reproduza ou imite, no todo ou em parte, marca notoriamente conhecida.

CAPÍTULO II - PRIORIDADE

Art. 127. Ao pedido de registro de marca depositado em país que mantenha acordo com o Brasil ou em organização internacional, que produza efeito de depósito nacional, será assegurado direito de prioridade, nos prazos estabelecidos no acordo, não sendo o depósito invalidado nem prejudicado por fatos ocorridos nesses prazos.

§ 1º. A reivindicação da prioridade será feita no ato de depósito, podendo ser suplementada dentro de 60 (sessenta) dias, por outras prioridades anteriores à data do depósito no Brasil.

§ 2º. A reivindicação da prioridade será comprovada por documento hábil da origem, contendo o número, a data e a reprodução do pedido ou do registro, acompanhado de tradução simples, cujo teor será de inteira responsabilidade do depositante.

§ 3º. Se não efetuada por ocasião do depósito, a comprovação deverá ocorrer em até 4 (quatro) meses, contados do depósito, sob pena de perda da prioridade.

§ 4º. Tratando-se de prioridade obtida por cessão, o documento correspondente deverá ser apresentado junto com o próprio documento de prioridade.

CAPÍTULO III - DOS REQUERENTES DE REGISTRO

Art. 128. Podem requerer registro de marca as pessoas físicas ou jurídicas de direito público ou de direito privado.

§ 1º. As pessoas de direito privado só podem requerer registro de marca relativo à atividade que exerçam efetiva e licitamente, de modo direto ou através de empresas que controlem direta ou indiretamente, declarando, no próprio requerimento, esta condição, sob as penas da lei.

§ 2º. O registro de marca coletiva só poderá ser requerido por pessoa jurídica representativa de coletividade, a qual poderá exercer atividade distinta da de seus membros.

§ 3º. O registro da marca de certificação só poderá ser requerido por pessoa sem interesse comercial ou industrial direto no produto ou serviço atestado.

§ 4º. A reivindicação de prioridade não isenta o pedido da aplicação dos dispositivos constantes deste Título.

CAPÍTULO IV - DOS DIREITOS SOBRE A MARCA

Seção I - Aquisição

Art. 129. A propriedade da marca adquire-se pelo registro validamente expedido, conforme as disposições desta Lei, sendo assegurado ao titular seu uso exclusivo em todo o território nacional, observado quanto às marcas coletivas e de certificação o disposto nos arts. 147 e 148.

§ 1º. Toda pessoa que, de boa fé, na data da prioridade ou depósito, usava no País, há pelo menos 6 (seis) meses, marca idêntica ou semelhante, para distinguir ou certificar produto ou serviço idêntico, semelhante ou afim, terá direito de precedência ao registro.

§ 2º. O direito de precedência somente poderá ser cedido juntamente com o negócio da empresa, ou parte deste, que tenha direta relação com o uso da marca, por alienação ou arrendamento.

Seção II - Da Proteção Conferida pelo Registro

Art. 130. Ao titular da marca ou ao depositante é ainda assegurado o direito de:

I - ceder seu registro ou pedido de registro;

II - licenciar seu uso;

III - zelar pela sua integridade material ou reputação.

Art. 131. A proteção de que trata esta Lei abrange o uso da marca em papéis, impressos, propaganda e documentos relativos à atividade do titular.

Art. 132. O titular da marca não poderá:

I - impedir que comerciantes ou distribuidores utilizem sinais distintivos que lhes são próprios, juntamente com a marca do produto, na sua promoção e comercialização;

II - impedir que fabricantes de acessórios utilizem a marca para indicar a destinação do produto, desde que obedecidas as práticas leais de concorrência;

III - impedir a livre circulação de produto colocado no mercado interno, por si ou por outrem com seu consentimento, ressalvado o disposto nos §§ 3º e 4º do art. 68; e

IV - impedir a citação da marca em discurso, obra científica ou literária ou qualquer outra publicação, desde que sem conotação comercial e sem prejuízo para seu caráter distintivo.

CAPÍTULO V - DA VIGÊNCIA, DA CESSÃO E DAS ANOTAÇÕES

Seção I - Da Vigência

Art. 133. O registro da marca vigorará pelo prazo de 10 (dez) anos, contados da data da concessão do registro, prorrogável por períodos iguais e sucessivos.

§ 1º. O pedido de prorrogação deverá ser formulado durante o último ano de vigência do registro, instruído com o comprovante do pagamento da respectiva retribuição.

§ 2º. Se o pedido de prorrogação não tiver sido efetuado até o termo final da vigência do registro, o titular poderá fazê-lo nos 6 (seis) meses subseqüentes, mediante o pagamento de retribuição adicional.

§ 3º. A prorrogação não será concedida se não atendido o disposto no art. 128.

Seção II - Da Cessão

Art. 134. O pedido de registro e o registro poderão ser cedidos, desde que o cessionário atenda aos requisitos legais para requerer tal registro.

Art. 135. A cessão deverá compreender todos os registros ou pedidos, em nome do cedente, de marcas iguais ou semelhantes, relativas a produto ou serviço idêntico, semelhante ou afim, sob pena de cancelamento dos registros ou arquivamento dos pedidos não cedidos.

Seção III - Das Anotações

Art. 136. O INPI fará as seguintes anotações:

I - da cessão, fazendo constar a qualificação completa do cessionário;

II - de qualquer limitação ou ônus que recaia sobre o pedido ou registro; e

III - das alterações de nome, sede ou endereço do depositante ou titular.

Art. 137. As anotações produzirão efeitos em relação a terceiros a partir da data de sua publicação.

Art. 138. Cabe recurso da decisão que:

I - indeferir anotação de cessão;

II - cancelar o registro ou arquivar o pedido, nos termos do art. 135.

Seção IV - Da Licença de Uso

Art. 139. O titular de registro ou o depositante de pedido de registro poderá celebrar contrato de licença para uso da marca, sem prejuízo de seu direito de exercer controle efetivo sobre as especificações, natureza e qualidade dos respectivos produtos ou serviços.

Parágrafo único. O licenciado poderá ser investido pelo titular de todos os poderes para agir em defesa da marca, sem prejuízo dos seus próprios direitos.

Art. 140. O contrato de licença deverá ser averbado no INPI para que produza efeitos em relação a terceiros.

§ 1º. A averbação produzirá efeitos em relação a terceiros a partir da data de sua publicação.

§ 2º. Para efeito de validade de prova de uso, o contrato de licença não precisará estar averbado no INPI.

Art. 141. Da decisão que indeferir a averbação do contrato de licença cabe recurso.

CAPÍTULO VI - DA PERDA DOS DIREITOS

Art. 142. O registro da marca extingue-se:

I - pela expiração do prazo de vigência;

II - pela renúncia, que poderá ser total ou parcial em relação aos produtos ou serviços assinalados pela marca;

III - pela caducidade; ou

IV - pela inobservância do disposto no art. 217.

Art. 143. Caducará o registro, a requerimento de qualquer pessoa com legítimo interesse se, decorridos 5 (cinco) anos da sua concessão, na data do requerimento:

I - o uso da marca não tiver sido iniciado no Brasil; ou

II - o uso da marca tiver sido interrompido por mais de 5 (cinco) anos consecutivos, ou se, no mesmo prazo, a marca tiver sido usada com modificação que implique alteração de seu caráter distintivo original, tal como constante do certificado de registro.

§ 1º. Não ocorrerá caducidade se o titular justificar o desuso da marca por razões legítimas.

§ 2º. O titular será intimado para se manifestar no prazo de 60 (sessenta) dias, cabendo-lhe o ônus de provar o uso da marca ou justificar seu desuso por razões legítimas.

Art. 144. O uso da marca deverá compreender produtos ou serviços constantes do certificado, sob pena de caducar parcialmente o registro em relação aos não semelhantes ou afins daqueles para os quais a marca foi comprovadamente usada.

Art. 145. Não se conhecerá do requerimento de caducidade se o uso da marca tiver sido comprovado ou justificado seu desuso em processo anterior, requerido há menos de 5 (cinco) anos.

Art. 146. Da decisão que declarar ou denegar a caducidade caberá recurso.

CAPÍTULO VII - DAS MARCAS COLETIVAS E DE CERTIFICAÇÃO

Art. 147. O pedido de registro de marca coletiva conterá regulamento de utilização, dispondo sobre condições e proibições de uso da marca.

Parágrafo único. O regulamento de utilização, quando não acompanhar o pedido, deverá ser protocolizado no prazo de 60 (sessenta) dias do depósito, sob pena de arquivamento definitivo do pedido.

Art. 148. O pedido de registro da marca de certificação conterá:

I - as características do produto ou serviço objeto de certificação; e

II - as medidas de controle que serão adotadas pelo titular.

Parágrafo único. A documentação prevista nos incisos I e II deste artigo, quando não acompanhar o pedido, deverá ser protocolizada no prazo de 60 (sessenta) dias, sob pena de arquivamento definitivo do pedido.

Art. 149. Qualquer alteração no regulamento de utilização deverá ser comunicada ao INPI, mediante petição protocolizada, contendo todas as condições alteradas, sob pena de não ser considerada.

Art. 150. O uso da marca independe de licença, bastando sua autorização no regulamento de utilização.

Art. 151. Além das causas de extinção estabelecidas no art. 142, o registro da marca coletiva e de certificação extingue-se quando:

I - a entidade deixar de existir; ou

II - a marca for utilizada em condições outras que não aquelas previstas no regulamento de utilização.

Art. 152. Só será admitida a renúncia ao registro de marca coletiva quando requerida nos termos do contrato social ou estatuto da própria entidade, ou, ainda, conforme o regulamento de utilização.

Art. 153. A caducidade do registro será declarada se a marca coletiva não for usada por mais de uma pessoa autorizada, observado o disposto nos arts. 143 a 146.

Art. 154. A marca coletiva e a de certificação que já tenham sido usadas e cujos registros tenham sido extintos não poderão ser registradas em nome de terceiro, antes de expirado o prazo de 5 (cinco) anos, contados da extinção do registro.

CAPÍTULO VIII - DO DEPÓSITO

Art. 155. O pedido deverá referir-se a um único sinal distintivo e, nas condições estabelecidas pelo INPI, conterá:

I - requerimento;

II - etiquetas, quando for o caso; e

III - comprovante do pagamento da retribuição relativa ao depósito.

Parágrafo único. O requerimento e qualquer documento que o acompanhe deverão ser apresentados em língua portuguesa e, quando houver documento em língua estrangeira, sua tradução simples deverá ser apresentada no ato do depósito ou dentro dos 60 (sessenta) dias subseqüentes, sob pena de não ser considerado o documento.

Art. 156. Apresentado o pedido, será ele submetido a exame formal preliminar e, se devidamente instruído, será protocolizado, considerada a data de depósito a da sua apresentação.

Art. 157. O pedido que não atender formalmente ao disposto no art. 155, mas que contiver dados suficientes relativos ao depositante, sinal marcário e classe, poderá ser entregue, mediante recibo datado, ao INPI, que estabelecerá as exigências a serem cumpridas pelo depositante, em 5 (cinco) dias, sob pena de ser considerado inexistente.

Parágrafo único. Cumpridas as exigências, o depósito será considerado como efetuado na data da apresentação do pedido.

CAPÍTULO IX - DO EXAME

Art. 158. Protocolizado, o pedido será publicado para apresentação de oposição no prazo de 60 (sessenta) dias.

§ 1º. O depositante será intimado da oposição, podendo se manifestar no prazo de 60 (sessenta) dias.

§ 2º. Não se conhecerá da oposição, nulidade administrativa ou de ação de nulidade se, fundamentada no inciso XXIII do art. 124 ou no art. 126, não se comprovar, no prazo de 60 (sessenta) dias após a interposição, o depósito do pedido de registro da marca na forma desta Lei.

Art. 159. Decorrido o prazo de oposição ou, se interposta esta, findo o prazo de manifestação, será feito o exame, durante o qual poderão ser formuladas exigências, que deverão ser respondidas no prazo de 60 (sessenta) dias.

§ 1º. Não respondida a exigência, o pedido será definitivamente arquivado.

§ 2º. Respondida a exigência, ainda que não cumprida, ou contestada a sua formulação, dar-se-á prosseguimento ao exame.

Art. 160. Concluído o exame, será proferida decisão, deferindo ou indeferindo o pedido de registro.

CAPÍTULO X - DA EXPEDIÇÃO DO CERTIFICADO DE REGISTRO

Art. 161. O certificado de registro será concedido depois de deferido o pedido e comprovado o pagamento das retribuições correspondentes.

Art. 162. O pagamento das retribuições, e sua comprovação, relativas à expedição do certificado de registro e ao primeiro decênio de sua vigência, deverão ser efetuados no prazo de 60 (sessenta) dias contados do deferimento.

Parágrafo único. A retribuição poderá ainda ser paga e comprovada dentro de 30 (trinta) dias após o prazo previsto neste artigo, independentemente de notificação, mediante o pagamento de retribuição específica, sob pena de arquivamento definitivo do pedido.

Art. 163. Reputa-se concedido o certificado de registro na data da publicação do respectivo ato.

Art. 164. Do certificado deverão constar a marca, o número e data do registro, nome, nacionalidade e domicílio do titular, os produtos ou serviços, as características do registro e a prioridade estrangeira.

CAPÍTULO XI - DA NULIDADE DO REGISTRO

Seção I - Disposições Gerais

Art. 165. É nulo o registro que for concedido em desacordo com as disposições desta Lei.

Parágrafo único. A nulidade do registro poderá ser total ou parcial, sendo condição para a nulidade parcial o fato de a parte subsistente poder ser considerada registrável.

Art. 166. O titular de uma marca registrada em país signatário da Convenção da União de Paris para Proteção da Propriedade Industrial poderá, alternativamente, reivindicar, através de ação judicial, a adjudicação do registro, nos termos previstos no art. 6º *septies* (1) daquela Convenção.

Art. 167. A declaração de nulidade produzirá efeito a partir da data do depósito do pedido.

Seção II - Do Processo Administrativo de Nulidade

Art. 168. A nulidade do registro será declarada administrativamente quando tiver sido concedida com infringência do disposto nesta Lei.

Art. 169. O processo de nulidade poderá ser instaurado de ofício ou mediante requerimento de qualquer pessoa com legítimo interesse, no prazo de 180 (cento e oitenta) dias contados da data da expedição do certificado de registro.

Art. 170. O titular será intimado para se manifestar no prazo de 60 (sessenta) dias.

Art. 171. Decorrido o prazo fixado no artigo anterior, mesmo que não apresentada a manifestação, o processo será decidido pelo Presidente do INPI, encerrando-se a instância administrativa.

Art. 172. O processo de nulidade prosseguirá ainda que extinto o registro.

Seção III - Da Ação de Nulidade

Art. 173. A ação de nulidade poderá ser proposta pelo INPI ou por qualquer pessoa com legítimo interesse.

Parágrafo único. O juiz poderá, nos autos da ação de nulidade, determinar liminarmente a suspensão dos efeitos do registro e do uso da marca, atendidos os requisitos processuais próprios.

Art. 174. Prescreve em 5 (cinco) anos a ação para declarar a nulidade do registro, contados da data da sua concessão.

Art. 175. A ação de nulidade do registro será ajuizada no foro da justiça federal e o INPI, quando não for autor, intervirá no feito.

§ 1º. O prazo para resposta do réu titular do registro será de 60 (sessenta) dias.

§ 2º. Transitada em julgado a decisão da ação de nulidade, o INPI publicará anotação, para ciência de terceiros.

TÍTULO IV
DAS INDICAÇÕES GEOGRÁFICAS

Art. 176. Constitui indicação geográfica a indicação de procedência ou a denominação de origem.

Art. 177. Considera-se indicação de procedência o nome geográfico de país, cidade, região ou localidade de seu território, que se tenha tornado conhecido como centro de extração, produção ou fabricação de determinado produto ou de prestação de determinado serviço.

Art. 178. Considera-se denominação de origem o nome geográfico de país, cidade, região ou localidade de seu território, que designe produto ou serviço cujas qualidades ou características se devam exclusiva ou essencialmente ao meio geográfico, incluídos fatores naturais e humanos.

Art. 179. A proteção estender-se-á à representação gráfica ou figurativa da indicação geográfica, bem como à representação geográfica de país, cidade, região ou localidade de seu território cujo nome seja indicação geográfica.

Art. 180. Quando o nome geográfico se houver tornado de uso comum, designando produto ou serviço, não será considerado indicação geográfica.

Art. 181. O nome geográfico que não constitua indicação de procedência ou denominação de origem poderá servir de elemento característico de marca para produto ou serviço, desde que não induza falsa procedência.

Art. 182. O uso da indicação geográfica é restrito aos produtores e prestadores de serviço estabelecidos no local, exigindo-se, ainda, em relação às denominações de origem, o atendimento de requisitos de qualidade.

Parágrafo único. O INPI estabelecerá as condições de registro das indicações geográficas.

TÍTULO V
DOS CRIMES CONTRA A PROPRIEDADE INDUSTRIAL

CAPÍTULO I - DOS CRIMES CONTRA AS PATENTES

Art. 183. Comete crime contra patente de invenção ou de modelo de utilidade quem:

I - fabrica produto que seja objeto de patente de invenção ou de modelo de utilidade, sem autorização do titular; ou

II - usa meio ou processo que seja objeto de patente de invenção, sem autorização do titular.

Pena - detenção, de 3 (três) meses a 1 (um) ano, ou multa.

Art. 184. Comete crime contra patente de invenção ou de modelo de utilidade quem:

I - exporta, vende, expõe ou oferece à venda, tem em estoque, oculta ou recebe, para utilização com fins econômicos, produto fabricado com violação de patente de invenção ou de modelo de utilidade, ou obtido por meio ou processo patenteado; ou

II - importa produto que seja objeto de patente de invenção ou de modelo de utilidade ou obtido por meio ou processo patenteado no País, para os fins previstos no inciso anterior, e que não tenha sido colocado no mercado externo diretamente pelo titular da patente ou com seu consentimento.

Pena - detenção, de 1 (um) a 3 (três) meses, ou multa.

Art. 185. Fornecer componente de um produto patenteado, ou material ou equipamento para realizar um processo patenteado, desde que a aplicação final do componente, material ou equipamento induza, necessariamente, à exploração do objeto da patente.

Pena - detenção, de 1 (um) a 3 (três) meses, ou multa.

Art. 186. Os crimes deste Capítulo caracterizam-se ainda que a violação não atinja todas as reivindicações da patente ou se restrinja à utilização de meios equivalentes ao objeto da patente.

CAPÍTULO II - DOS CRIMES CONTRA OS DESENHOS INDUSTRIAIS

Art. 187. Fabricar, sem autorização do titular, produto que incorpore desenho industrial registrado, ou imitação substancial que possa induzir em erro ou confusão.

Pena - detenção, de 3 (três) meses a 1 (um) ano, ou multa.

Art. 188. Comete crime contra registro de desenho industrial quem:

I - exporta, vende, expõe ou oferece à venda, tem em estoque, oculta ou recebe, para utilização com fins econômicos, objeto que incorpore ilicitamente desenho industrial registrado, ou imitação substancial que possa induzir em erro ou confusão; ou

II - importa produto que incorpore desenho industrial registrado no País, ou imitação substancial que possa induzir em erro ou confusão, para os fins previstos no inciso anterior, e que não tenha sido colocado no mercado externo diretamente pelo titular ou com seu consentimento.

Pena - detenção, de 1 (um) a 3 (três) meses, ou multa.

CAPÍTULO III - DOS CRIMES CONTRA AS MARCAS

Art. 189. Comete crime contra registro de marca quem:

I - reproduz, sem autorização do titular, no todo ou em parte, marca registrada, ou imita-a de modo que possa induzir confusão; ou

II - altera marca registrada de outrem já aposta em produto colocado no mercado.

Pena - detenção, de 3 (três) meses a 1 (um) ano, ou multa.

Art. 190. Comete crime contra registro de marca quem importa, exporta, vende, oferece ou expõe à venda, oculta ou tem em estoque:

I - produto assinalado com marca ilicitamente reproduzida ou imitada, de outrem, no todo ou em parte; ou

II - produto de sua indústria ou comércio, contido em vasilhame, recipiente ou embalagem que contenha marca legítima de outrem.

Pena - detenção, de 1 (um) a 3 (três) meses, ou multa.

CAPÍTULO IV - DOS CRIMES COMETIDOS POR MEIO DE MARCA, TÍTULO DE ESTABELECIMENTO E SINAL DE PROPAGANDA

Art. 191. Reproduzir ou imitar, de modo que possa induzir em erro ou confusão, armas, brasões ou distintivos oficiais nacionais, estrangeiros ou internacionais, sem a necessária autorização, no todo ou em parte, em marca, título de estabelecimento, nome comercial, insígnia ou sinal de propaganda, ou usar essas reproduções ou imitações com fins econômicos.

Pena - detenção, de 1 (um) a 3 (três) meses, ou multa.

Parágrafo único. Incorre na mesma pena quem vende ou expõe ou oferece à venda produtos assinalados com essas marcas.

CAPÍTULO V - DOS CRIMES CONTRA INDICAÇÕES GEOGRÁFICAS E DEMAIS INDICAÇÕES

Art. 192. Fabricar, importar, exportar, vender, expor ou oferecer à venda ou ter em estoque produto que apresente falsa indicação geográfica.

Pena - detenção, de 1 (um) a 3 (três) meses, ou multa.

Art. 193. Usar, em produto, recipiente, invólucro, cinta, rótulo, fatura, circular, cartaz ou em outro meio de divulgação ou propaganda, termos retificativos, tais como tipo, espécie, gênero, sistema, semelhante, sucedâneo, idêntico, ou equivalente, não ressalvando a verdadeira procedência do produto.

Pena - detenção, de 1 (um) a 3 (três) meses, ou multa.

Art. 194. Usar marca, nome comercial, título de estabelecimento, insígnia, expressão ou sinal de propaganda ou qualquer outra forma que indique procedência que não a verdadeira, ou vender ou expor à venda produto com esses sinais.

Pena - detenção, de 1 (um) a 3 (três) meses, ou multa.

CAPÍTULO VI - DOS CRIMES DE CONCORRÊNCIA DESLEAL

Art. 195. Comete crime de concorrência desleal quem:

I - publica, por qualquer meio, falsa afirmação, em detrimento de concorrente, com o fim de obter vantagem;

II - presta ou divulga, acerca de concorrente, falsa informação, com o fim de obter vantagem;

III - emprega meio fraudulento, para desviar, em proveito próprio ou alheio, clientela de outrem;

IV - usa expressão ou sinal de propaganda alheios, ou os imita, de modo a criar confusão entre os produtos ou estabelecimentos;

V - usa, indevidamente, nome comercial, título de estabelecimento ou insígnia alheios ou vende, expõe ou oferece à venda ou tem em estoque produto com essas referências;

VI - substitui, pelo seu próprio nome ou razão social, em produto de outrem, o nome ou razão social deste, sem o seu consentimento;

VII - atribui-se, como meio de propaganda, recompensa ou distinção que não obteve;

VIII - vende ou expõe ou oferece à venda, em recipiente ou invólucro de outrem, produto adulterado ou falsificado, ou dele se utiliza para negociar com produto da mesma espécie, embora não adulterado ou falsificado, se o fato não constitui crime mais grave;

IX - dá ou promete dinheiro ou outra utilidade a empregado de concorrente, para que o empregado, faltando ao dever do emprego, lhe proporcione vantagem;

X - recebe dinheiro ou outra utilidade, ou aceita promessa de paga ou recompensa, para, faltando ao dever de empregado, proporcionar vantagem a concorrente do empregador;

XI - divulga, explora ou utiliza-se, sem autorização, de conhecimentos, informações ou dados confidenciais, utilizáveis na indústria, comércio ou prestação de serviços, excluídos aqueles que sejam de conhecimento público ou que sejam evidentes para um técnico no assunto, a que teve acesso mediante relação contratual ou empregatícia, mesmo após o término do contrato;

XII - divulga, explora ou utiliza-se, sem autorização, de conhecimentos ou informações a que se refere o inciso anterior, obtidos por meios ilícitos ou a que teve acesso mediante fraude; ou

XIII - vende, expõe ou oferece à venda produto, declarando ser objeto de patente depositada, ou concedida, ou de desenho industrial registrado, que não o seja, ou menciona-o, em anúncio ou papel comercial, como depositado ou patenteado, ou registrado, sem o ser;

XIV - divulga, explora ou utiliza-se, sem autorização, de resultados de testes ou outros dados não divulgados, cuja elaboração envolva esforço considerável e que tenham sido apresentados a entidades governamentais como condição para aprovar a comercialização de produtos.

Pena - detenção, de 3 (três) meses a 1 (um) ano, ou multa.

§ 1º. Inclui-se nas hipóteses a que se referem os incisos XI e XII o empregador, sócio ou administrador da empresa, que incorrer nas tipificações estabelecidas nos mencionados dispositivos.

§ 2º. O disposto no inciso XIV não se aplica quanto à divulgação por órgão governamental competente para autorizar a comercialização de produto, quando necessário para proteger o público.

CAPÍTULO VII - DAS DISPOSIÇÕES GERAIS

Art. 196. As penas de detenção previstas nos Capítulos I, II e III deste Título serão aumentadas de um terço à metade se:

I - o agente é ou foi representante, mandatário, preposto, sócio ou empregado do titular da patente ou do registro, ou, ainda, do seu licenciado; ou

II - a marca alterada, reproduzida ou imitada for de alto renome, notoriamente conhecida, de certificação ou coletiva.

Art. 197. As penas de multa previstas neste Título serão fixadas, no mínimo, em 10 (dez) e, no máximo, em 360 (trezentos e sessenta) dias-multa, de acordo com a sistemática do Código Penal.

Parágrafo único. A multa poderá ser aumentada ou reduzida, em até 10 (dez) vezes, em face das condições pessoais do agente e da magnitude da vantagem auferida, independentemente da norma estabelecida no artigo anterior.

Art. 198. Poderão ser apreendidos, de ofício ou a requerimento do interessado, pelas autoridades alfandegárias, no ato de conferência, os produtos assinalados com marcas falsificadas, alteradas ou imitadas ou que apresentem falsa indicação de procedência.

Art. 199. Nos crimes previstos neste Título somente se procede mediante queixa, salvo quanto ao crime do art. 191, em que a ação penal será pública.

Art. 200. A ação penal e as diligências preliminares de busca e apreensão, nos crimes contra a propriedade industrial, regulam-se pelo disposto no Código de Processo Penal, com as modificações constantes dos artigos deste Capítulo.

• ***Vide nesta obra na pág. 67 - Parte sobre Legislação Penal.***

Art. 201. Na diligência de busca e apreensão, em crime contra patente que tenha por objeto a invenção de processo, o oficial do juízo será acompanhado por perito, que verificará, preliminarmente, a existência do ilícito, podendo o juiz ordenar a apreensão de produtos obtidos pelo contrafator com o emprego do processo patenteado.

Art. 202. Além das diligências preliminares de busca e apreensão, o interessado poderá requerer:

I - apreensão de marca falsificada, alterada ou imitada onde for preparada ou onde quer que seja encontrada, antes de utilizada para fins criminosos; ou

II - destruição de marca falsificada nos volumes ou produtos que a contiverem, antes de serem distribuídos, ainda que fiquem destruídos os envoltórios ou os próprios produtos.

Art. 203. Tratando-se de estabelecimentos industriais ou comerciais legalmente organizados e que estejam funcionando publicamente, as diligências preliminares limitar-se-ão à vistoria e apreensão dos produtos, quando ordenadas pelo juiz, não podendo ser paralisada a sua atividade licitamente exercida.

Art. 204. Realizada a diligência de busca e apreensão, responderá por perdas e danos a parte que a tiver requerido de má-fé, por espírito de emulação, mero capricho ou erro grosseiro.

Art. 205. Poderá constituir matéria de defesa na ação penal a alegação de nulidade da patente ou registro em que a ação se fundar. A absolvição do réu, entretanto, não importará a nulidade da patente ou do registro, que só poderá ser demandada pela ação competente.

Art. 206. Na hipótese de serem reveladas, em juízo, para a defesa dos interesses de qualquer das partes, informações que se caracterizem como confidenciais, sejam segredo de indústria ou de comércio, deverá o juiz determinar que o processo prossiga em segredo de justiça, vedado o uso de tais informações também à outra parte para outras finalidades.

Art. 207. Independentemente da ação criminal, o prejudicado poderá intentar as ações cíveis que considerar cabíveis na forma do Código de Processo Civil.

Art. 208. A indenização será determinada pelos benefícios que o prejudicado teria auferido se a violação não tivesse ocorrido.

Art. 209. Fica ressalvado ao prejudicado o direito de haver perdas e danos em ressarcimento de prejuízos causados por atos de violação de direitos de propriedade industrial e atos de concorrência desleal não previstos nesta Lei, tendentes a prejudicar a reputação ou os negócios alheios, a criar confusão entre estabelecimentos comerciais, industriais ou prestadores de serviço, ou entre os produtos e serviços postos no comércio.

§ 1º. Poderá o juiz, nos autos da própria ação, para evitar dano irreparável ou de difícil reparação, determinar liminarmente a sustação da violação ou de ato que a enseje, antes da citação do réu, mediante, caso julgue necessário, caução em dinheiro ou garantia fidejussória.

§ 2º. Nos casos de reprodução ou de imitação flagrante de marca registrada, o juiz poderá determinar a apreensão de todas as mercadorias, produtos, objetos, embalagens, etiquetas e outros que contenham a marca falsificada ou imitada.

Art. 210. Os lucros cessantes serão determinados pelo critério mais favorável ao prejudicado, dentre os seguintes:

I - os benefícios que o prejudicado teria auferido se a violação não tivesse ocorrido; ou

II - os benefícios que foram auferidos pelo autor da violação do direito; ou

III - a remuneração que o autor da violação teria pago ao titular do direito violado pela concessão de uma licença que lhe permitisse legalmente explorar o bem.

TÍTULO VI
DA TRANSFERÊNCIA DE TECNOLOGIA E DA FRANQUIA

Art. 211. O INPI fará o registro dos contratos que impliquem transferência de tecnologia, contratos de franquia e similares para produzirem efeitos em relação a terceiros.

Parágrafo único. A decisão relativa aos pedidos de registro de contratos de que trata este artigo será proferida no prazo de 30 (trinta) dias, contados da data do pedido de registro.

TÍTULO VII
DAS DISPOSIÇÕES GERAIS

CAPÍTULO I - DOS RECURSOS

Art. 212. Salvo expressa disposição em contrário, das decisões de que trata esta Lei cabe recurso, que será interposto no prazo de 60 (sessenta) dias.

§ 1º. Os recursos serão recebidos nos efeitos suspensivo e devolutivo pleno, aplicando-se todos os dispositivos pertinentes ao exame de primeira instância, no que couber.

§ 2º. Não cabe recurso da decisão que determinar o arquivamento definitivo de pedido de patente ou de registro e da que deferir pedido de patente, de certificado de adição ou de registro de marca.

§ 3º. Os recursos serão decididos pelo Presidente do INPI, encerrando-se a instância administrativa.

Art. 213. Os interessados serão intimados para, no prazo de 60 (sessenta) dias, oferecerem contra-razões ao recurso.

Art. 214. Para fins de complementação das razões oferecidas a título de recurso, o INPI poderá formular exigências, que deverão ser cumpridas no prazo de 60 (sessenta) dias.

Parágrafo único. Decorrido o prazo do *caput*, será decidido o recurso.

Art. 215. A decisão do recurso é final e irrecorrível na esfera administrativa.

CAPÍTULO II - DOS ATOS DAS PARTES

Art. 216. Os atos previstos nesta Lei serão praticados pelas partes ou por seus procuradores, devidamente qualificados.

§ 1º. O instrumento de procuração, no original, traslado ou fotocópia autenticada, deverá ser em língua portuguesa, dispensados a legalização consular e o reconhecimento de firma.

§ 2º. A procuração deverá ser apresentada em até 60 (sessenta) dias contados da prática do primeiro ato da parte no processo, independente de notificação ou exigência, sob pena de arquivamento, sendo definitivo o arquivamento do pedido de patente, do pedido de registro de desenho industrial e de registro de marca.

Art. 217. A pessoa domiciliada no exterior deverá constituir e manter procurador devidamente qualificado e domiciliado no País, com poderes para representá-la administrativa e judicialmente, inclusive para receber citações.

Art. 218. Não se conhecerá da petição:

I - se apresentada fora do prazo legal; ou

II - se desacompanhada do comprovante da respectiva retribuição no valor vigente à data de sua apresentação.

Art. 219. Não serão conhecidos a petição, a oposição e o recurso, quando:

I - apresentados fora do prazo previsto nesta Lei;

II - não contiverem fundamentação legal; ou

III - desacompanhados do comprovante do pagamento da retribuição correspondente.

Art. 220. O INPI aproveitará os atos das partes, sempre que possível, fazendo as exigências cabíveis.

CAPÍTULO III - DOS PRAZOS

Art. 221. Os prazos estabelecidos nesta Lei são contínuos, extinguindo-se automaticamente o direito de praticar o ato, após seu decurso, salvo se a parte provar que não o realizou por justa causa.

• ***Código de Processo Civil:***

Art. 177. Os atos processuais realizar-se-ão nos prazos prescritos em lei. Quando esta for omissa, o juiz determinará os prazos, tendo em conta a complexidade da causa.

Art. 178. O prazo, estabelecido pela lei ou pelo juiz, é contínuo, não se interrompendo nos feriados.

Art. 187. Em qualquer grau de jurisdição, havendo motivo justificado, pode o juiz exceder, por igual tempo, os prazos que este Código lhe assina.

§ 1º. Reputa-se justa causa o evento imprevisto, alheio à vontade da parte e que a impediu de praticar o ato.

• ***Código de Processo Civil:***

Art. 183. Decorrido o prazo, extingue-se, independentemente de declaração judicial, o direito de praticar o ato, ficando salvo, porém, à parte provar que o não realizou por justa causa.

§ 1º. Reputa-se justa causa o evento imprevisto, alheio à vontade da parte, e que a impediu de praticar o ato por si ou por mandatário.

§ 2º. Reconhecida a justa causa, a parte praticará o ato no prazo que lhe for concedido pelo INPI.

• ***Código de Processo Civil:***

Art. 183. Decorrido o prazo, extingue-se, independentemente de declaração judicial, o direito de praticar o ato, ficando salvo, porém, à parte provar que o não realizou por justa causa.

§ 2º. Verificada a justa causa o juiz permitirá à parte a prática do ato no prazo que lhe assinar.

Art. 222. No cômputo dos prazos, exclui-se o dia do começo e inclui-se o do vencimento.

• ***Código de Processo Civil:***

Art. 184. Salvo disposição em contrário, computar-se-ão os prazos, excluindo o dia do começo e incluindo o do vencimento. (Redação dada pela Lei nº 5.925, de 1º.10.1973)

§ 1º. Considera-se prorrogado o prazo até o primeiro dia útil se o vencimento cair em feriado ou em dia em que: (Redação dada pela Lei nº 5.925, de 1º.10.1973)

I - for determinado o fechamento do fórum;

II - o expediente forense for encerrado antes da hora normal.

§ 2º. Os prazos somente começam a correr do primeiro dia útil após a intimação (art. 240 e parágrafo único). (Redação dada pela Lei nº 8.079, de 13.9.1990)

Art. 223. Os prazos somente começam a correr a partir do primeiro dia útil após a intimação, que será feita mediante publicação no órgão oficial do INPI.

• ***Código de Processo Civil:***

Art. 184. Salvo disposição em contrário, computar-se-ão os prazos, excluindo o dia do começo e incluindo o do vencimento. (Redação dada pela Lei nº 5.925, de 1º.10.1973)

§ 2º. *Os prazos somente começam a correr do primeiro dia útil após a intimação (art. 240 e parágrafo único). (Redação dada pela Lei nº 8.079, de 13.9.1990)*

Art. 224. Não havendo expressa estipulação nesta Lei, o prazo para a prática do ato será de 60 (sessenta) dias.

CAPÍTULO IV - DA PRESCRIÇÃO

Art. 225. Prescreve em 5 (cinco) anos a ação para reparação de dano causado ao direito de propriedade industrial.

CAPÍTULO V - DOS ATOS DO INPI

Art. 226. Os atos do INPI nos processos administrativos referentes à propriedade industrial só produzem efeitos a partir da sua publicação no respectivo órgão oficial, ressalvados:

I - os que expressamente independerem de notificação ou publicação por força do disposto nesta Lei;

II - as decisões administrativas, quando feita notificação por via postal ou por ciência dada ao interessado no processo; e

III - os pareceres e despachos internos que não necessitem ser do conhecimento das partes.

CAPÍTULO VI - DAS CLASSIFICAÇÕES

Art. 227. As classificações relativas às matérias dos Títulos I, II e III desta Lei serão estabelecidas pelo INPI, quando não fixadas em tratado ou acordo internacional em vigor no Brasil.

CAPÍTULO VII - DA RETRIBUIÇÃO

Art. 228. Para os serviços previstos nesta Lei será cobrada retribuição, cujo valor e processo de recolhimento serão estabelecidos por ato do titular do órgão da administração pública federal a que estiver vinculado o INPI.

TÍTULO VIII
DAS DISPOSIÇÕES TRANSITÓRIAS E FINAIS

Art. 229. Aos pedidos em andamento serão aplicadas as disposições desta Lei, exceto quanto à patenteabilidade dos pedidos depositados até 31 de dezembro de 1994, cujo objeto de proteção sejam substâncias, matérias ou produtos obtidos por meios ou processos químicos ou substâncias, matérias, misturas ou produtos alimentícios, químico-farmacêuticos e medicamentos de qualquer espécie, bem como os respectivos processos de obtenção ou modificação e cujos depositantes não tenham exercido a faculdade prevista nos arts. 230 e 231 desta Lei, os quais serão considerados indeferidos, para todos os efeitos devendo o INPI publicar a comunicação dos aludidos indeferimentos.

Parágrafo único. Aos pedidos relativos a produtos farmacêuticos e produtos químicos para a agricultura, que tenham sido depositados entre 1° de janeiro de 1995 e 14 de maio de 1997, aplicam-se os critérios de patenteabilidade desta Lei, na data efetiva do depósito do pedido no Brasil ou prioridade, se houver, assegurando-se a proteção a partir da data da concessão da patente, pelo prazo remanescente a contar do dia do depósito no Brasil, limitado ao prazo previsto no *caput* do art. 40.

• *Art. 229 com redação dada pela Lei nº 10.196, de 14.2.2001.*

Art. 229-A. Consideram-se indeferidos os pedidos de patentes de processo apresentados entre 1° de janeiro de 1995 e 14 de maio de 1997, aos quais o art. 9º, alínea "c", da Lei n° 5.772, de 21 de dezembro de 1971, não conferia proteção, devendo o INPI publicar a comunicação dos aludidos indeferimentos.

• *Art. 229-A acrescido pela Lei nº 10.196, de 14.2.2001.*

Art. 229-B. Os pedidos de patentes de produto apresentados entre 1º de janeiro de 1995 e 14 de maio de 1997 aos quais o art. 9°, alíneas "b" e "c", da Lei nº 5.772, de 1971, não conferia proteção e cujos depositantes não tenham exercido a faculdade prevista nos arts. 230 e 231, serão decididos até 31 de dezembro de 2004, em conformidade com esta Lei.

• *Art. 229-B acrescido pela Lei nº 10.196, de 14.2.2001.*

Art. 229-C. A concessão de patentes para produtos e processos farmacêuticos dependerá da prévia anuência da Agência Nacional de Vigilância Sanitária - ANVISA.

• *Art. 229-C acrescido pela Lei nº 10.196, de 14.2.2001.*

Art. 230. Poderá ser depositado pedido de patente relativo às substâncias, matérias ou produtos obtidos por meios ou processos químicos e as substâncias, matérias, misturas ou produtos alimentícios, químico-farmacêuticos e medicamentos de qualquer espécie, bem como os respectivos processos de obtenção ou modificação, por quem tenha proteção garantida em tratado ou convenção em vigor no Brasil, ficando assegurada a data do primeiro depósito no exterior, desde que seu objeto não tenha sido colocado em qualquer mercado, por iniciativa direta do titular ou por terceiro com seu consentimento, nem tenham sido realizados, por terceiros, no País, sérios e efetivos preparativos para a exploração do objeto do pedido ou da patente.

§ 1º. O depósito deverá ser feito dentro do prazo de 1 (um) ano contado da publicação desta Lei, e deverá indicar a data do primeiro depósito no exterior.

§ 2º. O pedido de patente depositado com base neste artigo será automaticamente publicado, sendo facultado a qualquer interessado manifestar-se, no prazo de 90 (noventa) dias, quanto ao atendimento do disposto no *caput* deste artigo.

§ 3º. Respeitados os arts. 10 e 18 desta Lei, e uma vez atendidas as condições estabelecidas neste artigo e comprovada a concessão da patente no país onde foi depositado o primeiro pedido, será concedida a patente no Brasil, tal como concedida no país de origem.

§ 4º. Fica assegurado à patente concedida com base neste artigo o prazo remanescente de proteção no país onde foi depositado o primeiro pedido, contado da data do depósito no Brasil e limitado ao prazo previsto no art. 40, não se aplicando o disposto no seu parágrafo único.

§ 5º. O depositante que tiver pedido de patente em andamento, relativo às substâncias, matérias ou produtos obtidos por meios ou processos químicos e as substâncias, matérias, misturas ou produtos alimentícios, químico-farmacêuticos e medicamentos de qualquer espécie, bem como os respectivos processos de obtenção ou modificação, poderá apresentar novo pedido, no prazo e condições estabelecidos neste artigo, juntando prova de desistência do pedido em andamento.

§ 6º. Aplicam-se as disposições desta Lei, no que couber, ao pedido depositado e à patente concedida com base neste artigo.

Art. 231. Poderá ser depositado pedido de patente relativo às matérias de que trata o artigo anterior, por nacional ou pessoa domiciliada no País, ficando assegurada a data de divulgação do invento, desde que seu objeto não tenha sido colocado em qualquer mercado, por iniciativa direta do titular ou por terceiro com seu consentimento, nem tenham sido realizados, por terceiros, no País, sérios e efetivos preparativos para a exploração do objeto do pedido.

§ 1º. O depósito deverá ser feito dentro do prazo de 1 (um) ano contado da publicação desta Lei.

§ 2º. O pedido de patente depositado com base neste artigo será processado nos termos desta Lei.

§ 3º. Fica assegurado à patente concedida com base neste artigo o prazo remanescente de proteção de 20 (vinte) anos contado da data da divulgação do invento, a partir do depósito no Brasil.

§ 4º. O depositante que tiver pedido de patente em andamento, relativo às matérias de que trata o artigo anterior, poderá apresentar novo pedido, no prazo e condições estabelecidos neste artigo, juntando prova de desistência do pedido em andamento.

Art. 232. A produção ou utilização, nos termos da legislação anterior, de substâncias, matérias ou produtos obtidos por meios ou processos químicos e as substâncias, matérias, misturas ou produtos alimentícios, químico-farmacêuticos e medicamentos de qualquer espécie, bem como os respectivos processos de obtenção ou modificação, mesmo que protegidos por patente de produto ou processo em outro país, de conformidade com tratado ou convenção em vigor no Brasil, poderão continuar, nas mesmas condições anteriores à aprovação desta Lei.

§ 1º. Não será admitida qualquer cobrança retroativa ou futura, de qualquer valor, a qualquer título, relativa a produtos produzidos ou processos utilizados no Brasil em conformidade com este artigo.

§ 2º. Não será igualmente admitida cobrança nos termos do parágrafo anterior, caso, no período anterior à entrada em vigência desta Lei, tenham sido realizados investimentos significativos para a exploração de produto ou de processo referidos neste artigo, mesmo que protegidos por patente de produto ou de processo em outro país.

Art. 233. Os pedidos de registro de expressão e sinal de propaganda e de declaração de notoriedade serão definitivamente arquivados e os registros e declaração permanecerão em vigor pelo prazo de vigência restante, não podendo ser prorrogados.

Art. 234. Fica assegurada ao depositante a garantia de prioridade de que trata o art. 7º da Lei nº 5.772, de 21 de dezembro de 1971, até o término do prazo em curso.

Art. 235. É assegurado o prazo em curso concedido na vigência da Lei nº 5.772, de 21 de dezembro de 1971.

Art. 236. O pedido de patente de modelo ou de desenho industrial depositado na vigência da Lei nº 5.772, de 21 de dezembro de 1971, será automaticamente denominado pedido de registro de desenho industrial, considerando-se, para todos os efeitos legais, a publicação já feita.

Parágrafo único. Nos pedidos adaptados serão considerados os pagamentos para efeito de cálculo de retribuição qüinqüenal devida.

Art. 237. Aos pedidos de patente de modelo ou de desenho industrial que tiverem sido objeto de exame na forma da Lei nº 5.772, de 21 de dezembro de 1971, não se aplicará o disposto no art. 111.

Art. 238. Os recursos interpostos na vigência da Lei nº 5.772, de 21 de dezembro de 1971, serão decididos na forma nela prevista.

Art. 239. Fica o Poder Executivo autorizado a promover as necessárias transformações no INPI, para assegurar à Autarquia autonomia financeira e administrativa, podendo esta:

I - contratar pessoal técnico e administrativo mediante concurso público;

II - fixar tabela de salários para os seus funcionários, sujeita à aprovação do Ministério a que estiver vinculado o INPI; e

III - dispor sobre a estrutura básica e regimento interno, que serão aprovados pelo Ministério a que estiver vinculado o INPI.

Parágrafo único. As despesas resultantes da aplicação deste artigo correrão por conta de recursos próprios do INPI.

Art. 240. O art. 2º da Lei nº 5.648, de 11 de dezembro de 1970, passa a ter a seguinte redação:

> *"**Art. 2º.** O INPI tem por finalidade principal executar, no âmbito nacional, as normas que regulam a propriedade industrial, tendo em vista a sua função social, econômica, jurídica e técnica, bem como pronunciar-se quanto à conveniência de assinatura, ratificação e denúncia de convenções, tratados, convênios e acordos sobre propriedade industrial."*

Art. 241. Fica o Poder Judiciário autorizado a criar juízos especiais para dirimir questões relativas à propriedade intelectual.

Art. 242. O Poder Executivo submeterá ao Congresso Nacional projeto de lei destinado a promover, sempre que necessário, a harmonização desta Lei com a política para propriedade industrial adotada pelos demais países integrantes do MERCOSUL.

Art. 243. Esta Lei entra em vigor na data de sua publicação quanto às matérias disciplinadas nos arts. 230, 231, 232 e 239, e 1 (um) ano após sua publicação quanto aos demais artigos.

Art. 244. Revogam-se a Lei nº 5.772, de 21 de dezembro de 1971, a Lei nº 6.348, de 7 de julho de 1976, os arts. 187 a 196 do Decreto-Lei nº 2.848, de 7 de dezembro de 1940, os arts. 169 a 189 do Decreto-Lei nº 7.903, de 27 de agosto de 1945, e as demais disposições em contrário.

Brasília, 14 de maio de 1996; 175º da Independência e 108º da República.

Fernando Henrique Cardoso

DOU de 15.5.1996

Legislação Penal

CÓDIGO PENAL

DECRETO-LEI Nº 2.848, DE 7.12.1940

(Excertos)

PARTE ESPECIAL

....

TÍTULO III – DOS CRIMES CONTRA A PROPRIEDADE IMATERIAL

Capítulo I - Dos Crimes contra Propriedade Intelectual

Violação de direito autoral

Art. 184. Violar direitos de autor e os que lhe são conexos:

Pena – detenção, de 3 (três) meses a 1 (um) ano, ou multa.

• *Art. 184 com redação dada pela Lei nº 10.695, de 1º.7.2003.*

§ 1º. Se a violação consistir em reprodução total ou parcial, com intuito de lucro direto ou indireto, por qualquer meio ou processo, de obra intelectual, interpretação, execução ou fonograma, sem autorização expressa do autor, do artista intérprete ou executante, do produtor, conforme o caso, ou de quem os represente:

Pena – reclusão, de 2 (dois) a 4 (quatro) anos, e multa.

• *§ 1º com redação dada pela Lei nº 10.695, de 1º.7.2003.*

§ 2º. Na mesma pena do § 1º incorre quem, com o intuito de lucro direto ou indireto, distribui, vende, expõe à venda, aluga, introduz no País, adquire, oculta, tem em depósito, original ou cópia de obra intelectual ou fonograma reproduzido com violação do direito de autor, do direito de artista intérprete ou executante ou do direito do produtor de fonograma, ou, ainda, aluga original ou cópia de obra intelectual ou fonograma, sem a expressa autorização dos titulares dos direitos ou de quem os represente.

• *§ 2º com redação dada pela Lei nº 10.695, de 1º.7.2003.*

§ 3º. Se a violação consistir no oferecimento ao público, mediante cabo, fibra ótica, satélite, ondas ou qualquer outro sistema que permita ao usuário realizar a seleção da obra ou produção para recebê-la em um tempo e lugar previamente determinados por quem formula a demanda, com intuito de lucro, direto ou indireto, sem autorização expressa, conforme o caso, do autor, do artista intérprete ou executante, do produtor de fonograma, ou de quem os represente:

Pena – reclusão, de 2 (dois) a 4 (quatro) anos, e multa.

• *§ 3º com redação dada pela Lei nº 10.695, de 1º.7.2003.*

§ 4º. O disposto nos §§ 1º, 2º e 3º não se aplica quando se tratar de exceção ou limitação ao direito de autor ou os que lhe são conexos, em conformidade com o previsto na Lei nº 9.610, de 19 de fevereiro de 1998, nem a cópia de obra intelectual ou fonograma, em um só exemplar, para uso privado do copista, sem intuito de lucro direto ou indireto.

• *§ 4º com redação dada pela Lei nº 10.695, de 1º.7.2003.*

Usurpação de nome ou pseudônimo alheio

Art. 185. (Revogado).

• *Art. 185 revogado pela Lei nº 10.695, de 1º.7.2003.*

Art. 186. Procede-se mediante:

I – queixa, nos crimes previstos no *caput* do art. 184;

II – ação penal pública incondicionada, nos crimes previstos nos §§ 1º e 2º do art. 184;

III – ação penal pública incondicionada, nos crimes cometidos em desfavor de entidades de direito público, autarquia, empresa pública, sociedade de economia mista ou fundação instituída pelo Poder Público;

IV – ação penal pública condicionada à representação, nos crimes previstos no § 3º do art. 184.

• *Art. 186 com redação dada pela Lei nº 10.695, de 1º.7.2003.*

....

CÓDIGO DE PROCESSO PENAL

DECRETO-LEI Nº 3.689, DE 3.10.1941

(Excertos)

LIVRO II – DOS PROCESSOS EM ESPÉCIE

....

Título II – Dos Processos Especiais

....

Capítulo IV
Do Processo e do Julgamento dos Crimes Contra a Propriedade Imaterial

Art. 524. No processo e julgamento dos crimes contra a propriedade imaterial, observar-se-á o disposto nos Capítulos I e III do Título I deste Livro, com as modificações constantes dos artigos seguintes.

Art. 525. No caso de haver o crime deixado vestígio, a queixa ou a denúncia não será recebida se não for instruída com exame pericial dos objetos que constituam o corpo de delito.

Art. 526. Sem a prova de direito à ação, não será recebida a queixa, nem ordenada qualquer diligência preliminarmente requerida pelo ofendido.

Art. 527. A diligência de busca ou de apreensão será realizada por dois peritos nomeados pelo juiz, que verificarão a existência de fundamento para a apreensão, e quer esta se realize, quer não, o laudo pericial será apresentado dentro de três dias após o encerramento da diligência.

Parágrafo único. O requerente da diligência poderá impugnar o laudo contrário à apreensão, e o juiz ordenará que esta se efetue, se reconhecer a improcedência das razões aduzidas pelos peritos.

Art. 528. Encerradas as diligências, os autos serão conclusos ao juiz para homologação do laudo.

Art. 529. Nos crimes de ação privativa do ofendido, não será admitida queixa com fundamento em apreensão e em perícia, se decorrido o prazo de 30 dias, após a homologação do laudo.

Parágrafo único. Será dada vista ao Ministério Público dos autos de busca e apreensão requeridas pelo ofendido, se o crime for de ação pública e não tiver sido oferecida queixa no prazo fixado neste artigo.

Art. 530. Se ocorrer prisão em flagrante e o réu não for posto em liberdade, o prazo a que se refere o artigo anterior será de oito dias.

Art. 530-A. O disposto nos arts. 524 a 530 será aplicável aos crimes em que se proceda mediante queixa.

- *Art. 530-A, acrescido pela Lei nº 10.695, de 1º.7.2003.*

Art. 530-B. Nos casos das infrações previstas nos §§ 1º, 2º e 3º do art. 184 do Código Penal, a autoridade policial procederá à apreensão dos bens ilicitamente produzidos ou reproduzidos, em sua totalidade, juntamente com os equipamentos, suportes e materiais que possibilitaram a sua existência, desde que estes se destinem precipuamente à prática do ilícito.

- *Art. 530-B, acrescido pela Lei nº 10.695, de 1º.7.2003.*

Art. 530-C. Na ocasião da apreensão será lavrado termo, assinado por 2 (duas) ou mais testemunhas, com a descrição de todos os bens apreendidos e informações sobre suas origens, o qual deverá integrar o inquérito policial ou o processo.

- *Art. 530-C, acrescido pela Lei nº 10.695, de 1º.7.2003.*

Art. 530-D. Subseqüente à apreensão, será realizada, por perito oficial, ou, na falta deste, por pessoa tecnicamente habilitada, perícia sobre todos os bens apreendidos e elaborado o laudo que deverá integrar o inquérito policial ou o processo.

- *Art. 530-D, acrescido pela Lei nº 10.695, de 1º.7.2003.*

Art. 530-E. Os titulares de direito de autor e os que lhe são conexos serão os fiéis depositários de todos os bens apreendidos, devendo colocá-los à disposição do juiz quando do ajuizamento da ação.

- *Art. 530-E, acrescido pela Lei nº 10.695, de 1º.7.2003.*

Art. 530-F. Ressalvada a possibilidade de se preservar o corpo de delito, o juiz poderá determinar, a requerimento da vítima, a destruição da produção ou reprodução apreendida quando não houver impugnação quanto à sua ilicitude ou quando a ação penal não puder ser iniciada por falta de determinação de quem seja o autor do ilícito.

- *Art. 530-F, acrescido pela Lei nº 10.695, de 1º.7.2003.*

Art. 530-G. O juiz, ao prolatar a sentença condenatória, poderá determinar a destruição dos bens ilicitamente produzidos ou reproduzidos e o perdimento dos equipamentos apreendidos, desde que precipuamente destinados à produção e reprodução dos bens, em favor da Fazenda Nacional, que deverá destruí-los ou doá-los aos Estados, Municípios e Distrito Federal, a instituições públicas de ensino e pesquisa ou de assistência social, bem como incorporá-los, por economia ou interesse público, ao patrimônio da União, que não poderão retorná-los aos canais de comércio.

• *Art. 530-G, acrescido pela Lei nº 10.695, de 1º.7.2003.*

Art. 530-H. As associações de titulares de direitos de autor e os que lhes são conexos poderão, em seu próprio nome, funcionar como assistente da acusação nos crimes previstos no art. 184 do Código Penal, quando praticado em detrimento de qualquer de seus associados.

• *Art. 530-H, acrescido pela Lei nº 10.695, de 1º.7.2003.*

Art. 530-I. Nos crimes em que caiba ação penal pública incondicionada ou condicionada, observar-se-ão as normas constantes dos arts. 530-B, 530-C, 530-D, 530-E, 530-F, 530-G e 530-H.

• *Art. 530-I, acrescido pela Lei nº 10.695, de 1º.7.2003.*

....

LEGISLAÇÃO COMPLEMENTAR REGULAMENTADORA E ALTERADORA

LEI Nº 5.648, DE 11 DE DEZEMBRO DE 1970

Cria o Instituto Nacional de Propriedade Industrial, e dá outras providências.

O Presidente da República

Faço saber que o Congresso Nacional decreta e eu sanciono a seguinte Lei:

Art. 1º. Fica criado o Instituto Nacional da Propriedade Industrial (INPI), autarquia federal, vinculada ao Ministério da Indústria e do Comércio, com sede e foro no Distrito Federal.

Parágrafo único. O Instituto gozará dos privilégios da União no que se refere ao patrimônio, à renda e aos serviços vinculados às suas finalidades essenciais ou delas decorrentes.

Art. 2º. O INPI tem por finalidade principal executar, no âmbito nacional, as normas que regulam a propriedade industrial, tendo em vista a sua função social, econômica, jurídica e técnica, bem como pronunciar-se quanto à conveniência de assinatura, ratificação e denúncia de convenções, tratados, convênios e acordos sobre propriedade industrial.

• ***Art. 2º com redação dada pela Lei nº 9.279, de 14.5.1996.***

Art. 3º. O patrimônio do Instituto será constituído dos bens, direitos e valores pertencentes à União e atualmente vinculados ao Departamento Nacional da Propriedade Industrial, ou sob sua responsabilidade, e transferidos àquele Instituto por esta Lei, bem como da receita resultante da execução dos seus serviços e dos recursos orçamentários da União que lhe forem proporcionados.

Art. 4º. Fica o Poder Executivo autorizado a abrir crédito especial em favor do Instituto, utilizando, como recursos, os saldos das dotações orçamentárias do Departamento Nacional da Propriedade Industrial.

Art. 5º. O Presidente do Instituto, indicado pelo Ministro da Indústria e do Comércio, será de livre nomeação e exoneração do Presidente da República.

Art. 6º. O Poder Executivo disporá sobre a estruturação, atribuições e funcionamento dos diversos órgãos do Instituto, bem como sobre regime de pessoal e contratação de serviços.

Art. 7º. A extinção do Departamento Nacional da Propriedade Industrial será promovida pelo Poder Executivo, ficando extintos os cargos e funções a medida que forem aprovados os quadros ou tabelas próprios da autarquia criada por esta Lei.

Parágrafo único. Extinto o Departamento Nacional da Propriedade Industrial as atribuições que lhe competiam passarão para o INPI.

Art. 8º. O Poder Executivo promoverá as medidas para redistribuição do pessoal lotado no Departamento Nacional da Propriedade Industrial, podendo o Instituto permitir o ingresso, nos seus quadros, de servidores do extinto Departamento, desde que possuam as qualificações exigidas para ocupar cargo o exercer funções constantes de seus quadros ou tabelas.

Art. 9º. O Instituto manterá publicação própria, destinada a divulgar seus atos, despachos e decisões, bem como matéria relacionada com seus serviços.

Parágrafo único. O Regulamento desta Lei disporá quanto à transferência, para o período previsto neste artigo, das publicações atualmente feitas, nos termos e para os efeitos do Decreto-Lei nº 2.131, de 12 de abril de 1940, no "Diário Oficial" da União, Seção III.

Art. 10. Esta Lei entrará em vigor na data de sua publicação, revogadas as disposições em contrário.

Emílio G. Médici

DOU de 14.12.1970

LEI Nº 8.955, DE 15 DE DEZEMBRO DE 1994

Dispõe sobre o contrato de franquia empresarial (franchising) e dá outras providências.

O Presidente da República,

Faço saber que o Congresso Nacional decreta e eu sanciono a seguinte Lei:

Art. 1º. Os contratos de franquia empresarial são disciplinados por esta Lei.

Art. 2º. Franquia empresarial é o sistema pelo qual um franqueador cede ao franqueado o direito de uso de marca ou patente, associado ao direito de distribuição exclusiva ou semi-exclusiva de produtos ou serviços e, eventualmente, também ao direito de uso de tecnologia de implantação e administração de negócio ou sistema operacional desenvolvidos ou detidos pelo franqueador, mediante remuneração direta ou indireta, sem que, no entanto, fique caracterizado vínculo empregatício.

Art. 3º. Sempre que o franqueador tiver interesse na implantação de sistema de franquia empresarial, deverá fornecer ao interessado em tornar-se franqueado uma Circular de Oferta de Franquia, por escrito e em linguagem clara e acessível, contendo obrigatoriamente as seguintes informações:

I - histórico resumido, forma societária e nome completo ou razão social do franqueador e de todas as empresas a que esteja diretamente ligado, bem como os respectivos nomes de fantasia e endereços;

II - balanços e demonstrações financeiras da empresa franqueadora relativos aos dois últimos exercícios;

III - indicação precisa de todas as pendências judiciais em que estejam envolvidos o franqueador, as empresas controladoras e titulares de marcas, patentes e direitos autorais relativos à operação, e seus subfranqueadores, questionando especificamente o sistema da franquia ou que possam diretamente vir a impossibilitar o funcionamento da franquia;

IV - descrição detalhada da franquia, descrição geral do negócio e das atividades que serão desempenhadas pelo franqueado;

V - perfil do *franqueado ideal* no que se refere a experiência anterior, nível de escolaridade e outras características que deve ter, obrigatória ou preferencialmente;

VI - requisitos quanto ao envolvimento direto do franqueado na operação e na administração do negócio;

VII - especificações quanto ao:

a) total estimado do investimento inicial necessário à aquisição, implantação e entrada em operação da franquia;

b) valor da taxa inicial de filiação ou taxa de franquia e de caução; e

c) valor estimado das instalações, equipamentos e do estoque inicial e suas condições de pagamento;

VIII - informações claras quanto a taxas periódicas e outros valores a serem pagos pelo franqueado ao franqueador ou a terceiros por este indicados, detalhando as respectivas bases de cálculo e o que as mesmas remuneram ou o fim a que se destinam, indicando, especificamente, o seguinte:

a) remuneração periódica pelo uso do sistema, da marca ou em troca dos serviços efetivamente prestados pelo franqueador ao franqueado (*royalties*);

b) aluguel de equipamentos ou ponto comercial;

c) taxa de publicidade ou semelhante;

d) seguro mínimo; e

e) outros valores devidos ao franqueador ou a terceiros que a ele sejam ligados;

IX - relação completa de todos os franqueados, subfranqueados e subfranqueadores da rede, bem como dos que se desligaram nos últimos doze meses, com nome, endereço e telefone;

X - em relação ao território, deve ser especificado o seguinte:

a) se é garantida ao franqueado exclusividade ou preferência sobre determinado território de atuação e, caso positivo, em que condições o faz; e

b) possibilidade de o franqueado realizar vendas ou prestar serviços fora de seu território ou realizar exportações;

XI - informações claras e detalhadas quanto à obrigação do franqueado de adquirir quaisquer bens, serviços ou insumos necessários à implantação, operação ou administração de sua franquia, apenas de fornecedores indicados e aprovados pelo franqueador, oferecendo ao franqueado relação completa desses fornecedores;

XII - indicação do que é efetivamente oferecido ao franqueado pelo franqueador, no que se refere a:

a) supervisão de rede;

b) serviços de orientação e outros prestados ao franqueado;

c) treinamento do franqueado, especificando duração, conteúdo e custos;

d) treinamento dos funcionários do franqueado;

e) manuais de franquia;

f) auxílio na análise e escolha do ponto onde será instalada a franquia; e

g) *layout* e padrões arquitetônicos nas instalações do franqueado;

XIII - situação perante o Instituto Nacional de Propriedade Industrial - (INPI) das marcas ou patentes cujo uso estará sendo autorizado pelo franqueador;

XIV - situação do franqueado, após a expiração do contrato de franquia, em relação a:

a) *know how* ou segredo de indústria a que venha a ter acesso em função da franquia; e

b) implantação de atividade concorrente da atividade do franqueador;

XV - modelo do contrato-padrão e, se for o caso, também do pré-contrato-padrão de franquia adotado pelo franqueador, com texto completo, inclusive dos respectivos anexos e prazo de validade.

Art. 4º. A circular oferta de franquia deverá ser entregue ao candidato a franqueado no mínimo 10 (dez) dias antes da assinatura do contrato ou pré-contrato de franquia ou ainda do pagamento de qualquer tipo de taxa pelo franqueado ao franqueador ou a empresa ou pessoa ligada a este.

Parágrafo único. Na hipótese do não cumprimento do disposto no *caput* deste artigo, o franqueado poderá argüir a anulabilidade do contrato e exigir devolução de todas as quantias que já houver pago ao franqueador ou a terceiros por ele indicados, a título de taxa de filiação e *royalties*, devidamente corrigidas, pela variação da remuneração básica dos depósitos de poupança mais perdas e danos.

Art. 5º. (Vetado).

Art. 6º. O contrato de franquia deve ser sempre escrito e assinado na presença de 2 (duas) testemunhas e terá validade independentemente de ser levado a registro perante cartório ou órgão público.

Art. 7º. A sanção prevista no parágrafo único do art. 4º desta Lei aplica-se, também, ao franqueador que veicular informações falsas na sua circular de oferta de franquia, sem prejuízo das sanções penais cabíveis.

Art. 8º. O disposto nesta Lei aplica-se aos sistemas de franquia instalados e operados no território nacional.

Art. 9º. Para os fins desta Lei, o termo franqueador, quando utilizado em qualquer de seus dispositivos, serve também para designar o subfranqueador, da mesma forma que as disposições que se refiram ao franqueado aplicam-se ao subfranqueado.

Art. 10. Esta Lei entra em vigor 60 (sessenta) dias após sua publicação.

Art. 11. Revogam-se as disposições em contrário.

Brasília, 15 de dezembro de 1994; 173º da Independência e 106º da República.

Itamar Franco

DOU de 16.12.1994

LEI Nº 9.456, DE 25 DE ABRIL DE 1997

Institui a Lei de Proteção de Cultivares e dá outras providências.

O Presidente da República,

Faço saber que o Congresso Nacional decreta e eu sanciono a seguinte Lei:

TÍTULO I - DAS DISPOSIÇÕES PRELIMINARES

Art. 1º. Fica instituído o direito de Proteção de Cultivares, de acordo com o estabelecido nesta Lei.

Art. 2º. A proteção dos direitos relativos à propriedade intelectual referente a cultivar se efetua mediante a concessão de Certificado de Proteção de Cultivar, considerado bem móvel para todos os efeitos legais e única forma de proteção de cultivares e de direito que poderá obstar a livre utilização de plantas ou de suas partes de reprodução ou de multiplicação vegetativa, no País.

Art. 3º. Considera-se, para os efeitos desta Lei:

I - melhorista: a pessoa física que obtiver cultivar e estabelecer descritores que a diferenciem das demais;

II - descritor: a característica morfológica, fisiológica, bioquímica ou molecular que seja herdada geneticamente, utilizada na identificação de cultivar;

III - margem mínima: o conjunto mínimo de descritores, a critério do órgão competente, suficiente para diferenciar uma nova cultivar ou uma cultivar essencialmente derivada das demais cultivares conhecidas;

IV - cultivar: a variedade de qualquer gênero ou espécie vegetal superior que seja claramente distinguível de outras cultivares conhecidas por margem mínima de descritores, por sua denominação própria, que seja homogênea e estável quanto aos descritores através de gerações sucessivas e seja de espécie passível de uso pelo complexo agroflorestal, descrita em publicação especializada disponível e acessível ao público, bem como a linhagem componente de híbridos;

V - nova cultivar: a cultivar que não tenha sido oferecida à venda no Brasil há mais de doze meses em relação à data do pedido de proteção e que, observado o prazo de comercialização no Brasil, não tenha sido oferecida à venda em outros países, com o consentimento do obtentor, há mais de seis anos para espécies de árvores e videiras e há mais de quatro anos para as demais espécies;

VI - cultivar distinta: a cultivar que se distingue claramente de qualquer outra cuja existência na data do pedido de proteção seja reconhecida;

VII - cultivar homogênea: a cultivar que, utilizada em plantio, em escala comercial, apresente variabilidade mínima quanto aos descritores que a identifiquem, segundo critérios estabelecidos pelo órgão competente;

VIII - cultivar estável: a cultivar que, reproduzida em escala comercial, mantenha a sua homogeneidade através de gerações sucessivas;

IX - cultivar essencialmente derivada: a essencialmente derivada de outra cultivar se, cumulativamente, for:

a) predominantemente derivada da cultivar inicial ou de outra cultivar essencialmente derivada, sem perder a expressão das características essenciais que resultem do genótipo ou da combinação de genótipos da cultivar da qual derivou, exceto no que diz respeito às diferenças resultantes da derivação;

b) claramente distinta da cultivar da qual derivou, por margem mínima de descritores, de acordo com critérios estabelecidos pelo órgão competente;

c) não tenha sido oferecida à venda no Brasil há mais de doze meses em relação à data do pedido de proteção e que, observado o prazo de comercialização no Brasil, não tenha sido oferecida à venda em outros países, com o consentimento do obtentor, há mais de seis anos para espécies de árvores e videiras e há mais de quatro anos para as demais espécies;

X - linhagens: os materiais genéticos homogêneos, obtidos por algum processo autogâmico continuado;

XI - híbrido: o produto imediato do cruzamento entre linhagens geneticamente diferentes;

XII - teste de distinguibilidade, homogeneidade e estabilidade (DHE): o procedimento técnico de comprovação de que a nova cultivar ou a cultivar essencialmente derivada são distinguíveis de outra cujos descritores sejam conhecidos, homogêneas quanto às suas características em cada ciclo reprodutivo e estáveis quanto à repetição das mesmas características ao longo de gerações sucessivas;

XIII - amostra viva: a fornecida pelo requerente do direito de proteção que, se utilizada na propagação da cultivar, confirme os descritores apresentados;

XIV - semente: toda e qualquer estrutura vegetal utilizada na propagação de uma cultivar;

XV - propagação: a reprodução e a multiplicação de uma cultivar, ou a concomitância dessas ações;

XVI - material propagativo: toda e qualquer parte da planta ou estrutura vegetal utilizada na sua reprodução e multiplicação;

XVII - planta inteira: a planta com todas as suas partes passíveis de serem utilizadas na propagação de uma cultivar;

XVIII - complexo agroflorestal: o conjunto de atividades relativas ao cultivo de gêneros e espécies vegetais visando, entre outras, à alimentação humana ou animal, à produção de combustíveis, óleos, corantes, fibras e demais insumos para fins industrial, medicinal florestal e ornamental.

TÍTULO II - DA PROPRIEDADE INTELECTUAL

CAPÍTULO I - DA PROTEÇÃO

Seção I - Da Cultivar Passível de Proteção

Art. 4º. É passível de proteção a nova cultivar ou a cultivar essencialmente derivada, de qualquer gênero ou espécie vegetal.

§ 1º. São também passíveis de proteção as cultivares não enquadráveis no disposto no *caput* e que já tenham sido oferecidas à venda até a data do pedido, obedecidas as seguintes condições cumulativas:

I - que o pedido de proteção seja apresentado até doze meses após cumprido o disposto no § 2º deste artigo, para cada espécie ou cultivar;

II - que a primeira comercialização da cultivar haja ocorrido há, no máximo, dez anos da data do pedido de proteção;

III - a proteção produzirá efeitos tão somente para fins de utilização da cultivar para obtenção de cultivares essencialmente derivadas;

IV - a proteção será concedida pelo período remanescente aos prazos previstos no art. 11, considerada, para tanto, a data da primeira comercialização.

§ 2º. Cabe ao órgão responsável pela proteção de cultivares divulgar, progressivamente, as espécies vegetais e respectivos descritores mínimos necessários à abertura de pedidos de proteção, bem como as respectivas datas-limite para efeito do inciso I do parágrafo anterior.

§ 3º. A divulgação de que trata o parágrafo anterior obedecerá a uma escala de espécies, observado o seguinte cronograma, expresso em total cumulativo de espécies protegidas:

I - na data de entrada em vigor da regulamentação desta Lei: pelo menos 5 espécies;

II - após 3 anos: pelo menos 10 espécies;

III - após 6 anos: pelo menos 18 espécies;

IV - após 8 anos: pelo menos 24 espécies.

Seção II - Dos Obtentores

Art. 5º. À pessoa física ou jurídica que obtiver nova cultivar ou cultivar essencialmente derivada no País será assegurada a proteção que lhe garanta o direito de propriedade nas condições estabelecidas nesta Lei.

§ 1º. A proteção poderá ser requerida por pessoa física ou jurídica que tiver obtido cultivar, por seus herdeiros ou sucessores ou por eventuais cessionários mediante apresentação de documento hábil.

§ 2º. Quando o processo de obtenção for realizado por duas ou mais pessoas, em cooperação, a proteção poderá ser requerida em conjunto ou isoladamente, mediante nomeação e qualificação de cada uma, para garantia dos respectivos direitos.

§ 3º. Quando se tratar de obtenção decorrente de contrato de trabalho, prestação de serviços ou outra atividade laboral, o pedido de proteção deverá indicar o nome de todos os melhoristas que, nas condições de empregados ou de prestadores de serviço, obtiveram a nova cultivar ou a cultivar essencialmente derivada.

Art. 6º. Aplica-se, também, o disposto nesta Lei:

I - aos pedidos de proteção de cultivar proveniente do exterior e depositados no País por quem tenha proteção assegurada por Tratado em vigor no Brasil;

II - aos nacionais ou pessoas domiciliadas em país que assegure aos brasileiros ou pessoas domiciliadas no Brasil a reciprocidade de direitos iguais ou equivalentes.

Art. 7º. Os dispositivos dos Tratados em vigor no Brasil são aplicáveis, em igualdade de condições, às pessoas físicas ou jurídicas nacionais ou domiciliadas no País.

Seção III - Do Direito de Proteção

Art. 8º. A proteção da cultivar recairá sobre o material de reprodução ou de multiplicação vegetativa da planta inteira.

Art. 9º. A proteção assegura a seu titular o direito à reprodução comercial no território brasileiro, ficando vedados a terceiros, durante o prazo de proteção, a produção com fins comerciais, o oferecimento à venda ou a comercialização, do material de propagação da cultivar, sem sua autorização.

Art. 10. Não fere o direito de propriedade sobre a cultivar protegida aquele que:

I - reserva e planta sementes para uso próprio, em seu estabelecimento ou em estabelecimento de terceiros cuja posse detenha;

II - usa ou vende como alimento ou matéria-prima o produto obtido do seu plantio, exceto para fins reprodutivos;

III - utiliza a cultivar como fonte de variação no melhoramento genético ou na pesquisa científica;

IV - sendo pequeno produtor rural, multiplica sementes, para doação ou troca, exclusivamente para outros pequenos produtores rurais, no âmbito de programas de financiamento ou de apoio a pequenos produtores rurais, conduzidos por órgãos públicos ou organizações não-governamentais, autorizados pelo Poder Público.

§ 1º. Não se aplicam as disposições do *caput* especificamente para a cultura da cana-de-açúcar, hipótese em que serão observadas as seguintes disposições adicionais, relativamente ao direito de propriedade sobre a cultivar:

I - para multiplicar material vegetativo, mesmo que para uso próprio, o produtor obrigar-se-á a obter a autorização do titular do direito sobre a cultivar;

II - quando, para a concessão de autorização, for exigido pagamento, não poderá este ferir o equilíbrio econômico-financeiro da lavoura desenvolvida pelo produtor;

III - somente se aplica o disposto no inciso I às lavouras conduzidas por produtores que detenham a posse ou o domínio de propriedades rurais com área equivalente a, no mínimo, quatro módulos fiscais, calculados de acordo com o estabelecido na Lei nº 4.504, de 30 de novembro de 1964, quando destinadas à produção para fins de processamento industrial;

IV - as disposições deste parágrafo não se aplicam aos produtores que, comprovadamente, tenham iniciado, antes da data de promulgação desta Lei, processo de multiplicação, para uso próprio, de cultivar que venha a ser protegida.

§ 2º. Para os efeitos do inciso III do *caput*, sempre que:

I - for indispensável a utilização repetida da cultivar protegida para produção comercial de outra cultivar ou de híbrido, fica o titular da segunda obrigado a obter a autorização do titular do direito de proteção da primeira;

II - uma cultivar venha a ser caracterizada como essencialmente derivada de uma cultivar protegida, sua exploração comercial estará condicionada à autorização do titular da proteção desta mesma cultivar protegida.

§ 3º. Considera-se pequeno produtor rural, para fins do disposto no inciso IV do *caput*, aquele que, simultaneamente, atenda os seguintes requisitos:

I - explore parcela de terra na condição de proprietário, posseiro, arrendatário ou parceiro;

II - mantenha até dois empregados permanentes, sendo admitido ainda o recurso eventual à ajuda de terceiros, quando a natureza sazonal da atividade agropecuária o exigir;

III - não detenha a qualquer título, área superior a quatro módulos fiscais, quantificados segundo a legislação em vigor;

IV - tenha, no mínimo, oitenta por cento de sua renda bruta anual proveniente da exploração agropecuária ou extrativa; e

V - resida na propriedade ou em aglomerado urbano ou rural próximo.

Seção IV - Da Duração da Proteção

Art. 11. A proteção da cultivar vigorará, a partir da data da concessão do Certificado Provisório de Proteção, pelo prazo de quinze anos, excetuadas as videiras, as árvores frutíferas, as árvores florestais e as árvores ornamentais, inclusive, em cada caso, o seu porta-enxerto, para as quais a duração será de dezoito anos.

Art. 12. Decorrido o prazo de vigência do direito de proteção, a cultivar cairá em domínio público e nenhum outro direito poderá obstar sua livre utilização.

Seção V - Do Pedido de Proteção

Art. 13. O pedido de proteção será formalizado mediante requerimento assinado pela pessoa física ou jurídica que obtiver cultivar, ou por seu procurador, e protocolado no órgão competente.

Parágrafo único. A proteção, no território nacional, de cultivar obtida por pessoa física ou jurídica domiciliada no exterior, nos termos dos incisos I e II do art. 6º, deverá ser solicitada diretamente por seu procurador, com domicílio no Brasil, nos termos do art. 50 desta Lei.

Art. 14. Além do requerimento, o pedido de proteção, que só poderá se referir a uma única cultivar, conterá:

I - a espécie botânica;

II - o nome da cultivar;

III - a origem genética;

IV - relatório descritivo mediante preenchimento de todos os descritores exigidos;

V - declaração garantindo a existência de amostra viva à disposição do órgão competente e sua localização para eventual exame;

VI - o nome e o endereço do requerente e dos melhoristas;

VII - comprovação das características de DHE, para as cultivares nacionais e estrangeiras;

VIII - relatório de outros descritores indicativos de sua distinguibilidade, homogeneidade e estabilidade, ou a comprovação da efetivação, pelo requerente, de ensaios com a cultivar junto com controles específicos ou designados pelo órgão competente;

IX - prova do pagamento da taxa de pedido de proteção;

X - declaração quanto à existência de comercialização da cultivar no País ou no exterior;

XI - declaração quanto à existência, em outro país, de proteção, ou de pedido de proteção, ou de qualquer requerimento de direito de prioridade, referente à cultivar cuja proteção esteja sendo requerida;

XII - extrato capaz de identificar o objeto do pedido.

§ 1º. O requerimento, o preenchimento dos descritores definidos e a indicação dos novos descritores deverão satisfazer as condições estabelecidos pelo órgão competente.

§ 2º. Os documentos a que se refere este artigo deverão ser apresentados em língua portuguesa.

Art. 15. Toda cultivar deverá possuir denominação que a identifique, destinada a ser sua denominação genérica, devendo para fins de proteção, obedecer aos seguintes critérios:

I - ser única, não podendo ser expressa apenas de forma numérica;

II - ter denominação diferente de cultivar preexistente;

III - não induzir a erro quanto às suas características intrínsecas ou quanto à sua procedência.

Art. 16. O pedido de proteção, em extrato capaz de identificar o objeto do pedido, será publicado, no prazo de até sessenta dias corridos, contados da sua apresentação.

Parágrafo único. Publicado o pedido de proteção, correrá o prazo de noventa dias para apresentação de eventuais impugnações, dando-se ciência ao requerente.

Art. 17. O relatório descritivo e os descritores indicativos de sua distinguibilidade, homogeneidade e estabilidade não poderão ser modificados pelo requerente, exceto:

I - para retificar erros de impressão ou datilográficos;

II - se imprescindível para esclarecer ou precisar o pedido e somente até a data da publicação do mesmo;

III - se cair em exigência por não atender o disposto no § 2º do art. 18.

Art. 18. No ato de apresentação do pedido de proteção, proceder-se-á à verificação formal preliminar quanto à existência de sinonímia e, se inexistente, será protocolado, desde que devidamente instruído.

§ 1º. Do protocolo de pedido de proteção de cultivar constarão hora, dia, mês, ano e número de apresentação do pedido, nome e endereço completo do interessado e de seu procurador, se houver.

§ 2º. O exame, que não ficará condicionado a eventuais impugnações oferecidas, verificará se o pedido de proteção está de acordo com as prescrições legais, se está tecnicamente bem definido e se não há anterioridade, ainda que com denominação diferente.

§ 3º. O pedido será indeferido se a cultivar contrariar as disposições do art. 4º.

§ 4º. Se necessário, serão formuladas exigências adicionais julgadas convenientes, inclusive no que se refere à apresentação do novo relatório descritivo, sua complementação e outras informações consideradas relevantes para conclusão do exame do pedido.

§ 5º. A exigência não cumprida ou não contestada no prazo de sessenta dias, contados da ciência da notificação acarretará o arquivamento do pedido, encerrando-se a instância administrativa.

§ 6º. O pedido será arquivado se for considerada improcedente a contestação oferecida à exigência.

§ 7º. Salvo o disposto no § 5º deste artigo, da decisão que denegar ou deferir o pedido de proteção caberá recurso no prazo de sessenta dias a contar da data de sua publicação.

§ 8º. Interposto o recurso, o órgão competente terá o prazo de até sessenta dias para decidir sobre o mesmo.

Art. 19. Publicado o pedido de proteção, será concedido, a título precário, Certificado Provisório de Proteção, assegurando, ao titular, o direito de exploração comercial da cultivar, nos termos desta Lei.

Seção VI - Da Concessão do Certificado de Proteção de Cultivar

Art. 20. O Certificado de Proteção de Cultivar será imediatamente expedido depois de decorrido o prazo para recurso ou, se este interposto, após a publicação oficial de sua decisão.

§ 1º. Deferido o pedido e não havendo recurso tempestivo, na forma do § 7º do art. 18, a publicação será efetuada no prazo de até quinze dias.

§ 2º. Do Certificado de Proteção de Cultivar deverão constar o número respectivo, nome e nacionalidade do titular ou, se for o caso, de seu herdeiro, sucessor ou cessionário, bem como o prazo de duração da proteção.

§ 3º. Além dos dados indicados no parágrafo anterior, constarão do Certificado de Proteção de Cultivar o nome do melhorista e, se for o caso, a circunstância de que a obtenção resultou de contrato de trabalho ou de prestação de serviços ou outra atividade laboral, fato que deverá ser esclarecido no respectivo pedido de proteção.

Art. 21. A proteção concedida terá divulgação, mediante publicação oficial, no prazo de até quinze dias a partir da data de sua concessão.

Art. 22. Obtido o Certificado Provisório de Proteção ou o Certificado de Proteção de Cultivar, o titular fica obrigado a manter, durante o período de proteção, amostra viva da cultivar protegida à disposição do órgão competente, sob pena de cancelamento do respectivo Certificado se, notificado, não a apresentar no prazo de sessenta dias.

Parágrafo único. Sem prejuízo do disposto no *caput* deste artigo, quando da obtenção do Certificado Provisório de Proteção ou do Certificado de Proteção de Cultivar, o titular fica obrigado a enviar ao órgão competente duas amostras vivas da cultivar protegida, uma para manipulação e exame, outra para integrar a coleção de germoplasma.

Seção VII - Das Alterações no Certificado de Proteção de Cultivar

Art. 23. A titularidade da proteção de cultivar poderá ser transferida por ato *inter vivos* ou em virtude de sucessão legítima ou testamentária.

Art. 24. A transferência, por ato *inter vivos* ou sucessão legítima ou testamentária de Certificado de Proteção de Cultivar, a alteração de nome, domicílio ou sede de seu titular, as condições de licenciamento compulsório ou de uso público restrito, suspensão transitória ou cancelamento da proteção, após anotação no respectivo processo, deverão ser averbados no Certificado de Proteção.

§ 1º. Sem prejuízo de outras exigências cabíveis, o documento original de transferência conterá a qualificação completa do cedente e do cessionário, bem como das testemunhas e a indicação precisa da cultivar protegida.

§ 2º. Serão igualmente anotados e publicados os atos que se refiram, entre outros, à declaração de licenciamento compulsório ou de uso público restrito, suspensão transitória, extinção da proteção ou cancelamento do certificado, por decisão de autoridade administrativa ou judiciária.

§ 3º. A averbação não produzirá qualquer efeito quanto à remuneração devida por terceiros ao titular, pela exploração da cultivar protegida, quando se referir a cultivar cujo direito de proteção esteja extinto ou em processo de nulidade ou cancelamento.

§ 4º. A transferência só produzirá efeito em relação a terceiros, depois de publicado o ato de deferimento.

§ 5º. Da denegação da anotação ou averbação caberá recurso, no prazo de sessenta dias, contados da ciência do respectivo despacho.

Art. 25. A requerimento de qualquer pessoa, com legítimo interesse, que tenha ajuizado ação judicial relativa à ineficácia dos atos referentes a pedido de proteção, de transferência de titularidade ou alteração de nome, endereço ou sede de titular, poderá o juiz ordenar a suspensão do processo de proteção, de anotação ou averbação, até decisão final.

Art. 26. O pagamento das anuidades pela proteção da cultivar, a serem definidas em regulamento, deverá ser feito a partir do exercício seguinte ao da data da concessão do Certificado de Proteção.

Seção VIII - Do Direito de Prioridade

Art. 27. Às pessoas físicas ou jurídicas que tiverem requerido um pedido de proteção em país que mantenha acordo com o Brasil ou em organização internacional da qual o Brasil faça parte e que produza efeito de depósito nacional, será assegurado direito de prioridade durante um prazo de até doze meses.

§ 1º. Os fatos ocorridos no prazo previsto no *caput,* tais como a apresentação de outro pedido de proteção, a publicação ou a utilização da cultivar objeto do primeiro pedido de proteção, não constituem motivo de rejeição do pedido posterior e não darão origem a direito a favor de terceiros.

§ 2º. O prazo previsto no *caput* será contado a partir da data de apresentação do primeiro pedido, excluído o dia de apresentação.

§ 3º. Para beneficiar-se das disposições do *caput,* o requerente deverá:

I - mencionar, expressamente, no requerimento posterior de proteção, a reivindicação de prioridade do primeiro pedido;

II - apresentar, no prazo de até três meses, cópias dos documentos que instruíram o primeiro pedido, devidamente certificadas pelo órgão ou autoridade ante a qual tenham sido apresentados, assim como a prova suficiente de que a cultivar objeto dos dois pedidos é a mesma.

§ 4º. As pessoas físicas ou jurídicas mencionadas no *caput* deste artigo terão um prazo de até dois anos após a expiração do prazo de prioridade para fornecer informações, documentos complementares ou amostra viva, caso sejam exigidos.

CAPÍTULO II - DA LICENÇA COMPULSÓRIA

Art. 28. A cultivar protegida nos termos desta Lei poderá ser objeto de licença compulsória, que assegurará:

I - a disponibilidade da cultivar no mercado, a preços razoáveis, quando a manutenção de fornecimento regular esteja sendo injustificadamente impedida pelo titular do direito de proteção sobre a cultivar;

II - a regular distribuição da cultivar e manutenção de sua qualidade;

III - remunerarão razoável ao titular do direito de proteção da cultivar.

Parágrafo único. Na apuração da restrição injustificada à concorrência, a autoridade observará, no que couber, o disposto no art. 21 da Lei nº 8.884, de 11 de junho de 1994.

Art. 29. Entende-se por licença compulsória o ato da autoridade competente que, a requerimento de legítimo interessado, autorizar a exploração da cultivar independentemente da autorização de seu titular, por prazo de três anos prorrogável por iguais períodos, sem exclusividade e mediante remuneração na forma a ser definida em regulamento.

Art. 30. O requerimento de licença compulsória conterá, dentre outros:

I - qualificação do requerente;

II - qualificação do titular do direito sobre a cultivar;

III - descrição suficiente da cultivar;

IV - os motivos do requerimento, observado o disposto no art. 28 desta Lei;

V - prova de que o requerente diligenciou, sem sucesso, junto ao titular da cultivar no sentido de obter licença voluntária;

VI - prova de que o requerente goza de capacidade financeira e técnica para explorar a cultivar.

Art. 31. O requerimento de licença será dirigido ao Ministério da Agricultura e do Abastecimento e decidido pelo Conselho Administrativo de Defesa Econômica - CADE, criado pela Lei nº 8.884, de 11 de junho de 1994.

§ 1º. Recebido o requerimento, o Ministério intimará o titular do direito de proteção a se manifestar, querendo, no prazo de dez dias.

§ 2º. Com ou sem a manifestação de que trata o parágrafo anterior, o Ministério encaminhará o processo ao CADE, com parecer técnico do órgão competente e no prazo máximo de quinze dias, recomendando ou não a concessão da licença compulsória.

§ 3º. Se não houver necessidade de diligências complementares o CADE apreciará o requerimento no prazo máximo de trinta dias.

Art. 32. O Ministério da Agricultura e do Abastecimento e o Ministério da Justiça, no âmbito das respectivas atribuições, disporão de forma complementar sobre o procedimento e as condições para apreciação e concessão da licença compulsória, observadas as exigências procedimentais inerentes à ampla defesa e à proteção ao direito de propriedade instituído por esta Lei.

Art. 33. Da decisão do CADE que conceder licença requerida não caberá recurso no âmbito da Administração nem medida liminar judicial, salvo, quanto à última, ofensa ao devido processo legal.

Art. 34. Aplica-se à licença compulsória, no que couber, as disposições previstas na Lei nº 9.279, de 14 de maio de 1996.

Art. 35. A licença compulsória somente poderá ser requeria após decorridos três anos da concessão do Certificado Provisório de Proteção, exceto na hipótese de abuso do poder econômico.

CAPÍTULO III - DO USO PÚBLICO RESTRITO

Art. 36. A cultivar protegida será declarada de uso público restrito, *ex officio* pelo Ministro da Agricultura e do Abastecimento, com base em parecer técnico dos respectivos órgãos competentes, no exclusivo interesse público, para atender às necessidades da política agrícola, nos casos de emergência nacional, abuso do poder econômico, ou outras circunstâncias de extrema urgência e em casos de uso público não comercial.

Parágrafo único. Considera-se de uso público restrito a cultivar que, por ato do Ministro da Agricultura e do Abastecimento, puder ser explorada diretamente pela União Federal ou por terceiros por ela designados, sem exclusividade, sem autorização de seu titular, pelo prazo de três anos, prorrogável por iguais períodos, desde que notificado e remunerado o titular na forma a ser definida em regulamento.

CAPÍTULO IV - DAS SANÇÕES

Art. 37. Aquele que vender, oferecer à venda, reproduzir, importar, exportar, bem como embalar ou armazenar para esses fins, ou ceder a qualquer título, material de propagação de cultivar protegida, com denominação correta ou com outra, sem autorização do titular, fica obrigado a indenizá-lo, em valores a serem determinados em regulamento, além de ter o material apreendido, assim como pagará multa equivalente a vinte por cento do valor comercial do material apreendido, incorrendo, ainda, em crime de violação dos direitos do melhorista, sem prejuízo das demais sanções penais cabíveis.

§ 1º. Havendo reincidência quanto ao mesmo ou outro material, será duplicado o percentual da multa em relação à aplicada na última punição, sem prejuízo das demais sanções cabíveis.

§ 2º. O órgão competente destinará gratuitamente o material apreendido - se de adequada qualidade - para distribuição, como semente para plantio, a agricultores assentados em programas de Reforma Agrária ou em áreas onde se desenvolvam programas públicos de apoio à agricultura familiar, vedada sua comercialização.

§ 3º. O disposto no *caput* e no § 1º deste artigo não se aplica aos casos previstos no art. 10.

CAPÍTULO V
DA OBTENÇÃO OCORRIDA NA VIGÊNCIA DO CONTRATO DE TRABALHO OU DE PRESTAÇÃO DE SERVIÇOS OU OUTRA ATIVIDADE LABORAL

Art. 38. Pertencerão exclusivamente ao empregador ou ao tomador dos serviços os direitos sobre as novas cultivares, bem como as cultivares essencialmente derivadas, desenvolvidas ou obtidas pelo empregado ou prestador de serviços durante a vigência do Contrato de Trabalho ou de Prestação de Serviços ou outra atividade laboral, resultantes de cumprimento de dever funcional ou de execução de contrato, cujo objeto seja a atividade de pesquisa no Brasil, devendo constar obrigatoriamente do pedido e do Certificado de Proteção o nome do melhorista.

§ 1º. Salvo expressa disposição contratual em contrário, a contraprestação do empregado ou do prestador de serviço ou outra atividade laboral, na hipótese prevista neste artigo, será limitada ao salário ou remuneração ajustada.

§ 2º. Salvo convenção em contrário, será considerada obtida durante a vigência do Contrato de Trabalho ou de Prestação de Serviços ou outra atividade laboral, a nova cultivar ou a cultivar essencialmente derivada, cujo Certificado de Proteção seja requerido pelo empregado ou prestador de serviços até trinta e seis meses após a extinção do respectivo contrato.

Art. 39. Pertencerão a ambas as partes, salvo expressa estipulação em contrário, as novas cultivares, bem como as cultivares essencialmente derivadas, obtidas pelo empregado ou prestador de serviços ou outra atividade laboral, não compreendidas no disposto no art. 38, quando decorrentes de contribuição pessoal e mediante a utilização de recursos, dados, meios, materiais, instalações ou equipamentos do empregador ou do tomador dos serviços.

§ 1º. Para os fins deste artigo, fica assegurado ao empregador ao tomador dos serviços ou outra atividade laboral, o direito exclusivo de exploração da nova cultivar ou da cultivar essencialmente derivada e garantida ao empregado ou prestador de serviços ou outra atividade laboral a remuneração que for acordada entre as partes, sem prejuízo do pagamento do salário ou da remuneração ajustada.

§ 2º. Sendo mais de um empregado ou prestador de serviços ou outra atividade laboral, a parte que lhes couber será dividida igualmente entre todos, salvo ajuste em contrario.

CAPÍTULO VI - DA EXTINÇÃO DO DIREITO DE PROTEÇÃO

Art. 40. A proteção da cultivar extingue-se:

I - pela expiração do prazo de proteção estabelecido nesta Lei;

II - pela renúncia do respectivo titular ou de seus sucessores;

III - pelo cancelamento do Certificado de Proteção nos termos do art. 42.

Parágrafo único. A renúncia à proteção somente será admitida se não prejudicar direitos de terceiros.

Art. 41. Extinta a proteção, seu objeto cai em domínio público.

Art. 42. O Certificado de Proteção será cancelado administrativamente *ex officio* ou a requerimento de qualquer pessoa com legítimo interesse, em qualquer das seguintes hipóteses:

I - pela perda de homogeneidade ou estabilidade;

II - na ausência de pagamento da respectiva anuidade;

III - quando não forem cumpridas as exigências do art. 50;

IV - pela não apresentação da amostra viva, conforme estabelece o art. 22;

V - pela comprovação de que a cultivar tenha causado, após a sua comercialização, impacto desfavorável ao meio ambiente ou à saúde humana.

§ 1º. O titular será notificado da abertura do processo de cancelamento, sendo-lhe assegurado o prazo de sessenta dias para contestação, a contar da data da notificação.

§ 2º. Da decisão que conceder ou denegar o cancelamento, caberá recurso no prazo de sessenta dias corridos, contados de sua publicação.

§ 3º. A decisão pelo cancelamento produzirá efeitos a partir da data do requerimento ou da publicação de instauração *ex officio* do processo.

CAPÍTULO VII - DA NULIDADE DA PROTEÇÃO

Art. 43. É nula a proteção quando:

I - não tenham sido observadas as condições de novidade e distinguibilidade da cultivar, de acordo com os incisos V e VI do art. 3º desta Lei;

II - tiver sido concedida contrariando direitos de terceiros;

III - o título não corresponder a seu verdadeiro objeto;

IV - no seu processamento tiver sido omitida qualquer das providências determinadas por esta Lei, necessárias à apreciação do pedido e expedição do Certificado de Proteção.

Parágrafo único. A nulidade do Certificado produzirá efeitos a partir da data do pedido.

Art. 44. O processo de nulidade poderá ser instaurado *ex officio* ou a pedido de qualquer pessoa com legítimo interesse.

TÍTULO III
DO SERVIÇO NACIONAL DE PROTEÇÃO DE CULTIVARES

CAPÍTULO I - DA CRIAÇÃO

Art. 45. Fica criado, no âmbito do Ministério da Agricultura e do Abastecimento, o Serviço Nacional de Proteção de Cultivares - SNPC, a quem compete a proteção de cultivares.

§ 1º. A estrutura, as atribuições e as finalidades do SNPC serão definidas em regulamento.

§ 2º. O Serviço Nacional de Proteção de Cultivares - SNPC manterá o Cadastro Nacional de Cultivares Protegidas.

TÍTULO IV
DAS DISPOSIÇÕES GERAIS

CAPÍTULO I - DOS ATOS, DOS DESPACHOS E DOS PRAZOS

Art. 46. Os atos, despachos e decisões nos processos administrativos referentes à proteção de cultivares só produzirão efeito após sua publicação no *Diário Oficial* da União, exceto:

I - despachos interlocutórios que não necessitam ser do conhecimento das partes;

II - pareceres técnicos, a cuja vista, no entanto, terão acesso as partes, caso requeiram;

III - outros que o Decreto de regulamentação indicar.

Art. 47. O Serviço Nacional de Proteção de Cultivares - SNPC editará publicação periódica especializada para divulgação do Cadastro Nacional de Cultivares Protegidas, previsto no § 2º do art. 45 e no disposto no *caput, e* seus incisos I, II, e III, do art. 46.

Art. 48. Os prazos referidos nesta Lei contam-se a partir da data de sua publicação.

CAPÍTULO II - DAS CERTIDÕES

Art. 49. Será assegurado, no prazo de trinta dias a contar da data da protocolização do requerimento, o fornecimento de certidões relativas às matérias de que trata esta Lei, desde que regularmente requeridas e comprovado o recolhimento das taxas respectivas.

CAPÍTULO III - DA PROCURAÇÃO DE DOMICILIADO NO EXTERIOR

Art. 50. A pessoa física ou jurídica domiciliada no exterior deverá constituir e manter procurador, devidamente qualificado e domiciliado no Brasil, com poderes para representá-la e receber notificações administrativas e citações judiciais referentes à matéria desta Lei, desde a data do pedido da proteção e durante a vigência do mesmo, sob pena de extinção do direito de proteção.

§ 1º. A procuração deverá outorgar poderes para efetuar pedido de proteção e sua manutenção junto ao SNPC e ser específica para cada caso.

§ 2º. Quando o pedido de proteção não for efetuado pessoalmente, deverá ser instruído com procuração, contendo os poderes necessários, devidamente traduzida por tradutor público juramentado, caso lavrada no exterior.

CAPÍTULO IV - DAS DISPOSIÇÕES FINAIS

Art. 51. O pedido de proteção de cultivar essencialmente derivada de cultivar passível de ser protegida nos termos do § 1º do art. 4º somente será apreciado e, se for o caso, concedidos os respectivos Certificados, após decorrido o prazo previsto no inciso I do mesmo parágrafo, respeitando-se a ordem cronológica de apresentação dos pedidos.

Parágrafo único. Poderá o SNPC dispensar o cumprimento do prazo mencionado no *caput* nas hipóteses em que, em relação à cultivar passível de proteção nos termos do § 1º do art. 4º:

I - houver sido concedido Certificado de Proteção; ou

II - houver expressa autorização de seu obtentor.

Art. 52. As cultivares já comercializadas no Brasil cujo pedido de proteção, devidamente instruído, não for protocolizado no prazo previsto no inciso I do § 1º do art. 4º serão consideradas automaticamente de domínio público.

Art. 53. Os serviços de que trata esta Lei, serão remunerados pelo regime de preços de serviços públicos específicos, cabendo ao Ministério da Agricultura e do Abastecimento fixar os respectivos valores e forma de arrecadação.

Art. 54. O Poder Executivo regulamentará esta Lei no prazo de noventa dias após sua publicação.

Art. 55. Esta Lei entra em vigor na data de sua publicação.

Art. 56. Revogam-se as disposições em contrário.

Brasília, 25 de abril de 1997; 176º da Independência e 109º da República.

Fernando Henrique Cardoso

DOU de 28.4.1997 - Retificação DOU de 25.9.1997

LEI Nº 9.609, DE 19 DE FEVEREIRO DE 1998

Dispõe sobre a proteção da propriedade intelectual de programa de computador, sua comercialização no País, e dá outras providências.

O Presidente da República,

Faço saber que o Congresso Nacional decreta e eu sanciono a seguinte Lei:

CAPÍTULO I - DISPOSIÇÕES PRELIMINARES

Art. 1º. Programa de computador é a expressão de um conjunto organizado de instruções em linguagem natural ou codificada, contida em suporte físico de qualquer natureza, de emprego necessário em máquinas automáticas de tratamento da informação, dispositivos, instrumentos ou equipamentos periféricos, baseados em técnica digital ou análoga, para fazê-los funcionar de modo e para fins determinados.

CAPÍTULO II - DA PROTEÇÃO AOS DIREITOS DE AUTOR E DO REGISTRO

Art. 2º. O regime de proteção à propriedade intelectual de programa de computador é o conferido às obras literárias pela legislação de direitos autorais e conexos vigentes no País, observado o disposto nesta Lei.

§ 1º. Não se aplicam ao programa de computador as disposições relativas aos direitos morais, ressalvado, a qualquer tempo, o direito do autor de reivindicar a paternidade do programa de computador e o direito do autor de opor-se a alterações não-autorizadas, quando estas impliquem deformação, mutilação ou outra modificação do programa de computador, que prejudiquem a sua honra ou a sua reputação.

§ 2º. Fica assegurada a tutela dos direitos relativos a programa de computador pelo prazo de cinqüenta anos, contados a partir de 1º de janeiro do ano subseqüente ao da sua publicação ou, na ausência desta, da sua criação.

§ 3º. A proteção aos direitos de que trata esta Lei independe de registro.

§ 4º. Os direitos atribuídos por esta Lei ficam assegurados aos estrangeiros domiciliados no exterior, desde que o país de origem do programa conceda, aos brasileiros e estrangeiros domiciliados no Brasil, direitos equivalentes.

§ 5º. Inclui-se dentre os direitos assegurados por esta Lei e pela legislação de direitos autorais e conexos vigentes no País aquele direito exclusivo de autorizar ou proibir o aluguel comercial, não sendo esse direito exaurível pela venda, licença ou outra forma de transferência da cópia do programa.

§ 6º. O disposto no parágrafo anterior não se aplica aos casos em que o programa em si não seja objeto essencial do aluguel.

Art. 3º. Os programas de computador poderão, a critério do titular, ser registrados em órgão ou entidade a ser designado por ato do Poder Executivo, por iniciativa do Ministério responsável pela política de ciência e tecnologia.

• *Art. 3º regulamentado pelo Decreto nº 2.556, de 20.4.1998.*

§ 1º. O pedido de registro estabelecido neste artigo deverá conter, pelo menos, as seguintes informações:

I - os dados referentes ao autor do programa de computador e ao titular, se distinto do autor, sejam pessoas físicas ou jurídicas;

II - a identificação e descrição funcional do programa de computador; e

III - os trechos do programa e outros dados que se considerar suficientes para identificá-lo e caracterizar sua originalidade, ressalvando-se os direitos de terceiros e a responsabilidade do Governo.

§ 2º. As informações referidas no inciso III do parágrafo anterior são de caráter sigiloso, não podendo ser reveladas, salvo por ordem judicial ou a requerimento do próprio titular.

Art. 4º. Salvo estipulação em contrário, pertencerão exclusivamente ao empregador, contratante de serviços ou órgão público, os direitos relativos ao programa de computador, desenvolvido e elaborado durante a vigência de contrato ou de vínculo estatutário, expressamente destinado à pesquisa e desenvolvimento, ou em que a atividade do empregado, contratado de serviço ou servidor seja prevista, ou ainda, que decorra da própria natureza dos encargos concernentes a esses vínculos.

§ 1º. Ressalvado ajuste em contrário, a compensação do trabalho ou serviço prestado limitar-se-á à remuneração ou ao salário convencionado.

§ 2º. Pertencerão, com exclusividade, ao empregado, contratado de serviço ou servidor os direitos concernentes a programa de computador gerado sem relação com o contrato de trabalho, prestação de serviços ou vínculo estatutário, e sem a utilização de recursos, informações tecnológicas, segredos industriais e de negócios, materiais, instalações ou equipamentos do empregador, da empresa ou entidade com a qual o empregador mantenha contrato de prestação de serviços ou assemelhados, do contratante de serviços ou órgão público.

§ 3º. O tratamento previsto neste artigo será aplicado nos casos em que o programa de computador for desenvolvido por bolsistas, estagiários e assemelhados.

Art. 5º. Os direitos sobre as derivações autorizadas pelo titular dos direitos de programa de computador, inclusive sua exploração econômica, pertencerão à pessoa autorizada que as fizer, salvo estipulação contratual em contrário.

Art. 6º. Não constituem ofensa aos direitos do titular de programa de computador:

I - a reprodução, em um só exemplar, de cópia legitimamente adquirida, desde que se destine à cópia de salvaguarda ou armazenamento eletrônico, hipótese em que o exemplar original servirá de salvaguarda;

II - a citação parcial do programa, para fins didáticos, desde que identificados o programa e o titular dos direitos respectivos;

III - a ocorrência de semelhança de programa a outro, preexistente, quando se der por força das características funcionais de sua aplicação, da observância de preceitos normativos e técnicos, ou de limitação de forma alternativa para a sua expressão;

IV - a integração de um programa, mantendo-se suas características essenciais, a um sistema aplicativo ou operacional, tecnicamente indispensável às necessidades do usuário, desde que para o uso exclusivo de quem a promoveu.

CAPÍTULO III
DAS GARANTIAS AOS USUÁRIOS DE PROGRAMA DE COMPUTADOR

Art. 7º. O contrato de licença de uso de programa de computador, o documento fiscal correspondente, os suportes físicos do programa ou as respectivas embalagens deverão consignar, de forma facilmente legível pelo usuário, o prazo de validade técnica da versão comercializada.

Art. 8º. Aquele que comercializar programa de computador, quer seja titular dos direitos do programa, quer seja titular dos direitos de comercialização, fica obrigado, no território nacional, durante o prazo de validade técnica da respectiva versão, a assegurar aos respectivos usuários a prestação de serviços técnicos complementares relativos ao adequado funcionamento do programa, consideradas as suas especificações.

Parágrafo único. A obrigação persistirá no caso de retirada de circulação comercial do programa de computador durante o prazo de validade, salvo justa indenização de eventuais prejuízos causados a terceiros.

CAPÍTULO IV - DOS CONTRATOS DE LICENÇA DE USO, DE COMERCIALIZAÇÃO E DE TRANSFERÊNCIA DE TECNOLOGIA

Art. 9º. O uso de programa de computador no País será objeto de contrato de licença.

Parágrafo único. Na hipótese de eventual inexistência do contrato referido no *caput* deste artigo, o documento fiscal relativo à aquisição ou licenciamento de cópia servirá para comprovação da regularidade do seu uso.

Art. 10. Os atos e contratos de licença de direitos de comercialização referentes a programas de computador de origem externa deverão fixar, quanto aos tributos e encargos exigíveis, a responsabilidade pelos respectivos pagamentos e estabelecerão a remuneração do titular dos direitos de programa de computador residente ou domiciliado no exterior.

§ 1º. Serão nulas as cláusulas que:

I - limitem a produção, a distribuição ou a comercialização, em violação às disposições normativas em vigor;

II - eximam qualquer dos contratantes das responsabilidades por eventuais ações de terceiros, decorrentes de vícios, defeitos ou violação de direitos de autor.

§ 2º. O remetente do correspondente valor em moeda estrangeira, em pagamento da remuneração de que se trata, conservará em seu poder, pelo prazo de cinco anos, todos os documentos necessários à comprovação da licitude das remessas e da sua conformidade ao *caput* deste artigo.

Art. 11. Nos casos de transferência de tecnologia de programa de computador, o Instituto Nacional da Propriedade Industrial fará o registro dos respectivos contratos, para que produzam efeitos em relação a terceiros.

Parágrafo único. Para o registro de que trata este artigo, é obrigatória a entrega, por parte do fornecedor ao receptor de tecnologia, da documentação completa, em especial do código-fonte comentado, memorial descritivo, especificações funcionais internas, diagramas, fluxogramas e outros dados técnicos necessários à absorção da tecnologia.

CAPÍTULO V - DAS INFRAÇÕES E DAS PENALIDADES

Art. 12. Violar direitos de autor de programa de computador:

Pena - Detenção de seis meses a dois anos ou multa.

§ 1º. Se a violação consistir na reprodução, por qualquer meio, de programa de computador, no todo ou em parte, para fins de comércio, sem autorização expressa do autor ou de quem o represente:

Pena - Reclusão de um a quatro anos e multa.

§ 2º. Na mesma pena do parágrafo anterior incorre quem vende, expõe à venda, introduz no País, adquire, oculta ou tem em depósito, para fins de comércio, original ou cópia de programa de computador, produzido com violação de direito autoral.

§ 3º. Nos crimes previstos neste artigo, somente se procede mediante queixa, salvo:

I - quando praticados em prejuízo de entidade de direito público, autarquia, empresa pública, sociedade de economia mista ou fundação instituída pelo poder público;

II - quando, em decorrência de ato delituoso, resultar sonegação fiscal, perda de arrecadação tributária ou prática de quaisquer dos crimes contra a ordem tributária ou contra as relações de consumo.

§ 4º. No caso do inciso II do parágrafo anterior, a exigibilidade do tributo, ou contribuição social e qualquer acessório, processar-se-á independentemente de representação.

Art. 13. A ação penal e as diligências preliminares de busca e apreensão, nos casos de violação de direito de autor de programa de computador, serão precedidas de vistoria, podendo o juiz ordenar a apreensão das cópias produzidas ou comercializadas com violação de direito de autor, suas versões e derivações, em poder do infrator ou de quem as esteja expondo, mantendo em depósito, reproduzindo ou comercializando.

Art. 14. Independentemente da ação penal, o prejudicado poderá intentar ação para proibir ao infrator a prática do ato incriminado, com cominação de pena pecuniária para o caso de transgressão do preceito.

§ 1º. A ação de abstenção de prática de ato poderá ser cumulada com a de perdas e danos pelos prejuízos decorrentes da infração.

§ 2º. Independentemente de ação cautelar preparatória, o juiz poderá conceder medida liminar proibindo ao infrator a prática do ato incriminado, nos termos deste artigo.

§ 3º. Nos procedimentos cíveis, as medidas cautelares de busca e apreensão observarão o disposto no artigo anterior.

§ 4º. Na hipótese de serem apresentadas, em juízo, para a defesa dos interesses de qualquer das partes, informações que se caracterizem como confidenciais, deverá o juiz determinar que o processo prossiga em segredo de justiça, vedado o uso de tais informações também à outra parte para outras finalidades.

§ 5º. Será responsabilizado por perdas e danos aquele que requerer e promover as medidas previstas neste e nos arts. 12 e 13, agindo de má-fé ou por espírito de emulação, capricho ou em grosseiro, nos termos dos arts. 16, 17 e 18 do Código de Processo Civil.

CAPÍTULO VI - DISPOSIÇÕES FINAIS

Art. 15. Esta Lei entra em vigor na data de sua publicação.

Art. 16. Fica revogada a Lei nº 7.646, de 18 de dezembro de 1987.

Brasília, 19 de fevereiro de 1998; 177º da Independência e 110º da República.

Fernando Henrique Cardoso

DOU de 20.2.1998

LEI Nº 9.610, DE 19 DE FEVEREIRO DE 1998

Altera, atualiza e consolida a legislação sobre direitos autorais e dá outras providências.

O Presidente da República

Faço saber que o Congresso Nacional decreta e eu sanciono a seguinte Lei:

TÍTULO I
DISPOSIÇÕES PRELIMINARES

Art. 1º. Esta Lei regula os direitos autorais, entendendo-se sob esta denominação os direitos de autor e os que lhes são conexos.

Art. 2º. Os estrangeiros domiciliados no exterior gozarão da proteção assegurada nos acordos, convenções e tratados em vigor no Brasil.

Parágrafo único. Aplica-se o disposto nesta Lei aos nacionais ou pessoas domiciliadas em país que assegure aos brasileiros ou pessoas domiciliadas no Brasil a reciprocidade na proteção aos direitos autorais ou equivalentes.

Art. 3º. Os direitos autorais reputam-se, para os efeitos legais, bens móveis.

Art. 4º. Interpretam-se restritivamente os negócios jurídicos sobre os direitos autorais.

Art. 5º. Para os efeitos desta Lei, considera-se:

I - publicação - o oferecimento de obra literária, artística ou científica ao conhecimento do público, com o consentimento do autor, ou de qualquer outro titular de direito de autor, por qualquer forma ou processo;

II - transmissão ou emissão - a difusão de sons ou de sons e imagens, por meio de ondas radioelétricas; sinais de satélite; fio, cabo ou outro condutor; meios óticos ou qualquer outro processo eletromagnético;

III - retransmissão - a emissão simultânea da transmissão de uma empresa por outra;

IV - distribuição - a colocação à disposição do público do original ou cópia de obras literárias, artísticas ou científicas, interpretações ou execuções fixadas e fonogramas, mediante a venda, locação ou qualquer outra forma de transferência de propriedade ou posse;

V - comunicação ao público - ato mediante o qual a obra é colocada ao alcance do público, por qualquer meio ou procedimento e que não consista na distribuição de exemplares;

VI - reprodução - a cópia de um ou vários exemplares de uma obra literária, artística ou científica ou de um fonograma, de qualquer forma tangível, incluindo qualquer armazenamento permanente ou temporário por meios eletrônicos ou qualquer outro meio de fixação que venha a ser desenvolvido;

VII - contrafação - a reprodução não autorizada;

VIII - obra:

a) em co-autoria - quando é criada em comum, por dois ou mais autores;

b) anônima - quando não se indica o nome do autor, por sua vontade ou por ser desconhecido;

c) pseudônima - quando o autor se oculta sob nome suposto;

d) inédita - a que não haja sido objeto de publicação;

e) póstuma - a que se publique após a morte do autor;

f) originária - a criação primígena;

g) derivada - a que, constituindo criação intelectual nova, resulta da transformação de obra originária;

h) coletiva - a criada por iniciativa, organização e responsabilidade de uma pessoa física ou jurídica, que a publica sob seu nome ou marca e que é constituída pela participação de diferentes autores, cujas contribuições se fundem numa criação autônoma;

i) audiovisual - a que resulta da fixação de imagens com ou sem som, que tenha a finalidade de criar, por meio de sua reprodução, a impressão de movimento, independentemente dos processos de sua captação, do suporte usado inicial ou posteriormente para fixá-lo, bem como dos meios utilizados para sua veiculação;

IX - fonograma - toda fixação de sons de uma execução ou interpretação ou de outros sons, ou de uma representação de sons que não seja uma fixação incluída em uma obra audiovisual;

X - editor - a pessoa física ou jurídica à qual se atribui o direito exclusivo de reprodução da obra e o dever de divulgá-la, nos limites previstos no contrato de edição;

XI - produtor - a pessoa física ou jurídica que toma a iniciativa e tem a responsabilidade econômica da primeira fixação do fonograma ou da obra audiovisual, qualquer que seja a natureza do suporte utilizado;

XII - radiodifusão - a transmissão sem fio, inclusive por satélites, de sons ou imagens e sons ou das representações desses, para recepção ao público e a transmissão de sinais codificados, quando os meios de decodificação sejam oferecidos ao público pelo organismo de radiodifusão ou com seu consentimento;

XIII - artistas intérpretes ou executantes - todos os atores, cantores, músicos, bailarinos ou outras pessoas que representem um papel, cantem, recitem, declamem, interpretem ou executem em qualquer forma obras literárias ou artísticas ou expressões do folclore.

Art. 6º. Não serão de domínio da União, dos Estados, do Distrito Federal ou dos Municípios as obras por eles simplesmente subvencionadas.

TÍTULO II
DAS OBRAS INTELECTUAIS

Capítulo I - Das Obras Protegidas

Art. 7º. São obras intelectuais protegidas as criações do espírito, expressas por qualquer meio ou fixadas em qualquer suporte, tangível ou intangível, conhecido ou que se invente no futuro, tais como:

I - os textos de obras literárias, artísticas ou científicas;

II - as conferências, alocuções, sermões e outras obras da mesma natureza;

III - as obras dramáticas e dramático-musicais;

IV - as obras coreográficas e pantomímicas, cuja execução cênica se fixe por escrito ou por outra qualquer forma;

V - as composições musicais, tenham ou não letra;

VI - as obras audiovisuais, sonorizadas ou não, inclusive as cinematográficas;

VII - as obras fotográficas e as produzidas por qualquer processo análogo ao da fotografia;

VIII - as obras de desenho, pintura, gravura, escultura, litografia e arte cinética;

IX - as ilustrações, cartas geográficas e outras obras da mesma natureza;

X - os projetos, esboços e obras plásticas concernentes à geografia, engenharia, topografia, arquitetura, paisagismo, cenografia e ciência;

XI - as adaptações, traduções e outras transformações de obras originais, apresentadas como criação intelectual nova;

XII - os programas de computador;

XIII - as coletâneas ou compilações, antologias, enciclopédias, dicionários, bases de dados e outras obras, que, por sua seleção, organização ou disposição de seu conteúdo, constituam uma criação intelectual.

§ 1º. Os programas de computador são objeto de legislação específica, observadas as disposições desta Lei que lhes sejam aplicáveis.

§ 2º. A proteção concedida no inciso XIII não abarca os dados ou materiais em si mesmos e se entende sem prejuízo de quaisquer direitos autorais que subsistam a respeito dos dados ou materiais contidos nas obras.

§ 3º. No domínio das ciências, a proteção recairá sobre a forma literária ou artística, não abrangendo o seu conteúdo científico ou técnico, sem prejuízo dos direitos que protegem os demais campos da propriedade imaterial.

Art. 8º. Não são objeto de proteção como direitos autorais de que trata esta Lei:

I - as idéias, procedimentos normativos, sistemas, métodos, projetos ou conceitos matemáticos como tais;

II - os esquemas, planos ou regras para realizar atos mentais, jogos ou negócios;

III - os formulários em branco para serem preenchidos por qualquer tipo de informação, científica ou não, e suas instruções;

IV - os textos de tratados ou convenções, leis, decretos, regulamentos, decisões judiciais e demais atos oficiais;

V - as informações de uso comum tais como calendários, agendas, cadastros ou legendas;

VI - os nomes e títulos isolados;

VII - o aproveitamento industrial ou comercial das idéias contidas nas obras.

Art. 9º. À cópia de obra de arte plástica feita pelo próprio autor é assegurada a mesma proteção de que goza o original.

Art. 10. A proteção à obra intelectual abrange o seu título, se original e inconfundível com o de obra do mesmo gênero, divulgada anteriormente por outro autor.

Parágrafo único. O título de publicações periódicas, inclusive jornais, é protegido até um ano após a saída do seu último número, salvo se forem anuais, caso em que esse prazo se elevará a dois anos.

Capítulo II - Da Autoria das Obras Intelectuais

Art. 11. Autor é a pessoa física criadora de obra literária, artística ou científica.

Parágrafo único. A proteção concedida ao autor poderá aplicar-se às pessoas jurídicas nos casos previstos nesta Lei.

Art. 12. Para se identificar como autor, poderá o criador da obra literária, artística ou científica usar de seu nome civil, completo ou abreviado até por suas iniciais, de pseudônimo ou qualquer outro sinal convencional.

Art. 13. Considera-se autor da obra intelectual, não havendo prova em contrário, aquele que, por uma das modalidades de identificação referidas no artigo anterior, tiver, em conformidade com o uso, indicada ou anunciada essa qualidade na sua utilização.

Art. 14. É titular de direitos de autor quem adapta, traduz, arranja ou orquestra obra caída no domínio público, não podendo opor-se a outra adaptação, arranjo, orquestração ou tradução, salvo se for cópia da sua.

Art. 15. A co-autoria da obra é atribuída àqueles em cujo nome, pseudônimo ou sinal convencional for utilizada.

§ 1º. Não se considera co-autor quem simplesmente auxiliou o autor na produção da obra literária, artística ou científica, revendo-a, atualizando-a, bem como fiscalizando ou dirigindo sua edição ou apresentação por qualquer meio.

§ 2º. Ao co-autor, cuja contribuição possa ser utilizada separadamente, são asseguradas todas as faculdades inerentes à sua criação como obra individual, vedada, porém, a utilização que possa acarretar prejuízo à exploração da obra comum.

Art. 16. São co-autores da obra audiovisual o autor do assunto ou argumento literário, musical ou lítero-musical e o diretor.

Parágrafo único. Consideram-se co-autores de desenhos animados os que criam os desenhos utilizados na obra audiovisual.

Art. 17. É assegurada a proteção às participações individuais em obras coletivas.

§ 1º. Qualquer dos participantes, no exercício de seus direitos morais, poderá proibir que se indique ou anuncie seu nome na obra coletiva, sem prejuízo do direito de haver a remuneração contratada.

§ 2º. Cabe ao organizador a titularidade dos direitos patrimoniais sobre o conjunto da obra coletiva.

§ 3º. O contrato com o organizador especificará a contribuição do participante, o prazo para entrega ou realização, a remuneração e demais condições para sua execução.

Capítulo III - Do Registro das Obras Intelectuais

Art. 18. A proteção aos direitos de que trata esta Lei independe de registro.

Art. 19. É facultado ao autor registrar a sua obra no órgão público definido no *caput* e no § 1º do art. 17 da Lei nº 5.988, de 14 de dezembro de 1973.

Art. 20. Para os serviços de registro previstos nesta Lei será cobrada retribuição, cujo valor e processo de recolhimento serão estabelecidos por ato do titular do órgão da administração pública federal a que estiver vinculado o registro das obras intelectuais.

Art. 21. Os serviços de registro de que trata esta Lei serão organizados conforme preceitua o § 2º do art. 17 da Lei nº 5.988, de 14 de dezembro de 1973.

TÍTULO III
DOS DIREITOS DO AUTOR

Capítulo I - Disposições Preliminares

Art. 22. Pertencem ao autor os direitos morais e patrimoniais sobre a obra que criou.

Art. 23. Os co-autores da obra intelectual exercerão, de comum acordo, os seus direitos, salvo convenção em contrário.

Capítulo II - Dos Direitos Morais do Autor

Art. 24. São direitos morais do autor:

I - o de reivindicar, a qualquer tempo, a autoria da obra;

II - o de ter seu nome, pseudônimo ou sinal convencional indicado ou anunciado, como sendo o do autor, na utilização de sua obra;

III - o de conservar a obra inédita;

IV - o de assegurar a integridade da obra, opondo-se a quaisquer modificações ou à prática de atos que, de qualquer forma, possam prejudicá-la ou atingi-lo, como autor, em sua reputação ou honra;

V - o de modificar a obra, antes ou depois de utilizada;

VI - o de retirar de circulação a obra ou de suspender qualquer forma de utilização já autorizada, quando a circulação ou utilização implicarem afronta à sua reputação e imagem;

VII - o de ter acesso a exemplar único e raro da obra, quando se encontre legitimamente em poder de outrem, para o fim de, por meio de processo fotográfico ou assemelhado, ou audiovisual, preservar sua memória, de forma que cause o menor inconveniente possível a seu detentor, que, em todo caso, será indenizado de qualquer dano ou prejuízo que lhe seja causado.

§ 1º. Por morte do autor, transmitem-se a seus sucessores os direitos a que se referem os incisos I a IV.

§ 2º. Compete ao Estado a defesa da integridade e autoria da obra caída em domínio público.

§ 3º. Nos casos dos incisos V e VI, ressalvam-se as prévias indenizações a terceiros, quando couberem.

Art. 25. Cabe exclusivamente ao diretor o exercício dos direitos morais sobre a obra audiovisual.

Art. 26. O autor poderá repudiar a autoria de projeto arquitetônico alterado sem o seu consentimento durante a execução ou após a conclusão da construção.

Parágrafo único. O proprietário da construção responde pelos danos que causar ao autor sempre que, após o repúdio, der como sendo daquele a autoria do projeto repudiado.

Art. 27. Os direitos morais do autor são inalienáveis e irrenunciáveis.

Capítulo III - Dos Direitos Patrimoniais do Autor e de sua Duração

Art. 28. Cabe ao autor o direito exclusivo de utilizar, fruir e dispor da obra literária, artística ou científica.

Art. 29. Depende de autorização prévia e expressa do autor a utilização da obra, por quaisquer modalidades, tais como:

I - a reprodução parcial ou integral;

II - a edição;

III - a adaptação, o arranjo musical e quaisquer outras transformações;

IV - a tradução para qualquer idioma;

V - a inclusão em fonograma ou produção audiovisual;

VI - a distribuição, quando não intrínseca ao contrato firmado pelo autor com terceiros para uso ou exploração da obra;

VII - a distribuição para oferta de obras ou produções mediante cabo, fibra ótica, satélite, ondas ou qualquer outro sistema que permita ao usuário realizar a seleção da obra ou produção para percebê-la em um tempo e lugar previamente determinados por quem formula a demanda, e nos casos em que o acesso às obras ou produções se faça por qualquer sistema que importe em pagamento pelo usuário;

VIII - a utilização, direta ou indireta, da obra literária, artística ou científica, mediante:

a) representação, recitação ou declamação;

b) execução musical;

c) emprego de alto-falante ou de sistemas análogos;

d) radiodifusão sonora ou televisiva;

e) captação de transmissão de radiodifusão em locais de freqüência coletiva;

f) sonorização ambiental;

g) a exibição audiovisual, cinematográfica ou por processo assemelhado;

h) emprego de satélites artificiais;

i) emprego de sistemas óticos, fios telefônicos ou não, cabos de qualquer tipo e meios de comunicação similares que venham a ser adotados;

j) exposição de obras de artes plásticas e figurativas;

IX - a inclusão em base de dados, o armazenamento em computador, a microfilmagem e as demais formas de arquivamento do gênero;

X - quaisquer outras modalidades de utilização existentes ou que venham a ser inventadas.

Art. 30. No exercício do direito de reprodução, o titular dos direitos autorais poderá colocar à disposição do público a obra, na forma, local e pelo tempo que desejar, a título oneroso ou gratuito.

§ 1º. O direito de exclusividade de reprodução não será aplicável quando ela for temporária e apenas tiver o propósito de tornar a obra, fonograma ou interpretação perceptível em meio eletrônico ou quando for de natureza transitória e incidental, desde que ocorra no curso do uso devidamente autorizado da obra, pelo titular.

§ 2º. Em qualquer modalidade de reprodução, a quantidade de exemplares será informada e controlada, cabendo a quem reproduzir a obra a responsabilidade de manter os registros que permitam, ao autor, a fiscalização do aproveitamento econômico da exploração.

Art. 31. As diversas modalidades de utilização de obras literárias, artísticas ou científicas ou de fonogramas são independentes entre si, e a autorização concedida pelo autor, ou pelo produtor, respectivamente, não se estende a quaisquer das demais.

Art. 32. Quando uma obra feita em regime de co-autoria não for divisível, nenhum dos co-autores, sob pena de responder por perdas e danos, poderá, sem consentimento dos demais, publicá-la ou autorizar-lhe a publicação, salvo na coleção de suas obras completas.

§ 1º. Havendo divergência, os co-autores decidirão por maioria.

§ 2º. Ao co-autor dissidente é assegurado o direito de não contribuir para as despesas de publicação, renunciando a sua parte nos lucros, e o de vedar que se inscreva seu nome na obra.

§ 3º. Cada co-autor pode, individualmente, sem aquiescência dos outros, registrar a obra e defender os próprios direitos contra terceiros.

Art. 33. Ninguém pode reproduzir obra que não pertença ao domínio público, a pretexto de anotá-la, comentá-la ou melhorá-la, sem permissão do autor.

Parágrafo único. Os comentários ou anotações poderão ser publicados separadamente.

Art. 34. As cartas missivas, cuja publicação está condicionada à permissão do autor, poderão ser juntadas como documento de prova em processos administrativos e judiciais.

Art. 35. Quando o autor, em virtude de revisão, tiver dado à obra versão definitiva, não poderão seus sucessores reproduzir versões anteriores.

Art. 36. O direito de utilização econômica dos escritos publicados pela imprensa, diária ou periódica, com exceção dos assinados ou que apresentem sinal de reserva, pertence ao editor, salvo convenção em contrário.

Parágrafo único. A autorização para utilização econômica de artigos assinados, para publicação em diários e periódicos, não produz efeito além do prazo da periodicidade acrescido de vinte dias, a contar de sua publicação, findo o qual recobra o autor o seu direito.

Art. 37. A aquisição do original de uma obra, ou de exemplar, não confere ao adquirente qualquer dos direitos patrimoniais do autor, salvo convenção em contrário entre as partes e os casos previstos nesta Lei.

Art. 38. O autor tem o direito, irrenunciável e inalienável, de perceber, no mínimo, cinco por cento sobre o aumento do preço eventualmente verificável em cada revenda de obra de arte ou manuscrito, sendo originais, que houver alienado.

Parágrafo único. Caso o autor não perceba o seu direito de seqüência no ato da revenda, o vendedor é considerado depositário da quantia a ele devida, salvo se a operação for realizada por leiloeiro, quando será este o depositário.

Art. 39. Os direitos patrimoniais do autor, excetuados os rendimentos resultantes de sua exploração, não se comunicam, salvo pacto antenupcial em contrário.

Art. 40. Tratando-se de obra anônima ou pseudônima, caberá a quem publicá-la o exercício dos direitos patrimoniais do autor.

Parágrafo único. O autor que se der a conhecer assumirá o exercício dos direitos patrimoniais, ressalvados os direitos adquiridos por terceiros.

Art. 41. Os direitos patrimoniais do autor perduram por setenta anos contados de 1° de janeiro do ano subseqüente ao de seu falecimento, obedecida a ordem sucessória da lei civil.

Parágrafo único. Aplica-se às obras póstumas o prazo de proteção a que alude o *caput* deste artigo.

Art. 42. Quando a obra literária, artística ou científica realizada em co-autoria for indivisível, o prazo previsto no artigo anterior será contado da morte do último dos co-autores sobreviventes.

Parágrafo único. Acrescer-se-ão aos dos sobreviventes os direitos do co-autor que falecer sem sucessores.

Art. 43. Será de setenta anos o prazo de proteção aos direitos patrimoniais sobre as obras anônimas ou pseudônimas, contado de 1° de janeiro do ano imediatamente posterior ao da primeira publicação.

Parágrafo único. Aplicar-se-á o disposto no art. 41 e seu parágrafo único, sempre que o autor se der a conhecer antes do termo do prazo previsto no *caput* deste artigo.

Art. 44. O prazo de proteção aos direitos patrimoniais sobre obras audiovisuais e fotográficas será de setenta anos, a contar de 1° de janeiro do ano subseqüente ao de sua divulgação.

Art. 45. Além das obras em relação às quais decorreu o prazo de proteção aos direitos patrimoniais, pertencem ao domínio público:

I - as de autores falecidos que não tenham deixado sucessores;

II - as de autor desconhecido, ressalvada a proteção legal aos conhecimentos étnicos e tradicionais.

Capítulo IV - Das Limitações aos Direitos Autorais

Art. 46. Não constitui ofensa aos direitos autorais:

I - a reprodução:

a) na imprensa diária ou periódica, de notícia ou de artigo informativo, publicado em diários ou periódicos, com a menção do nome do autor, se assinados, e da publicação de onde foram transcritos;

b) em diários ou periódicos, de discursos pronunciados em reuniões públicas de qualquer natureza;

c) de retratos, ou de outra forma de representação da imagem, feitos sob encomenda, quando realizada pelo proprietário do objeto encomendado, não havendo a oposição da pessoa neles representada ou de seus herdeiros;

d) de obras literárias, artísticas ou científicas, para uso exclusivo de deficientes visuais, sempre que a reprodução, sem fins comerciais, seja feita mediante o sistema Braille ou outro procedimento em qualquer suporte para esses destinatários;

II - a reprodução, em um só exemplar de pequenos trechos, para uso privado do copista, desde que feita por este, sem intuito de lucro;

III - a citação em livros, jornais, revistas ou qualquer outro meio de comunicação, de passagens de qualquer obra, para fins de estudo, crítica ou polêmica, na medida justificada para o fim a atingir, indicando-se o nome do autor e a origem da obra;

IV - o apanhado de lições em estabelecimentos de ensino por aqueles a quem elas se dirigem, vedada sua publicação, integral ou parcial, sem autorização prévia e expressa de quem as ministrou;

V - a utilização de obras literárias, artísticas ou científicas, fonogramas e transmissão de rádio e televisão em estabelecimentos comerciais, exclusivamente para demonstração à clientela, desde que esses estabelecimentos comercializem os suportes ou equipamentos que permitam a sua utilização;

VI - a representação teatral e a execução musical, quando realizadas no recesso familiar ou, para fins exclusivamente didáticos, nos estabelecimentos de ensino, não havendo em qualquer caso intuito de lucro;

VII - a utilização de obras literárias, artísticas ou científicas para produzir prova judiciária ou administrativa;

VIII - a reprodução, em quaisquer obras, de pequenos trechos de obras preexistentes, de qualquer natureza, ou de obra integral, quando de artes plásticas, sempre que a reprodução em si não seja o objetivo principal da obra nova e que não prejudique a exploração normal da obra reproduzida nem cause um prejuízo injustificado aos legítimos interesses dos autores.

Art. 47. São livres as paráfrases e paródias que não forem verdadeiras reproduções da obra originária nem lhe implicarem descrédito.

Art. 48. As obras situadas permanentemente em logradouros públicos podem ser representadas livremente, por meio de pinturas, desenhos, fotografias e procedimentos audiovisuais.

Capítulo V - Da Transferência dos Direitos de Autor

Art. 49. Os direitos de autor poderão ser total ou parcialmente transferidos a terceiros, por ele ou por seus sucessores, a título universal ou singular, pessoalmente ou por meio de representantes com poderes especiais, por meio de licenciamento, concessão, cessão ou por outros meios admitidos em Direito, obedecidas as seguintes limitações:

I - a transmissão total compreende todos os direitos de autor, salvo os de natureza moral e os expressamente excluídos por lei;

II - somente se admitirá transmissão total e definitiva dos direitos mediante estipulação contratual escrita;

III - na hipótese de não haver estipulação contratual escrita, o prazo máximo será de cinco anos;

IV - a cessão será válida unicamente para o país em que se firmou o contrato, salvo estipulação em contrário;

V - a cessão só se operará para modalidades de utilização já existentes à data do contrato;

VI - não havendo especificações quanto à modalidade de utilização, o contrato será interpretado restritivamente, entendendo-se como limitada apenas a uma que seja aquela indispensável ao cumprimento da finalidade do contrato.

Art. 50. A cessão total ou parcial dos direitos de autor, que se fará sempre por escrito, presume-se onerosa.

§ 1º. Poderá a cessão ser averbada à margem do registro a que se refere o art. 19 desta Lei, ou, não estando a obra registrada, poderá o instrumento ser registrado em Cartório de Títulos e Documentos.

§ 2º. Constarão do instrumento de cessão como elementos essenciais seu objeto e as condições de exercício do direito quanto a tempo, lugar e preço.

Art. 51. A cessão dos direitos de autor sobre obras futuras abrangerá, no máximo, o período de cinco anos.

Parágrafo único. O prazo será reduzido a cinco anos sempre que indeterminado ou superior, diminuindo-se, na devida proporção, o preço estipulado.

Art. 52. A omissão do nome do autor, ou de co-autor, na divulgação da obra não presume o anonimato ou a cessão de seus direitos.

TÍTULO IV
DA UTILIZAÇÃO DE OBRAS INTELECTUAIS E DOS FONOGRAMAS

Capítulo I - Da Edição

Art. 53. Mediante contrato de edição, o editor, obrigando-se a reproduzir e a divulgar a obra literária, artística ou científica, fica autorizado, em caráter de exclusividade, a publicá-la e a explorá-la pelo prazo e nas condições pactuadas com o autor.

Parágrafo único. Em cada exemplar da obra o editor mencionará:

I - o título da obra e seu autor;

II - no caso de tradução, o título original e o nome do tradutor;

III - o ano de publicação;

IV - o seu nome ou marca que o identifique.

Art. 54. Pelo mesmo contrato pode o autor obrigar-se à feitura de obra literária, artística ou científica em cuja publicação e divulgação se empenha o editor.

Art. 55. Em caso de falecimento ou de impedimento do autor para concluir a obra, o editor poderá:

I - considerar resolvido o contrato, mesmo que tenha sido entregue parte considerável da obra;

II - editar a obra, sendo autônoma, mediante pagamento proporcional do preço;

III - mandar que outro a termine, desde que consintam os sucessores e seja o fato indicado na edição.

Parágrafo único. É vedada a publicação parcial, se o autor manifestou a vontade de só publicá-la por inteiro ou se assim o decidirem seus sucessores.

Art. 56. Entende-se que o contrato versa apenas sobre uma edição, se não houver cláusula expressa em contrário.

Parágrafo único. No silêncio do contrato, considera-se que cada edição se constitui de três mil exemplares.

Art. 57. O preço da retribuição será arbitrado, com base nos usos e costumes, sempre que no contrato não a tiver estipulado expressamente o autor.

Art. 58. Se os originais forem entregues em desacordo com o ajustado e o editor não os recusar nos trinta dias seguintes ao do recebimento, ter-se-ão por aceitas as alterações introduzidas pelo autor.

Art. 59. Quaisquer que sejam as condições do contrato, o editor é obrigado a facultar ao autor o exame da escrituração na parte que lhe corresponde, bem como a informá-lo sobre o estado da edição.

Art. 60. Ao editor compete fixar o preço da venda, sem, todavia, poder elevá-lo a ponto de embaraçar a circulação da obra.

Art. 61. O editor será obrigado a prestar contas mensais ao autor sempre que a retribuição deste estiver condicionada à venda da obra, salvo se prazo diferente houver sido convencionado.

Art. 62. A obra deverá ser editada em dois anos da celebração do contrato, salvo prazo diverso estipulado em convenção.

Parágrafo único. Não havendo edição da obra no prazo legal ou contratual, poderá ser rescindido o contrato, respondendo o editor por danos causados.

Art. 63. Enquanto não se esgotarem as edições a que tiver direito o editor, não poderá o autor dispor de sua obra, cabendo ao editor o ônus da prova.

§ 1º. Na vigência do contrato de edição, assiste ao editor o direito de exigir que se retire de circulação edição da mesma obra feita por outrem.

§ 2º. Considera-se esgotada a edição quando restarem em estoque, em poder do editor, exemplares em número inferior a dez por cento do total da edição.

Art. 64. Somente decorrido um ano de lançamento da edição, o editor poderá vender, como saldo, os exemplares restantes, desde que o autor seja notificado de que, no prazo de trinta dias, terá prioridade na aquisição dos referidos exemplares pelo preço de saldo.

Art. 65. Esgotada a edição, e o editor, com direito a outra, não a publicar, poderá o autor notificá-lo a que o faça em certo prazo, sob pena de perder aquele direito, além de responder por danos.

Art. 66. O autor tem o direito de fazer, nas edições sucessivas de suas obras, as emendas e alterações que bem lhe aprouver.

Parágrafo único. O editor poderá opor-se às alterações que lhe prejudiquem os interesses, ofendam sua reputação ou aumentem sua responsabilidade.

Art. 67. Se, em virtude de sua natureza, for imprescindível a atualização da obra em novas edições, o editor, negando-se o autor a fazê-la, dela poderá encarregar outrem, mencionando o fato na edição.

Capítulo II - Da Comunicação ao Público

Art. 68. Sem prévia e expressa autorização do autor ou titular, não poderão ser utilizadas obras teatrais, composições musicais ou lítero-musicais e fonogramas, em representações e execuções públicas.

§ 1º. Considera-se representação pública a utilização de obras teatrais no gênero drama, tragédia, comédia, ópera, opereta, balé, pantomimas e assemelhadas, musicadas ou não, mediante a participação de artistas, remunerados ou não, em locais de freqüência coletiva ou pela radiodifusão, transmissão e exibição cinematográfica.

§ 2º. Considera-se execução pública a utilização de composições musicais ou lítero-musicais, mediante a participação de artistas, remunerados ou não, ou a utilização de fonogramas e obras audiovisuais, em locais de freqüência coletiva, por quaisquer processos, inclusive a radiodifusão ou transmissão por qualquer modalidade, e a exibição cinematográfica.

§ 3º. Consideram-se locais de freqüência coletiva os teatros, cinemas, salões de baile ou concertos, boates, bares, clubes ou associações de qualquer natureza, lojas, estabelecimentos comerciais e industriais, estádios, circos, feiras, restaurantes, hotéis, motéis, clínicas, hospitais, órgãos públicos da administração direta ou indireta, fundacionais e estatais, meios de transporte de passageiros terrestre, marítimo, fluvial ou aéreo, ou onde quer que se representem, executem ou transmitam obras literárias, artísticas ou científicas.

§ 4º. Previamente à realização da execução pública, o empresário deverá apresentar ao escritório central, previsto no art. 99, a comprovação dos recolhimentos relativos aos direitos autorais.

§ 5º. Quando a remuneração depender da freqüência do público, poderá o empresário, por convênio com o escritório central, pagar o preço após a realização da execução pública.

§ 6º. O empresário entregará ao escritório central, imediatamente após a execução pública ou transmissão, relação completa das obras e fonogramas utilizados, indicando os nomes dos respectivos autores, artistas e produtores.

§ 7º. As empresas cinematográficas e de radiodifusão manterão à imediata disposição dos interessados, cópia autêntica dos contratos, ajustes ou acordos, individuais ou coletivos, autorizando e disciplinando a remuneração por execução pública das obras musicais e fonogramas contidas em seus programas ou obras audiovisuais.

Art. 69. O autor, observados os usos locais, notificará o empresário do prazo para a representação ou execução, salvo prévia estipulação convencional.

Art. 70. Ao autor assiste o direito de opor-se à representação ou execução que não seja suficientemente ensaiada, bem como fiscalizá-la, tendo, para isso, livre acesso durante as representações ou execuções, no local onde se realizam.

Art. 71. O autor da obra não pode alterar-lhe a substância, sem acordo com o empresário que a faz representar.

Art. 72. O empresário, sem licença do autor, não pode entregar a obra a pessoa estranha à representação ou à execução.

Art. 73. Os principais intérpretes e os diretores de orquestras ou coro, escolhidos de comum acordo pelo autor e pelo produtor, não podem ser substituídos por ordem deste, sem que aquele consinta.

Art. 74. O autor de obra teatral, ao autorizar a sua tradução ou adaptação, poderá fixar prazo para utilização dela em representações públicas.

Parágrafo único. Após o decurso do prazo a que se refere este artigo, não poderá opor-se o tradutor ou adaptador à utilização de outra tradução ou adaptação autorizada, salvo se for cópia da sua.

Art. 75. Autorizada a representação de obra teatral feita em co-autoria, não poderá qualquer dos co-autores revogar a autorização dada, provocando a suspensão da temporada contratualmente ajustada.

Art. 76. É impenhorável a parte do produto dos espetáculos reservada ao autor e aos artistas.

Capítulo III - Da Utilização da Obra de Arte Plástica

Art. 77. Salvo convenção em contrário, o autor de obra de arte plástica, ao alienar o objeto em que ela se materializa, transmite o direito de expô-la, mas não transmite ao adquirente o direito de reproduzi-la.

Art. 78. A autorização para reproduzir obra de arte plástica, por qualquer processo, deve se fazer por escrito e se presume onerosa.

Capítulo IV - Da Utilização da Obra Fotográfica

Art. 79. O autor de obra fotográfica tem direito a reproduzi-la e colocá-la à venda, observadas as restrições à exposição, reprodução e venda de retratos, e sem prejuízo dos direitos de autor sobre a obra fotografada, se de artes plásticas protegidas.

§ 1º. A fotografia, quando utilizada por terceiros, indicará de forma legível o nome do seu autor.

§ 2º. É vedada a reprodução de obra fotográfica que não esteja em absoluta consonância com o original, salvo prévia autorização do autor.

Capítulo V - Da Utilização de Fonograma

Art. 80. Ao publicar o fonograma, o produtor mencionará em cada exemplar:

I - o título da obra incluída e seu autor;

II - o nome ou pseudônimo do intérprete;

III - o ano de publicação;

IV - o seu nome ou marca que o identifique.

Capítulo VI - Da Utilização da Obra Audiovisual

Art. 81. A autorização do autor e do intérprete de obra literária, artística ou científica para produção audiovisual implica, salvo disposição em contrário, consentimento para sua utilização econômica.

§ 1º. A exclusividade da autorização depende de cláusula expressa e cessa dez anos após a celebração do contrato.

§ 2º. Em cada cópia da obra audiovisual, mencionará o produtor:

I - o título da obra audiovisual;

II - os nomes ou pseudônimos do diretor e dos demais co-autores;

III - o título da obra adaptada e seu autor, se for o caso;

IV - os artistas intérpretes;

V - o ano de publicação;

VI - o seu nome ou marca que o identifique.

Art. 82. O contrato de produção audiovisual deve estabelecer:

I - a remuneração devida pelo produtor aos co-autores da obra e aos artistas, intérpretes e executantes, bem como o tempo, lugar e forma de pagamento;

II - o prazo de conclusão da obra;

III - a responsabilidade do produtor para com os co-autores, artistas intérpretes ou executantes, no caso de co-produção.

Art. 83. O participante da produção da obra audiovisual que interromper, temporária ou definitivamente, sua atuação, não poderá opor-se a que esta seja utilizada na obra nem a que terceiro o substitua, resguardados os direitos que adquiriu quanto à parte já executada.

Art. 84. Caso a remuneração dos co-autores da obra audiovisual dependa dos rendimentos de sua utilização econômica, o produtor lhes prestará contas semestralmente, se outro prazo não houver sido pactuado.

Art. 85. Não havendo disposição em contrário, poderão os co-autores da obra audiovisual utilizar-se, em gênero diverso, da parte que constitua sua contribuição pessoal.

Parágrafo único. Se o produtor não concluir a obra audiovisual no prazo ajustado ou não iniciar sua exploração dentro de dois anos, a contar de sua conclusão, a utilização a que se refere este artigo será livre.

Art. 86. Os direitos autorais de execução musical relativos a obras musicais, lítero-musicais e fonogramas incluídos em obras audiovisuais serão devidos aos seus titulares pelos responsáveis dos locais ou estabelecimentos a que alude o § 3º do art. 68 desta Lei, que as exibirem, ou pelas emissoras de televisão que as transmitirem.

Capítulo VII - Da Utilização de Bases de Dados

Art. 87. O titular do direito patrimonial sobre uma base de dados terá o direito exclusivo, a respeito da forma de expressão da estrutura da referida base, de autorizar ou proibir:

I - sua reprodução total ou parcial, por qualquer meio ou processo;

II - sua tradução, adaptação, reordenação ou qualquer outra modificação;

III - a distribuição do original ou cópias da base de dados ou a sua comunicação ao público;

IV - a reprodução, distribuição ou comunicação ao público dos resultados das operações mencionadas no inciso II deste artigo.

Capítulo VIII - Da Utilização da Obra Coletiva

Art. 88. Ao publicar a obra coletiva, o organizador mencionará em cada exemplar:

I - o título da obra;

II - a relação de todos os participantes, em ordem alfabética, se outra não houver sido convencionada;

III - o ano de publicação;

IV - o seu nome ou marca que o identifique.

Parágrafo único. Para valer-se do disposto no § 1º do art. 17, deverá o participante notificar o organizador, por escrito, até a entrega de sua participação.

TÍTULO V - DOS DIREITOS CONEXOS

Capítulo I - Disposições Preliminares

Art. 89. As normas relativas aos direitos de autor aplicam-se, no que couber, aos direitos dos artistas intérpretes ou executantes, dos produtores fonográficos e das empresas de radiodifusão.

Parágrafo único. A proteção desta Lei aos direitos previstos neste artigo deixa intactas e não afeta as garantias asseguradas aos autores das obras literárias, artísticas ou científicas.

Capítulo II - Dos Direitos dos Artistas Intérpretes ou Executantes

Art. 90. Tem o artista intérprete ou executante o direito exclusivo de, a título oneroso ou gratuito, autorizar ou proibir:

I - a fixação de suas interpretações ou execuções;

II - a reprodução, a execução pública e a locação das suas interpretações ou execuções fixadas;

III - a radiodifusão das suas interpretações ou execuções, fixadas ou não;

IV - a colocação à disposição do público de suas interpretações ou execuções, de maneira que qualquer pessoa a elas possa ter acesso, no tempo e no lugar que individualmente escolherem;

V - qualquer outra modalidade de utilização de suas interpretações ou execuções.

§ 1º. Quando na interpretação ou na execução participarem vários artistas, seus direitos serão exercidos pelo diretor do conjunto.

§ 2º. A proteção aos artistas intérpretes ou executantes estende-se à reprodução da voz e imagem, quando associadas às suas atuações.

Art. 91. As empresas de radiodifusão poderão realizar fixações de interpretação ou execução de artistas que as tenham permitido para utilização em determinado número de emissões, facultada sua conservação em arquivo público.

Parágrafo único. A reutilização subseqüente da fixação, no País ou no exterior, somente será lícita mediante autorização escrita dos titulares de bens intelectuais incluídos no programa, devida uma remuneração adicional aos titulares para cada nova utilização.

Art. 92. Aos intérpretes cabem os direitos morais de integridade e paternidade de suas interpretações, inclusive depois da cessão dos direitos patrimoniais, sem prejuízo da redução, compactação, edição ou dublagem da obra de que tenham participado, sob a responsabilidade do produtor, que não poderá desfigurar a interpretação do artista.

Parágrafo único. O falecimento de qualquer participante de obra audiovisual, concluída ou não, não obsta sua exibição e aproveitamento econômico, nem exige autorização adicional, sendo a remuneração prevista para o falecido, nos termos do contrato e da lei, efetuada a favor do espólio ou dos sucessores.

Capítulo III - Dos Direitos dos Produtores Fonográficos

Art. 93. O produtor de fonogramas tem o direito exclusivo de, a título oneroso ou gratuito, autorizar-lhes ou proibir-lhes:

I - a reprodução direta ou indireta, total ou parcial;

II - a distribuição por meio da venda ou locação de exemplares da reprodução;

III - a comunicação ao público por meio da execução pública, inclusive pela radiodifusão;

IV - (vetado);

V - quaisquer outras modalidades de utilização, existentes ou que venham a ser inventadas.

Art. 94. Cabe ao produtor fonográfico perceber dos usuários a que se refere o art. 68, e parágrafos, desta Lei os proventos pecuniários resultantes da execução pública dos fonogramas e reparti-los com os artistas, na forma convencionada entre eles ou suas associações.

Capítulo IV - Dos Direitos das Empresas de Radiodifusão

Art. 95. Cabe às empresas de radiodifusão o direito exclusivo de autorizar ou proibir a retransmissão, fixação e reprodução de suas emissões, bem como a comunicação ao público, pela televisão, em locais de freqüência coletiva, sem prejuízo dos direitos dos titulares de bens intelectuais incluídos na programação.

Capítulo V - Da Duração dos Direitos Conexos

Art. 96. É de setenta anos o prazo de proteção aos direitos conexos, contados a partir de 1º de janeiro do ano subseqüente à fixação, para os fonogramas; à transmissão, para as emissões das empresas de radiodifusão; e à execução e representação pública, para os demais casos.

TÍTULO VI
DAS ASSOCIAÇÕES DE TITULARES DE DIREITOS DE AUTOR E DOS QUE LHES SÃO CONEXOS

Art. 97. Para o exercício e defesa de seus direitos, podem os autores e os titulares de direitos conexos associar-se sem intuito de lucro.

§ 1º. É vedado pertencer a mais de uma associação para a gestão coletiva de direitos da mesma natureza.

§ 2º. Pode o titular transferir-se, a qualquer momento, para outra associação, devendo comunicar o fato, por escrito, à associação de origem.

§ 3º. As associações com sede no exterior far-se-ão representar, no País, por associações nacionais constituídas na forma prevista nesta Lei.

Art. 98. Com o ato de filiação, as associações tornam-se mandatárias de seus associados para a prática de todos os atos necessários à defesa judicial ou extrajudicial de seus direitos autorais, bem como para sua cobrança.

Parágrafo único. Os titulares de direitos autorais poderão praticar, pessoalmente, os atos referidos neste artigo, mediante comunicação prévia à associação a que estiverem filiados.

Art. 99. As associações manterão um único escritório central para a arrecadação e distribuição, em comum, dos direitos relativos à execução pública das obras musicais e lítero-musicais e de fonogramas, inclusive por meio da radiodifusão e transmissão por qualquer modalidade, e da exibição de obras audiovisuais.

§ 1º. O escritório central organizado na forma prevista neste artigo não terá finalidade de lucro e será dirigido e administrado pelas associações que o integrem.

§ 2º. O escritório central e as associações a que se refere este Título atuarão em juízo e fora dele em seus próprios nomes como substitutos processuais dos titulares a eles vinculados.

§ 3º. O recolhimento de quaisquer valores pelo escritório central somente se fará por depósito bancário.

§ 4º. O escritório central poderá manter fiscais, aos quais é vedado receber do empresário numerário a qualquer título.

§ 5º. A inobservância da norma do parágrafo anterior tornará o faltoso inabilitado à função de fiscal, sem prejuízo das sanções civis e penais cabíveis.

Art. 100. O sindicato ou associação profissional que congregue não menos de um terço dos filiados de uma associação autoral poderá, uma vez por ano, após notificação, com oito dias de antecedência, fiscalizar, por intermédio de auditor, a exatidão das contas prestadas a seus representados.

TÍTULO VII
DAS SANÇÕES ÀS VIOLAÇÕES DOS DIREITOS AUTORAIS

Capítulo I - Disposição Preliminar

Art. 101. As sanções civis de que trata este Capítulo aplicam-se sem prejuízo das penas cabíveis.

Capítulo II - Das Sanções Civis

Art. 102. O titular cuja obra seja fraudulentamente reproduzida, divulgada ou de qualquer forma utilizada, poderá requerer a apreensão dos exemplares reproduzidos ou a suspensão da divulgação, sem prejuízo da indenização cabível.

Art. 103. Quem editar obra literária, artística ou científica, sem autorização do titular, perderá para este os exemplares que se apreenderem e pagar-lhe-á o preço dos que tiver vendido.

Parágrafo único. Não se conhecendo o número de exemplares que constituem a edição fraudulenta, pagará o transgressor o valor de três mil exemplares, além dos apreendidos.

Art. 104. Quem vender, expuser a venda, ocultar, adquirir, distribuir, tiver em depósito ou utilizar obra ou fonograma reproduzidos com fraude, com a finalidade de vender, obter ganho, vantagem, proveito, lucro direto ou indireto, para si ou para outrem, será solidariamente responsável com o contrafator, nos termos dos artigos precedentes, respondendo como contrafatores o importador e o distribuidor em caso de reprodução no exterior.

Art. 105. A transmissão e a retransmissão, por qualquer meio ou processo, e a comunicação ao público de obras artísticas, literárias e científicas, de interpretações e de fonogramas, realizadas mediante violação aos direitos de seus titulares, deverão ser imediatamente suspensas ou interrompidas pela autoridade judicial competente, sem prejuízo da multa diária pelo descumprimento e das demais indenizações cabíveis, independentemente das sanções penais aplicáveis; caso se comprove que o infrator é reincidente na violação aos direitos dos titulares de direitos de autor e conexos, o valor da multa poderá ser aumentado até o dobro.

Art. 106. A sentença condenatória poderá determinar a destruição de todos os exemplares ilícitos, bem como as matrizes, moldes, negativos e demais elementos utilizados para praticar o ilícito civil, assim como a perda de máquinas, equipamentos e insumos destinados a tal fim ou, servindo eles unicamente para o fim ilícito, sua destruição.

Art. 107. Independentemente da perda dos equipamentos utilizados, responderá por perdas e danos, nunca inferiores ao valor que resultaria da aplicação do disposto no art. 103 e seu parágrafo único, quem:

I - alterar, suprimir, modificar ou inutilizar, de qualquer maneira, dispositivos técnicos introduzidos nos exemplares das obras e produções protegidas para evitar ou restringir sua cópia;

II - alterar, suprimir ou inutilizar, de qualquer maneira, os sinais codificados destinados a restringir a comunicação ao público de obras, produções ou emissões protegidas ou a evitar a sua cópia;

III - suprimir ou alterar, sem autorização, qualquer informação sobre a gestão de direitos;

IV - distribuir, importar para distribuição, emitir, comunicar ou puser à disposição do público, sem autorização, obras, interpretações ou execuções, exemplares de interpretações fixadas em fonogramas e emissões, sabendo que a informação sobre a gestão de direitos, sinais codificados e dispositivos técnicos foram suprimidos ou alterados sem autorização.

Art. 108. Quem, na utilização, por qualquer modalidade, de obra intelectual, deixar de indicar ou de anunciar, como tal, o nome, pseudônimo ou sinal convencional do autor e do intérprete, além de responder por danos morais, está obrigado a divulgar-lhes a identidade da seguinte forma:

I - tratando-se de empresa de radiodifusão, no mesmo horário em que tiver ocorrido a infração, por três dias consecutivos;

II - tratando-se de publicação gráfica ou fonográfica, mediante inclusão de errata nos exemplares ainda não distribuídos, sem prejuízo de comunicação, com destaque, por três vezes consecutivas em jornal de grande circulação, dos domicílios do autor, do intérprete e do editor ou produtor;

III - tratando-se de outra forma de utilização, por intermédio da imprensa, na forma a que se refere o inciso anterior.

Art. 109. A execução pública feita em desacordo com os arts. 68, 97, 98 e 99 desta Lei sujeitará os responsáveis a multa de vinte vezes o valor que deveria ser originariamente pago.

Art. 110. Pela violação de direitos autorais nos espetáculos e audições públicas, realizados nos locais ou estabelecimentos a que alude o art. 68, seus proprietários, diretores, gerentes, empresários e arrendatários respondem solidariamente com os organizadores dos espetáculos.

Capítulo III - Da Prescrição da Ação

Art. 111. (Vetado).

TÍTULO VIII - DISPOSIÇÕES FINAIS E TRANSITÓRIAS

Art. 112. Se uma obra, em conseqüência de ter expirado o prazo de proteção que lhe era anteriormente reconhecido pelo § 2º do art. 42 da Lei nº 5.988, de 14 de dezembro de 1973, caiu no domínio público, não terá o prazo de proteção dos direitos patrimoniais ampliado por força do art. 41 desta Lei.

Art. 113. Os fonogramas, os livros e as obras audiovisuais sujeitar-se-ão a selos ou sinais de identificação sob a responsabilidade do produtor, distribuidor ou importador, sem ônus para o consumidor, com o fim de atestar o cumprimento das normas legais vigentes, conforme dispuser o regulamento.

• ***Art. 113, regulamentado pelo Decreto nº 4.533 de 19.12.2002.***

Art. 114. Esta Lei entra em vigor cento e vinte dias após sua publicação.

Art. 115. Ficam revogados os arts. 649 a 673 e 1.346 a 1.362 do Código Civil e as Leis nºs 4.944, de 6 de abril de 1966; 5.988, de 14 de dezembro de 1973, excetuando-se o art. 17 e seus §§ 1º e 2º; 6.800, de 25 de junho de 1980; 7.123, de 12 de setembro de 1983; 9.045, de 18 de maio de 1995, e demais disposições em contrário, mantidos em vigor as Leis nºs 6.533, de 24 de maio de 1978 e 6.615, de 16 de dezembro de 1978.

Brasília, 19 de fevereiro de 1998; 177º da Independência e 110º da República.

Fernando Henrique Cardoso - Francisco Weffort

DOU de 20.2.1998

LEI Nº 10.196, DE 14 DE FEVEREIRO DE 2001

Altera e acresce dispositivos à Lei nº 9.279, de 14 de maio de 1996, que regula direitos e obrigações relativos à propriedade industrial, e dá outras providências.

Faço saber que o Presidente da República adotou a Medida Provisória nº 2.105-15, de 2001, que o Congresso Nacional aprovou, e eu, Antônio Carlos Magalhães, Presidente, para os efeitos do disposto no parágrafo único do art. 62 da Constituição Federal, promulgo a seguinte Lei:

Art. 1º. A Lei nº 9.279, de 14 de maio de 1996, passa a vigorar com as seguintes alterações:

• *Alterações já efetuadas no corpo da Lei (arts. 43, VII; 229; 229-A; 229-B; 229-C)*

Art. 2º. Ficam convalidados, os atos praticados com base na Medida Provisória nº 2.105-14, de 27 de dezembro de 2000.

Art. 3º. Esta Lei entra em vigor na data de sua publicação.

Congresso Nacional, em 14 de fevereiro de 2001; 180º da Independência e 113º da República.

Senador Antonio Carlos Magalhães - Presidente

DOU de 16.2.2001

DECRETO Nº 68.104, DE 22 DE JANEIRO DE 1971

Regulamenta a Lei nº 5.648, de 11 de dezembro de 1970, que criou o Instituto Nacional da Propriedade Industrial - INPI e dá outras providências.

O Presidente da República, usando das atribuições que lhe confere o art. 81, itens III e V, da Constituição,

Decreta:

Art. 1º. O Instituto Nacional da Propriedade Industrial - INPI, autarquia federal criada pela Lei nº 5.648 de 11 de dezembro de 1970, com sede e foro no Distrito Federal e vinculação ao Ministério da Indústria e do Comércio, reger-se-á pelo presente Decreto.

Art. 2º. O INPI tem por finalidade principal executar no âmbito nacional as normas que regulam a propriedade industrial, tendo em vista a sua função social, econômica, jurídica e técnica.

Art. 3º. Ao INPI, sem prejuízo de outras atribuições que lhe forem cometidas, tendo em vista o desenvolvimento econômico do país, compete:

I - adotar medidas capazes de acelerar e regular a transferência de ciência e de tecnologia bem como estabelecer melhores condições de negociação e utilização de patentes;

II - pronunciar-se quanto à conveniência de assinatura, ratificação ou denúncia de convenções, tratados, convênios e acordos sobre propriedade industrial;

III - criar melhores condições de absorção, adaptação ou desenvolvimento de ciência ou tecnologia, através do pleno aproveitamento das informações acumuladas e de ampla divulgação nos setores industriais ou de pesquisa.

Art. 4º. O INPI compõe-se de:

a) Órgão de Direção Superior

I - Presidência

b) Órgãos de Direção Setorial

II - Secretaria de Marcas

III - Secretaria de Patentes

IV - Secretaria de Informação e Transferência de Tecnologia

c) Órgãos de Atividades Auxiliares

V - Unidade de Pessoal

VI - Unidade de Administração Financeira

VII - Unidade de Comunicações

VIII - Unidade de Serviços Gerais

IX - Unidade de Informática

d) Órgãos Regionais e Locais

X - Representações Regionais

XI - Agências.

Art. 5º. A Presidência terá organização e funcionamento estabelecidos pelo Presidente do INPI.

Parágrafo único. A Presidência do INPI contará, para atender aos encargos técnicos ou administrativos, com Consultores, Assessores, Assistentes, Secretários e Ajudantes, retribuídos mediante gratificação de gabinete, de acordo com tabelas aprovadas pelo Ministro da Indústria e do Comércio.

Art. 6º. Junto à Presidência funcionarão uma Consultoria Técnica, uma Assessoria e uma Procuradoria.

Art. 7º. O Presidente do INPI, consideradas as exigências do serviço, constituirá, através de ato próprio, Grupos-Tarefa para elaboração ou execução de projetos ou atividades relacionadas com atribuições específicas do INPI.

§ 1º. Os Grupos-Tarefa poderão ser constituídos também, junto à Presidência, quando se tratar de estudo de matéria global, complexa ou peculiar, ou ainda, quando envolva atividades Inerentes a mais de uma Secretaria ou Unidade.

§ 2º. Os Grupos-Tarefa terão duração temporária, extingüindo-se, automaticamente tão-logo concluam os encargos que lhe forem atribuídos.

Art. 8º. Os Grupos-Tarefa serão integrados por pessoal técnico, especializado ou administrativo, recrutado de preferência, dentre servidores do próprio INPI, requisitado ou posto à sua disposição.

Parágrafo único. De acordo com o disposto neste artigo, a critério do Presidente do INPI, poderão ser recrutados, fora do Serviço Público, técnicos ou pessoal especializado, para Integrar as Assessorias e os Grupos-Tarefa.

Art. 9º. Os Grupos-Tarefa serão confiados a Coordenadores, que terão suas atribuições e responsabilidades definidas em ato do Presidente do INPI podendo, ainda, contar com Sub-Coordenadores, que se encarregarão das diversas partes ou etapas em que se desdobrarem os projetos ou atividades.

Parágrafo único. De acordo com os programas de trabalho, sua natureza, vulto ou afinidade, um só Coordenador poderá ser incumbido de vários Grupos-Tarefa.

Art. 10. O pessoal previsto no art. 8º e seu parágrafo único será retribuído em caráter eventual, mediante recibo, na forma da legislação vigente.

§ 1º. Quando a designação de integrantes de Grupo-Tarefa recair em servidor submetido ao regime de dedicação exclusiva, suspender-se-á o pagamento da gratificação decorrente da aplicação desse regime durante o período de sua participação nos trabalhos do Grupo-Tarefa, salvo direito de opção.

§ 2º. O ocupante de cargo em comissão, de função gratificada, ou quem exerça encargo de representação de Gabinete poderá integrar os Grupos-Tarefa, com os sem prejuízo das suas atribuições normais.

§ 3º. As despesas decorrentes da execução de projetos ou atividades próprias serão atendidas com recursos orçamentários ou outros resultantes da receita proveniente de contribuições arrecadadas pelo INPI.

Art. 11. Os trabalhos de ajustamento dos órgãos à nova estrutura do INPI e o estudo das questões técnicas relativas a planejamento e orçamento ficarão a cargo de Grupos-Tarefa constituídos na Presidência.

Parágrafo único. O Grupo-Tarefa de que trata este artigo estudará os aspectos funcionais das programações de trabalho e os de natureza jurídica, administrativa e financeira, inclusive problemas de relotação, redistribuição, transferência de pessoal e acervos.

Art. 12. O funcionamento de cada Grupo-Tarefa e as condições específicas de retribuição de seus integrantes serão estabelecidos no respectivo ato de constituição.

Art. 13. Para trabalhos especiais, o INPI poderá contratar serviços de terceiros, bem como técnicos, na forma da legislação trabalhista.

Art. 14. Ao Presidente do INPI compete, sem prejuízo de outras atribuições:

I - cumprir e fazer cumprir as disposições da Lei nº 5.648, de 11 de dezembro de 1970;

II - representar o INPI em juízo ou fora dele;

III - expedir normas para organização e execução dos serviços;

IV - admitir, designar, promover, elogiar, punir, dispensar e requisitar servidores ou colocá-los à disposição de outros órgãos ou entidades de Administração Pública, direta ou indireta;

V - arbitrar e conceder vantagens, honorários e retribuição por trabalho especial;

VI - contratar, contrair obrigações, efetuar operações de crédito, adquirir e alienar bens móveis, fazer cauções, acordos e outras transações em que o INPI seja parte, no interesse do serviço e observada a legislação aplicável;

VII - abrir contas bancárias, movimentar fundos, provisões e reservas e autorizar pagamentos;

VIII - emitir e endossar cheques, juntamente com o responsável pelo setor financeiro;

IX - delegar competência.

Art. 15. Ao Vice-Presidente compete, sem prejuízo de outras atribuições:

I - substituir o Presidente nos seus impedimentos;

II - praticar os atos e executar as tarefas que lhe forem delegadas.

Art. 16. À Procuradoria compete, sem prejuízo de outras atribuições:

I - emitir pareceres sobre assuntos que envolvam matéria jurídica;

II - representar o INPI em juízo ou fora dele, por delegação ou mandato;

III - cooperar, quando solicitado, na elaboração de anteprojetos de leis, decretos, regulamentos ou de outros atos de interesse do INPI;

IV - colaborar com os demais setores do INPI, no sentido de cumprir e fazer cumprir as disposições legais.

Art. 17. À Secretaria de Marcas compete, sem prejuízo de outras atribuições, examinar e decidir os pedidos de registro e de prorrogação de marca, expressão ou sinal de propaganda e outros previstos em lei.

Art. 18. À Secretaria de Patentes compete, sem prejuízo de outras atribuições, examinar e decidir os pedidos de privilégios.

Art. 19. À Secretaria de Informações Transferência de Tecnologia compete, sem prejuízo de outras atribuições, orientar, fiscalizar e fazer executar as atividades de:

I - informação e transferência de tecnologia;

II - divulgação;

III - intercâmbio;

IV - documentação e arquivo.

Art. 20. A receita do INPI será constituída de recursos provenientes de:

I - contribuições;

II - dotações consignadas no orçamento da União ou créditos adicionais;

III - outras remunerações de serviços prestados;

IV - juros sobre depósitos;

V - outras fontes.

Art. 21. O patrimônio do INPI será constituído de:

I - bens e direitos pertencentes à União, vinculados ao Departamento Nacional de Propriedade Industrial ou sob a sua responsabilidade, transferidos ao INPI pela Lei nº 5.648, de 11 de dezembro de 1970, e outros que lhe venham a ser destinados;

II - bens móveis e imóveis doados, legados ou adquiridos por qualquer forma.

Art. 22. O superávit financeiro apurado em balanço patrimonial constituirá recurso para aplicação no exercício seguinte, observadas as disposições legais.

Art. 23. O INPI gozará dos privilégios da União no que se refere ao patrimônio, à renda e aos serviços vinculados as suas finalidades essenciais ou delas decorrentes.

Art. 24. O INPI manterá publicação destinada a divulgar seus atos, despachos e decisões, bem como matéria relacionada com seus serviços administrativos.

§ 1º. A divulgação dos atos do INPI, inclusive despachos e decisões valerá como notificação aos interessados para todos os efeitos legais.

§ 2º. Enquanto não for implantado o periódico a que se refere este artigo, as publicações continuarão a ser feitas no Diário Oficial da União.

Art. 25. O INPI manterá Boletim de Serviço para publicação dos atos internos, inclusive de pessoal.

Art. 26. Ficam criados no INPI os seguintes cargos em comissão:

1 (um) Presidente - 1-C

2 (dois) Vice-Presidentes - 1-C
3 (três) Secretários - 2-C
4 (quatro) Superintendentes - 3-C
5 (cinco) Chefes de Unidade - 4-C
1 (um) Procurador-Geral

Parágrafo único. O Presidente receberá uma representação mensal correspondente a 30% (trinta por cento) dos seus vencimentos, ficando sujeito, como os demais ocupantes de cargo em comissão, ao regime de dedicação exclusiva.

Art. 27. Até que estejam instalados e implantados os órgãos previstos nos artigos 4º e 6º, ficam mantidos, com os respectivos quantitativos, os cargos em comissão e funções gratificadas do Departamento Nacional da Propriedade Industrial, não extintos ou transformados por este Decreto.

Parágrafo único. Finda a implantação prevista neste artigo serão extintos os cargos em comissão e funções gratificadas atualmente existentes no Departamento Nacional da Propriedade Industrial, devendo a direção do órgão providenciar para que seja expedido ato executivo criando aqueles que, em face da nova estrutura, se tornem necessários.

Art. 28. Ficam extintos os cargos em comissão de Diretor-Geral do Departamento Nacional da Propriedade Industrial, Símbolo 2-C, Diretor da Divisão Jurídica, Símbolo 4-C, Diretor da Divisão de Marcas, Símbolo 4-C, Diretor da Divisão de Patentes, Símbolo 4-C, Diretor do Serviço de Orientação e Controle, Símbolo 5-C.

Art. 29. O Vice-Presidente do INPI será designado pelo Ministro da Indústria e do Comércio, mediante indicação do Presidente da entidade.

Parágrafo único. Os ocupantes dos demais cargos e funções serão designados por ato do Presidente do INPI.

Art. 30. Fica extinto, nesta data, o Departamento Nacional da Propriedade Industrial do Ministério da Indústria e do Comércio, passando as atribuições que lhe competiam a ser exercidas pelo INPI.

Art. 31. O presente Decreto entra em vigor na data de sua publicação, revogadas as disposições em contrário.

Brasília, 22 de janeiro de 1971; 150º da Independência e 83º da República.

Emílio G. Médici

DOU de 25.1.1971

DECRETO Nº 76.472, DE 17 DE OUTUBRO DE 1975

Promulga o acordo sobre a Classificação Internacional de Patentes, de 24 de março de 1971.

O Presidente da República, havendo o Congresso Nacional aprovado pelo Decreto Legislativo nº 59, de 30 de agosto de 1974, o Acordo sobre a Classificação Internacional de Patentes, aberto à assinatura em 24 de março de 1971, em Estrasburgo;

E havendo o referido Acordo entrado em vigor, para o Brasil, em 7 de outubro de 1975;

Decreta:

Que o Acordo, apenso por cópia ao presente Decreto, seja executado e cumprido tão inteiramente como nele se contém.

Brasília, 17 de outubro de 1975; 154º da Independência e 87º da República.

Ernesto Geisel - Antônio Francisco Azeredo da Silveira

O acordo mencionado no presente Decreto foi publicado no *DOU* de 21.10.1975.

ACORDO DE ESTRASBURGO RELATIVO À CLASSIFICAÇÃO INTERNACIONAL DE PATENTES, DE 24 DE MARÇO DE 1971

Artigo 1

Os Estados aos quais se aplica o presente Acordo se constituem numa União Especial e adotam uma classificação comum, chamada "Classificação Internacional de Patentes" (denominada abaixo "Classificação") para as patentes de invenção, os certificados de autor de invenção, os modelos de utilidade e os certificados de utilidade.

Artigo 2

1) a – A Classificação é constituída:

i) pelo texto que foi estabelecido conforme as disposições da Convenção Européia sobre a Classificação Internacional de Patentes de Invenção, de 19 de dezembro de 1954 (denominada abaixo "Convenção Européia"), e que entrou em vigor e foi publicada pelo Secretário-Geral do Conselho da Europa, em 1º de setembro de 1968;

ii) pelas alterações que entrarão em vigor nos termos do artigo 2.2 da Convenção Européia antes de vigorar o presente Acordo;

iii) pelas modificações levadas a efeito nos termos do artigo 5 e que entrarão em vigor de conformidade com o artigo 6.

b – O Guia de Utilização e as notas contidas no texto da Classificação serão parte integrante da mesma.

2) a – O texto mencionado no parágrafo (1) (a) (i) está contido em dois exemplares autênticos, nas línguas inglesa e francesa, depositados, no momento em que o presente Acordo for aberto a assinatura, um junto ao Secretário-Geral do Conselho da Europa e o outro junto ao Diretor-Geral da Organização Mundial da Propriedade Intelectual (denominados abaixo, respectivamente, "Diretor-Geral" e "Organização") instituída pela Convenção de 14 de julho de 1967.

b – As alterações mencionadas no parágrafo (1) (a) (ii) serão depositadas em dois exemplares autênticos, nas línguas inglesa e francesa, um junto ao Secretário-Geral do Conselho da Europa, e o outro junto ao Diretor-Geral.

c – As alterações mencionadas no parágrafo (1) (a) (iii) serão depositadas em um único exemplar autêntico, nas línguas inglesa e francesa, junto ao Diretor-Geral.

Artigo 3

1) A classificação será estabelecida nas línguas inglesa e francesa, ambos os textos fazendo igualmente fé.

2) A Secretaria Internacional da Organização (daqui por diante denominada "Secretaria Internacional"), estabelecerá, em consulta com os Governos interessados, seja com base em tradução proposta por esses Governos, seja por qualquer outro meio que não incida financeiramente no orçamento da União Especial ou na Organização, textos oficiais da Classificação nas línguas alemã, espanhola, japonesa, portuguesa, russa e nas demais línguas que a Assembléia a que se refere o artigo 7 possa designar.

Artigo 4

1) A classificação terá apenas um caráter administrativo.

2) Cada um dos Estados da União Especial terá o direito de aplicar a Classificação como sistema principal ou sistema auxiliar.

3) As repartições competentes dos Estados da União Especial farão figurar:

i) nas patentes, certificados de autor de invenção, modelos de utilidade e certificados de utilidade que elas fornecerão, assim como nos requerimentos dos referidos documentos, quer os publiquem, quer os coloquem simplesmente à disposição do público para exame;

ii) nas comunicações por meio das quais periódicos oficiais notifiquem a publicação ou a colocação à disposição do público, dos documentos mencionados no item (i), os símbolos completos da Classificação dados à invenção com a qual se relaciona o documento mencionado no item (i).

4) Por ocasião da assinatura do presente Acordo ou do depósito do instrumento de ratificação ou de adesão:

i) qualquer Estado poderá declarar que se reserva o direito de não fazer figurar os símbolos relativos aos grupos ou subgrupos da Classificação nos pedidos relacionados no parágrafo (3) que sejam apenas colocados à disposição do público para exame e nas comunicações relativas ao assunto;

ii) qualquer Estado que não proceda à verificação da novidade das invenções, imediata ou posterior, e cujos trâmites para a obtenção das patentes ou dos títulos não preveja uma pesquisa sobre o estado da técnica, pode declarar que se reserva o direito de não mandar figurar os símbolos relativos aos grupos e subgrupos da Classificação nos documentos e comunicações relacionados no parágrafo (3). Se estas condições só existirem para certas categorias de títulos de proteção ou certos campos da técnica, o Estado interessado poderá somente fazer uso da reserva na medida em que prevaleçam tais condições.

5) Os símbolos da Classificação, precedidos pela menção "Classificação Internacional de Patentes" ou de uma abreviatura adotada pela Comissão de Peritos mencionada no artigo 5, serão impressos, em negrito, ou de outro modo bem visível, no cabeçalho de cada documento mencionado no parágrafo (3) (i) no qual eles devam figurar.

6) Se um Estado da União Especial incumbir uma repartição intergovernamental da entrega das patentes, ele tomará todas as medidas cabíveis para que a referida repartição aplique a Classificação e conformidade com este artigo.

Artigo 5

1) É instituída uma Comissão de Peritos na qual cada um dos Estados da União Especial é representado.

2) a – O Diretor-Geral convidará as organizações intergovernamentais especializadas no campo das patentes, e das quais pelo menos um dos Estados-Membros seja parte no presente Acordo, para que se façam representar por observadores nas reuniões da Comissão de Peritos.

b – O Diretor-Geral poderá, e, no caso de um pedido da Comissão de Peritos, deverá convidar representantes de outras organizações intergovernamentais e internacionais não-governamentais a tomarem parte nas discussões de seu interesse.

3) A Comissão de Peritos:

i) alterará a Classificação;

ii) enviará aos Estados da União Especial recomendações que tenham por finalidade facilitar a utilização da Classificação e promover sua aplicação uniforme;

iii) prestará sua colaboração com vistas a promover a cooperação internacional na reclassificação da documentação utilizada no exame das invenções levando em consideração, de modo particular, as necessidades dos países em via de desenvolvimento;

iv) tomará qualquer outra medida que, sem incidir financeiramente no orçamento da União, ou na Organização, facilitem a aplicação da Classificação para os países em via de desenvolvimento;

v) terá o direito de instituir sub-comissões e grupos de trabalho.

4) A Comissão de Peritos adotará seu regimento interno; este concederá às organizações intergovernamentais mencionadas no parágrafo (2) (a), que possam trazer uma contribuição substancial ao desenvolvimento da Classificação, a possibilidade de tomar parte nas reuniões de sub-comissões e grupos de trabalho.

5) As propostas de alterações da Classificação poderão ser feitas pela repartição competente de qualquer Estado da União Especial, Comissão Internacional, órgãos intergovernamentais representados na Comissão de Peritos de conformidade com o parágrafo (2) (a) e qualquer outra organização especialmente convidada pela Comissão de Peritos a fim de formular tais propostas. As propostas serão transmitidas à Comissão Internacional, que as submeterá aos membros da Comissão de Peritos e aos observadores, o mais tardar seis meses antes da sessão da Comissão de Peritos durante a qual serão examinadas.

6) a – Cada Estado-Membro da Comissão de Peritos disporá de um voto.

b – A Comissão de Peritos tomará suas decisões por maioria simples dos Estados representados e com direito a voto.

c – Qualquer decisão da qual, no julgamento de um quinto dos Estados representados e votantes, vá decorrer uma transformação da estrutura fundamental da Classificação ou um trabalho substancial de reclassificação, deverá ser tomada por maioria de três quartos dos Estados representados e votantes.

d – A abstenção não tem valor de voto.

Artigo 6

1) Todas as decisões da Comissão de Peritos relativas à alteração na Classificação, assim como as recomendações da Comissão de Peritos, serão notificadas pela Comissão Internacional às repartições competentes dos Estados da União Especial. As alterações entrarão em vigor seis meses após a data da expedição das notificações.

2) A Comissão Internacional incorporará à Classificação as alterações que entrarem em vigor. As alterações serão objeto de avisos publicados nos periódicos designados pela Assembléia mencionada no artigo 7.

Artigo 7

1) a – A União Especial terá uma Assembléia composta pelos Estados da União Especial.

b – O Governo de cada Estado da União Especial será representado por um delegado, que poderá ser assessorado por suplentes, assessores e peritos.

c – Qualquer organização intergovernamental mencionada no artigo (5) (2) (a) poder-se-á fazer representar por um observador nas reuniões da Assembléia e, se esta assim o decidir, nas das Comissões e grupos de trabalho por ela instituídos.

d – As despesas de cada delegação serão custeadas pelo Governo que a designar.

2) a – Ressalvadas as disposições do Art. 5, a Assembléia:

i) tratará de todas as questões referentes à manutenção e ao desenvolvimento da União Especial e à aplicação do presente Acordo;

ii) dará à Secretaria Internacional diretrizes relativas à preparação das conferências de revisão;

iii) examinará e aprovará os relatórios e as atividades do Diretor-Geral, em relação à União Especial e lhe dará qualquer diretriz útil relativa às questões da competência da União Especial;

iv) estabelecerá o programa, adotará o orçamento trienal da União Especial e aprovará suas contas de encerramento;

v) adotará o regimento financeiro da União Especial;

vi) decidirá a respeito da elaboração dos textos oficiais da Classificação em línguas outras que não o inglês, o francês ou aquelas enumeradas no Artigo 3 (2);

vii) criará as comissões e grupos de trabalho que julgar úteis para concretização dos objetivos da União Especial;

viii) ressalvadas as disposições do parágrafo (1) (c), resolverá quais Estados não membros da União Especial e quais organizações intergovernamentais e internacionais não governamentais poderão ser admitidas na qualidade de observadores às suas reuniões e às das comissões e grupos de trabalho criados por ela;

ix) empreenderá qualquer outra ação adequada para atingir os objetivos da União Especial;

x) desempenhará qualquer outra tarefa adequada, nos termos do presente Acordo.

b – Em relação às questões que interessem igualmente outras uniões administradas pela Organização, a Assembléia tomará sua decisão depois de tomar conhecimento do parecer da Comissão de Coordenação da Organização.

3) a – Cada Estado membro da Assembléia terá direito a um voto.

b – O *quorum* será constituído por metade dos Estados membros da Assembléia.

c – Se este *quorum* não for atingido, a Assembléia poderá tomar decisões, mas estas decisões, com exceção das que disserem respeito ao seu próprio funcionamento, só se tornarão executórias caso as condições enunciadas acima forem satisfeitas. A Secretaria Internacional comunicará as referidas decisões aos Estados membros da Assembléia que não tenham feito representar, convidando-os a exprimir, por escrito, seu voto ou sua abstenção, no prazo de três meses a contar da data da referida comunicação. Se, expirado o prazo, o número dos Estados que deste modo exprimiram seu voto ou sua abstenção for pelo menos igual ao número adicional de Estados que teria sido necessário para que o "quorum" fosse atingido na sessão, as referidas decisões tornar-se-ão executórias desde que, ao mesmo tempo, seja mantida a maioria necessária.

d – Ressalvadas as disposições do artigo 11 (2), a Assembléia tomará suas decisões por maioria de dois terços dos votos expressos.

e – A abstenção não será consideradas como voto.

f – Cada delegado não poderá representar mais de um Estado e só em nome deste poderá votar.

4) a – A Assembléia reunir-se-á de três em três anos, em sessão ordinária, mediante convocação do Diretor-Geral, a pedido do Diretor-Geral e, salvo casos excepcionais, durante o mesmo período e no mesmo lugar que a Assembléia Geral da Organização.

b – A Assembléia reunir-se-á em sessão extraordinária mediante convocação de um quarto dos Estados membros.

c – A ordem do dia de cada sessão será preparada pelo Diretor-Geral.

5) A Assembléia estabelecerá seu próprio regimento interno.

Artigo 8

1) a – As tarefas administrativas da incumbência da União Especial serão executadas pela Secretaria Internacional.

b – Em especial a Secretaria Internacional preparará as reuniões, secretariará a Assembléia, a Comissão de Peritos e qualquer outra comissão ou grupo de trabalho que venham a ser criados pela Assembléia ou pela Comissão de Peritos.

c – O Diretor-Geral será o mais alto funcionário da União Especial e a representará.

2) O Diretor-Geral e qualquer outro membro do pessoal por ele designado participarão, sem direito a voto, de todas as reuniões da Assembléia, da Comissão de Peritos e de todas as outras comissões ou grupos de trabalho que venham a ser criados pela Assembléia ou pela Comissão de Peritos. O Diretor-Geral ou membro do pessoal por ele designado será o secretário *ex officio* desses órgãos.

3) a – A Secretaria Internacional preparará as conferências de revisão em conformidade com as diretrizes da Assembléia.

b – A Secretaria Internacional poderá consultar organizações intergovernamentais e internacionais não-governamentais a respeito da preparação das conferências de revisão.

c – O Diretor-Geral e as pessoas por ele designadas participarão, sem direito a voto, das deliberações das conferências de revisão.

4) A Secretaria Internacional executará qualquer outra tarefa que lhe seja atribuída.

Artigo 9

1) a – A União Especial manterá um orçamento.

b – O Orçamento da União Especial compreenderá as receitas e as despesas próprias à União Especial, sua contribuição ao orçamento das despesas comuns às Uniões, bem como, se for o caso, a quantia colocada à disposição do orçamento da Conferência da Organização.

c – Serão consideradas despesas comuns às Uniões as despesas não atribuídas exclusivamente à União Especial mas, igualmente, a uma ou várias outras Uniões administradas pela Organização. A participação da União Especial nessas despesas comuns será proporcional ao interesse que tiver na referida despesa.

2) O orçamento da União Especial será elaborado tendo em vista as exigências da coordenação com os orçamentos das outras Uniões administradas pela Organização.

3) O orçamento da União Especial será financiado pelos recursos seguintes:

i) contribuições dos Estado da União Especial;

ii) taxas e quantias devidas por serviços prestados pela Secretaria Internacional às União Especial;

iii) produto da venda das publicações da Secretaria Internacional com respeito à União Especial e os direitos correspondentes a essas publicações;

iv) doações, legados ou subvenções;

v) aluguéis, juros e outros rendimentos diversos.

4) a – A fim de determinar sua contribuição em conformidade com o parágrafo (3) (i), cada Estado da União pertencerá à classe na qual estiver incluído relativamente à União de Paris para a Proteção da Propriedade Industrial, e pagará sua contribuição anual em função do número de unidades fixado para essa classe naquela União.

b – A contribuição anual de cada Estado da União Especial consistirá em uma quantia cuja proporção em relação ao total das contribuições de todos os Estados será igual à proporção entre seu número de unidades e o número total das unidades do conjunto dos Estados contribuintes.

c – As contribuições vencerão no dia primeiro de cada ano.

d – Qualquer Estado que esteja atrasado no pagamento de suas contribuições não poderá exercer seu direito de voto em nenhum dos órgãos da União Especial se o total de sua dívida for igual ou superior ao das contribuições que lhe foram fixadas nos dois anos anteriores completos. Contudo, tal Estado poderá ser autorizado a conservar o direito de voto no âmbito do referido órgão, durante o tempo em que este considerar ter o atraso resultado de circunstâncias excepcionais e inevitáveis.

e – No caso de não ter sido aprovado novo orçamento antes do início de um novo exercício, prorrogar-se-á o orçamento do ano anterior, nos termos previstos pelo regulamento financeiro.

5) O montante das taxas e quantias devidas pelos serviços prestados pela Secretaria Internacional em relação à União Especial será fixado pelo Diretor-Geral, que dará conhecimento do fato à Assembléia.

6) a – A União Especial possuirá um fundo de giro que será constituído por um pagamento único efetuado por cada Estado da União Especial. Se o fundo se tornar insuficiente, a Assembléia decidirá sobre seu aumento.

b – O montante do pagamento único inicial de cada Estado para o referido fundo ou sua participação no aumento do mesmo será proporcional à contribuição desse Estado relativa ao ano no qual o fundo tiver sido constituído ou o aumento decidido.

c – A proporção e as modalidades de pagamento serão fixadas pela Assembléia, por proposta do Diretor-Geral, depois de ouvida a Comissão de Coordenação da Organização.

7) a – O acordo sobre a sede feito com o Estado em cujo território a Organização estiver sediada será previsto que, se o fundo de giro for insuficiente, esse Estado concederá adiantamentos. O montante desses adiantamentos e as condições em que serão concedidos serão objeto, em cada caso, de acordos distintos entre o Estado em questão e a Organização.

b – O Estado mencionado na alínea (a) e a Organização terão, cada um, o direito de denunciar o compromisso de conceder adiantamentos, mediante notificação por escrito. A denúncia terá efeito três anos após o término do ano no decorrer do qual tiver sido notificada.

8) A verificação das contas será efetuada em conformidade com as normas previstas no regulamento financeiro, por um ou mais Estados da União Especial ou por fiscais externos que serão, com o seu consentimento, designados pela Assembléia.

Artigo 10

1) O presente Acordo poderá ser revisto periodicamente por conferências especiais dos Estados da União Especial.

2) A convocação das conferências será decidida pela Assembléia.

3) Os artigos 7, 8, 9 e 11 poderão se alterados seja por conferências de revisão, seja nos termos do artigo 11.

Artigo 11

1) Poderão ser apresentadas propostas de alteração dos artigos 7, 8, 9 e do presente artigo por qualquer Estado da União Especial ou pelo Diretor Geral. Essas propostas serão comunicadas por este último aos Estados da União Especial, pelo menos seis meses antes de serem submetidos ao exame da Assembléia.

2) Qualquer alteração dos artigos mencionados no parágrafo (1) deverá ser aprovada pela Assembléia.

A aprovação requer três quartos dos votos expressos; contudo, qualquer alteração do artigo 7 deste parágrafo requererá quatro quintos dos votos expressos.

3) a – Qualquer alteração dos artigos mencionados no parágrafo (1) entrará em vigor após o recebimento, pelo Diretor-Geral, das notificações por escrito, da aceitação, efetuada em conformidade com suas normas constitucionais respectivas, da parte de três quartos dos Estados que eram membros da União Especial no momento em que a alteração foi aprovada.

b – Qualquer alteração dos referidos artigos assim aceita obrigará todos os Estados que sejam membros da União Especial no momento em que a alteração entrar em vigor; contudo, qualquer alteração que agrave as obrigações financeiras dos Estados da União Especial apenas obrigará aqueles que tenham notificado sua aceitação com respeito à alteração em apreço.

c – Qualquer alteração aceita em conformidade com a alínea (a) obrigará todos os Estados que se tornarem membros da União em data posterior àquela em que a alteração entrou em vigor em conformidade com a alínea (a).

Artigo 12

1) Qualquer Estado parte da Convenção de Paris para Proteção à Propriedade Industrial poderá tornar-se parte no presente Acordo mediante:

i) a assinatura seguida pelo depósito de um instrumento de ratificação, ou

ii) o depósito de um instrumento de adesão.

2) Os instrumentos de ratificação ou de adesão serão depositados junto ao Diretor-Geral.

3) As disposições do artigo 24 da Ata de Estocolmo da Convenção de Paris para a Proteção da Propriedade Industrial aplicar-se-ão ao presente Acordo.

4) O parágrafo (3) não poderá, em caso algum, ser interpretado de forma a implicar o reconhecimento ou a aceitação tácita, por qualquer um dos Estados da União Especial, da situação da fato de qualquer território ao qual o presente Acordo se tornar aplicável, por solicitação de um outro Estado, em virtude do referido parágrafo.

Artigo 13

1) a – O presente Acordo entrará em vigor um ano após o depósito dos instrumentos de ratificação ou de adesão.

i) pelos dois terços dos Estados que, na data de abertura do presente Acordo à assinatura, forem partes na Convenção Européia, e

ii) por três Estados que sejam partes na Convenção de Paris para Proteção da Propriedade Industrial mas não na Convenção Européia, sendo um deles, pelo menos, um Estado em que, de acordo com as mais recentes estatísticas anuais publicadas pela Secretara Internacional na data do depósito de seu instrumento de ratificação ou de adesão, mais de 40.000 pedidos de patentes ou de certificados de autor de invenção tenham sido depositados.

b – Em relação a qualquer outro Estado que não aqueles para os quais o Acordo tiver entrado em vigor em conformidade com a alínea (a), o presente Acordo passará a vigorar um ano após a data em que a ratificação ou a adesão desse Estado tenha sido notificada pelo Diretor-Geral, a menos que uma data posterior tenha sido indicada no instrumento de ratificação ou adesão. Neste último caso, o presente Acordo entrará em vigor, em relação a esse Estado na data assim indicada.

c – Os Estados partes na Convenção Européia que ratificarem o presente Acordo ou que a ele aderirem, terão por obrigação denunciar aquela Convenção o mais tardar a partir do dia em que o Acordo passar a vigorar em relação a eles.

2) Da ratificação ou adesão decorrerão, automaticamente, a aceitação de todas as cláusulas e admissão a todas as vantagens estipuladas pelo presente Acordo.

Artigo 14

O presente Acordo terá a mesma duração que a Convenção de Paris para Proteção da Propriedade Industrial.

Artigo 15

1) Qualquer Estado da União Especial poderá denunciar o presente Acordo mediante notificação dirigida ao Diretor-Geral.

2) A denúncia produzirá efeito um ano após a data em que o Diretor-Geral receber a notificação.

3) A faculdade de denunciar prevista por este artigo não poderá ser exercida por um Estado antes do término de um prazo de cinco anos a contar da data em que se tornou membro da União Especial.

Artigo 16

1) a – O presente Acordo será assinado em um único exemplar original, nas línguas inglesa e francesa, fazendo igualmente fé cada um destes textos.

b – O presente Acordo ficará aberto à assinatura, em Estrasburgo, até 30 de setembro de 1971.

c – O exemplar original do presente Acordo, quando não estiver mais aberto à assinatura, será depositado junto ao Diretor-Geral.

2) Textos oficiais serão adotados pelo Diretor-Geral, após consulta aos Governos interessados, nas línguas alemã, espanhola, japonesa, portuguesa, russa e outras que a Assembléia venha a indicar.

3) a – O Diretor-Geral enviará duas cópias por ele autenticadas do texto assinado do presente Acordo aos governos dos Estados que o assinarem e, mediante solicitação, ao Governo de qualquer outro Estado. Enviará, outrossim, uma cópia autenticada ao Secretário-Geral do Conselho da Europa.

b – O Diretor-Geral enviará duas cópias por ele autenticadas de qualquer alteração do presente Acordo aos Governos de todos os Estados da União Especial e, mediante solicitação, ao Governo de qualquer outro Estado. Enviará, outrossim, cópia por ele autenticada ao Secretário-Geral do Conselho da Europa.

c – O Diretor-Geral enviará, a pedido do Governo de qualquer Estado que tenha assinado o presente Acordo ou que a ele aderir, um exemplar autenticado da Classificação em língua inglesa ou francesa.

4) O Diretor-Geral fará registrar o presente Acordo no Secretariado da Organização das Nações Unidas.

5) O Diretor-Geral notificará os Governos de todos os Estados partes da Convenção de Paris para Proteção da Propriedade Industrial e o Secretário-Geral do Conselho da Europa sobre:

i) as assinaturas;

ii) o depósito de instrumentos de ratificação ou de adesão;

iii) a data de entrada em vigor do presente Acordo;

iv) as ressalvas à aplicação da Classificação;

v) as aceitações das alterações do presente Acordo;

vi) as datas nas quais essas alterações entrarem em vigor;

vii) as denúncias recebidas.

Artigo 17

1) Durante os dois anos que se seguirem à entrada em vigor do presente Acordo, os Estados partes da Convenção Européia mas não membros ainda da União Especial poderão, se o desejarem, exercer, na Comissão de Peritos, os mesmos direitos que exerceriam se fossem membros da União Especial.

2) Durante os três anos que se seguirem ao término do prazo previsto no parágrafo (7), os Estados mencionados no referido parágrafo poderão se fazer representar por observadores nas sessões da Comissão de Peritos e, se esta assim o resolver, nas reuniões das subcomissões e grupos de trabalho por ela instituídos. Durante o mesmo prazo, poderão apresentar propostas de alterações da Classificação nos termos do artigo 5 (5) e receber notificação das decisões e recomendações da Comissão de Peritos nos termos do artigo 6 (1).

3) Durante os cinco anos que se seguirem à entrada em vigor do presente Acordo, os Estados partes da Convenção Européia mas que não sejam ainda membros da União Especial poderão se fazer representar por observadores nas reuniões da Assembléia e, se esta assim o decidir, nas reuniões das comissões e grupos de trabalho por ela instituídos.

Publicado no *Diário Oficial da União*, de 21 de outubro de 1975, retificado em 27 de outubro de 1975. O acordo foi aprovado pelo Decreto Legislativo nº 59, de 30 de agosto de 1974 (*DOU* de 3.9.1974).

DECRETO Nº 81.742, DE 31 DE MAIO DE 1978

Promulga o Tratado de Cooperação em Matéria de Patentes (PCT).

O Presidente da República,

CONSIDERANDO que o Congresso Nacional aprovou, pelo Decreto Legislativo nº 110, de 30 de novembro de 1977, o Tratado de Cooperação em Matéria de Patentes (PCT), concluído entre a República Federativa do Brasil e vários países na cidade de Washington em 19 de junho de 1970;

CONSIDERANDO que o Instrumento de Ratificação do referido Tratado pela República Federativa do Brasil foi depositado em 9 de janeiro de 1978;

CONSIDERANDO que o referido Tratado entrou em vigor para a República Federativa do Brasil em 9 de abril de 1978;

Decreta:

Art. 1º. O Tratado de Cooperação em Matéria de Patentes (PCT), apenso por cópia ao presente Decreto, será executado e cumprido tão inteiramente como nele se contém.

Art. 2º. Este Decreto entra em vigor na data de sua publicação, revogadas as disposições em contrário.

Brasília, em 31 de maio de 1978; 157º da Independência e 90º da República.

Ernesto Geisel - Antônio Francisco Azeredo da Silveira

DOU de 1º.6.1978 – Retificação DOU de 5.6.1978

TRATADO DE COOPERAÇÃO EM MATÉRIA DE PATENTES

Os Estados contratantes,

Desejosos de contribuir para o desenvolvimento da ciência e da tecnologia,

Desejosos de aperfeiçoar a proteção legal das invenções,

Desejosos de simplificar e tornar mais econômica e obtenção de proteção das invenções quando a mesma for requisitada em vários países,

Desejosos de facilitar e apressar o acesso de todos às informações técnicas contidas nos documentos que descrevem as novas invenções,

Desejosos de estimular e acelerar o progresso econômico dos países em via de desenvolvimento através da adoção de medidas destinadas a aumentar a eficácia de seus sistemas legais de proteção das invenções, sejam eles nacionais ou regionais, proporcionando-lhes fácil acesso às informações referentes às obtenção de soluções técnicas adaptadas a seus requisitos específicos e facilitando-lhes o acesso ao volume sempre crescente da técnica moderna,

Convencidos de que a cooperação internacional facilitará grandemente a realização destes objetivos,

Concluíram o presente Tratado:

DISPOSIÇÕES INTRODUTÓRIAS

Artigo 1 - Estabelecimento de uma União

1) Os Estados participantes do presente Tratado (a seguir denominados "Estados contratantes") ficam constituídos em estado de União para cooperação no terreno dos depósitos, das pesquisas e do exame dos pedidos de proteção das invenções, bem como para prestação de serviços técnicos especiais. Esta União fica denominada União Internacional de Cooperação em Matéria de Patentes.

2) Nenhuma disposição do presente Tratado poderá ser interpretada como restrição dos direitos previstos pela Convenção de Paris para Proteção da Propriedade Industrial em benefício dos nacionais dos países participantes desta Convenção ou das pessoas domiciliadas nesses países.

Artigo 2 - Definições

No sentido do presente Tratado e do Regulamento de execução, e a menos que um sentido diferente seja expressamente indicado:

I) entende-se por "pedido" um pedido de proteção de uma invenção; toda e qualquer referência a um "pedido" entender-se-á como uma referência aos pedidos de patentes de invenção, de certificados de autor de invenção, de certificados de utilidade, de modelos de utilidade, de patentes ou de certificados de adição, de certificados de autor de invenção adicionais e de certificados de utilidade adicionais;

II) toda e qualquer referência a uma "patente" entender-se-á como uma referência às patentes de invenção, aos certificados de autor de invenção, aos certificados de utilidade, aos modelos de utilidade, às patentes ou certificados de adição, aos certificados de autor de invenção adicionais e aos certificados de utilidade adicionais;

III) entende-se por "patente nacional" uma patente concedida por uma administração nacional;

IV) entende-se por "patente regional" uma patente concedida por uma administração nacional ou intergovernamental, credenciada a conceder patentes com validade em mais de um Estado;

V) entende-se por "pedido regional" um pedido de patente regional;

VI) toda e qualquer referência a um "pedido nacional" entender-se-á como uma referência aos pedidos de patentes nacionais e de patentes regionais além dos pedidos depositados em obediência ao presente Tratado;

VII) entende-se por "pedido internacional" um pedido depositado em obediência ao presente Tratado;

VIII) toda e qualquer referência a um "pedido" entender-se-á como uma referência aos pedidos internacionais e nacionais;

IX) toda e qualquer referência a uma "patente" entender-se-á como uma referência às patentes nacionais e regionais;

X) toda e qualquer referência à "legislação nacional" entender-se-á como uma referência à legislação de um Estado contratante ou, sempre que se tratar de um pedido regional ou de uma patente regional, ao tratado que prevê o depósito de pedidos regionais ou a concessão de patentes regionais;

XI) entende-se por "data de prioridade", para fins do cálculo dos prazos:

a) sempre que o pedido internacional comportar uma reivindicação de prioridade, de acordo com o artigo 8, a data do depósito do pedido cuja prioridade for assim reivindicada;

b) sempre que o pedido internacional comportar várias reivindicações de prioridade, de acordo com o artigo 8, a data do depósito do pedido mais antigo cuja prioridade for assim reivindicada;

c) sempre que o pedido internacional não comportar qualquer reivindicação de prioridade, de acordo com o artigo 8, a data do depósito internacional desse pedido;

XII) entender-se por "Repartição nacional" a administração governamental de um Estado contratante encarregada de conceder patentes; toda e qualquer referência a uma "Repartição nacional" entender-se-á igualmente como uma referência a toda e qualquer administração intergovernamental encarregada por vários Estados de conceder patentes regionais, desde que pelo menos um desses Estados seja um Estado contratante e que esses Estados tenham autorizado a dita administração a assumir as obrigações e a exercer os poderes que o presente Tratado e o Regulamento de execução atribuem às Repartições nacionais;

XIII) entende-se por "Repartição designada" a repartição nacional do Estado designada pelo depositante de acordo com o Capítulo I do presente Tratado, assim como toda e qualquer Repartição agindo em nome desse Estado;

XIV) entende-se por "Repartição eleita" a Repartição nacional do Estado eleita pelo depositante de acordo com o Capítulo II do presente Tratado, bem como toda e qualquer Repartição agindo em nome desse Estado;

XV) entende-se por "Repartição receptora" a Repartição nacional ou organização intergovernamental em que o pedido internacional foi depositado;

XVI) entende-se por "União" a União Internacional de Cooperação em Matéria de Patentes;

XVII) entende-se por "Assembléia" a Assembléia da União;

XVIII) entende-se por "Organização" a Organização Mundial da Propriedade Intelectual;

XIX) entende-se por "Escritório Internacional" o Escritório Internacional da Organização e, enquanto existirem, os Escritórios Internacionais Reunidos para Proteção da Propriedade Intelectual (BIRPI);

XX) entende-se por "Diretor Geral" o Diretor-Geral da Organização e, enquanto existirem os BIRPI, o Diretor dos BIRPI.

CAPÍTULO I - PEDIDO INTERNACIONAL E PESQUISA INTERNACIONAL

Artigo 3 - Pedido Internacional

1) Os pedidos de proteção das invenções em todo e qualquer Estado contratante podem ser depositados na qualidade de pedidos internacionais no sentido do presente Tratado.

2) Um pedido internacional deverá conter, de acordo com o presente Tratado e com o Regulamento de execução, um requerimento, uma descrição, uma ou várias reivindicações, um ou vários desenhos (quando estes forem necessários) e um resumo.

3) O resumo destina-se exclusivamente para fins de informação técnica; não poderá ser levado em consideração para qualquer outro fim, mormente para avaliação da extensão da proteção pedida.

4) O pedido internacional:

I) deve ser redigido em uma das línguas prescritas;

II) deve preencher as condições materiais prescritas;

III) deve satisfazer a exigência prescrita de unidade de invenção;

IV) está sujeito ao pagamento das taxas prescritas.

Artigo 4 - Requerimento

1) O requerimento deve conter:

I) uma petição no sentido de que o pedido internacional deverá ser considerado de acordo com o presente Tratado;

II) a designação do Estado ou Estados contratantes em que a proteção da invenção é solicitada na base do pedido internacional ("Estados designados"); se o depositante puder e desejar, em relação a todo e qualquer Estado designado, obter uma patente regional em lugar de uma patente nacional, o requerimento deverá indicá-lo; se o depositante, em virtude de um tratado referente a uma patente regional, não puder limitar seu pedido a certos Estados participantes do tratado em questão, a designação de um desses Estados, bem como a indicação de desejo de obter uma patente regional serão assimilados a uma designação de todos esses Estados; se, de acordo com a legislação nacional do Estado designado, a designação desse Estado tiver o efeito de um pedido regional, essa obrigação deverá ser assimilada à indicação do desejo de obter uma patente regional;

III) o nome e outras indicações prescritas, referentes ao depositante e ao mandatário (caso haja);

IV) o título da invenção;

V) o nome do inventor e demais indicações prescritas, no caso em que a legislação de pelo menos um dos Estados designados exija que essas indicações sejam fornecidas a partir do depósito de um pedido nacional; nos demais casos as ditas indicações podem figurar quer no requerimento, quer em notificações separadas endereçadas a cada Repartição designada cuja legislação nacional exija essas indicações, permitindo, entretanto, que elas só sejam fornecidas depois do depósito do pedido nacional.

2) Toda e qualquer designação está sujeita ao pagamento das taxas prescritas dentro do prazo prescrito.

3) Se o depositante não solicitar outros títulos de proteção referidos no artigo 43, a designação significará que a proteção pedida consiste na concessão de uma patente pelo ou para o Estado designado. O artigo 2.II) não se aplica aos fins do presente parágrafo.

4) A ausência, no requerimento, do nome do inventor e das demais indicações prescritas referentes ao inventor não provoca qualquer conseqüência nos Estados designados cuja legislação exija essas indicações, permite, porém, que elas não sejam apresentadas senão depois de efetuado o depósito do pedido nacional. A ausência dessas indicações em uma notificação separada não provoca qualquer conseqüência nos Estados designados em que essas indicações não sejam exigidas pela legislação nacional.

Artigo 5 - Descrição

A descrição deve fazer uma exposição da invenção suficientemente clara e completa para que um profissional do ramo possa executá-la.

Artigo 6 - Reivindicações

A ou as reivindicações devem definir a finalidade da proteção solicitada. As reivindicações deverão ser claras e concisas. Devem basear-se totalmente na descrição.

Artigo 7 - Desenhos

1) Com ressalva do parágrafo 2)II), deverão ser fornecidos desenhos sempre que forem necessários à compreensão da invenção.

2) Se a invenção for de natureza tal que possa ser ilustrada por desenhos, mesmo que estes não sejam indispensável à sua compreensão:

I) o depositante poderá incluir tais desenhos no pedido internacional na ocasião de seu depósito;

II) toda e qualquer Repartição designada poderá exigir que o depositante lhe forneça tais desenhos no prazo determinado.

Artigo 8 - Reivindicações de prioridade

1) O pedido internacional pode comportar uma declaração, em obediência às estipulações do Regulamento de execução, reivindicando a prioridade de um ou de vários pedidos anteriores depositados em ou por todo e qualquer país participante da Convenção de Paris para Proteção da Propriedade Industrial.

2)a) Com ressalva da alínea b), as condições e os efeitos de toda e qualquer reivindicação de prioridade apresentada em obediência ao parágrafo 1) são aqueles previstos pelo artigo 4 do Ato de Estocolmo da Convenção de Paris para Proteção da Propriedade Industrial.

b) O pedido internacional que reivindicar a prioridade de um ou vários pedidos anteriores depositados em ou por um Estado contratante pode designar esse Estado. Se o pedido internacional reivindicar a prioridade de um ou de vários pedidos nacionais depositados em ou por um Estado designado, ou a prioridade de um pedido internacional que designara um único Estado, as condições e os efeitos produzidos pela reivindicação de prioridade nesse Estado são aqueles previstos pela legislação nacional deste último.

Artigo 9 - Depositante

1) Toda e qualquer pessoa domiciliada em um Estado contratante e todo e qualquer nacional de um tal Estado podem depositar um pedido internacional.

2) A Assembléia pode resolver permitir às pessoas domiciliadas em todo e qualquer país participante da Convenção de Paris para Proteção da Propriedade Industrial que não for participante do presente Tratado, bem como aos nacionais desse país, que depositem pedidos internacionais.

3) As noções de domicílio e de nacionalidade, bem como a aplicação dessas noções quando existirem vários depositantes ou quando os depositantes não sejam os mesmos para todos os Estados designados, são definidas no Regulamento de execução.

Artigo 10 - Repartição receptora

O pedido internacional dever ser depositado na Repartição receptora prescrita, que o controla e processa de acordo com o presente Tratado e com o regulamento de execução.

Artigo 11 - Data do depósito e efeitos do pedido internacional

1) A Repartição receptora, no que respeita a data do depósito internacional, consigna a data de recebimento do pedido internacional, desde que constate, na ocasião desse recebimento, que:

I) o depositante não esteja privado, claramente, por motivos de domicílio ou de nacionalidade, do direito de depositar um pedido internacional na Repartição receptora;

II) o pedido internacional está redigido na língua prescrita;

III) o pedido internacional comporte pelo menos os seguintes elementos:

a) uma indicação de que foi depositado o título de pedido internacional;

b) a designação de pelo menos um Estado contratante;

c) o nome do depositante, indicado da forma prescrita;

d) uma parte que, à primeira vista, pareça constituir uma descrição;

e) uma parte que, à primeira vista, pareça constituir uma ou mais reivindicações.

2)a) Se a Repartição receptora constatar que o pedido internacional não preenche, na ocasião do seu recebimento, as condições enumeradas do parágrafo 1), solicitará ao depositante, de acordo com o Regulamento de execução, que faça a necessária correção.

b) Se o depositante cumprir a solicitação, de acordo com o Regulamento de execução, a Repartição receptora consignará, no que diz respeito à data do depósito internacional, a data do recebimento da correção exigida.

3) Com ressalva do artigo 64.4), qualquer pedido internacional que preencha as condições enumeradas nos pontos I) a III) do parágrafo 1) e ao qual foi consignada uma data de depósito internacional terá os efeitos, a partir da data do depósito internacional, de um depósito nacional regular em cada um dos Estados designados; essa data será considerada como data do depósito efetivo em cada um dos Estados designados.

4) Todo e qualquer pedido internacional que preencha as condições enumeradas nos pontos I) a III) do parágrafo 1) é considerado como possuindo o valor de um depósito nacional regular no sentido da Convenção de Paris para Proteção da Propriedade Industrial.

Artigo 12 - Transmissão do pedido internacional ao Escritório internacional - e à Administração encarregada da pesquisa internacional

1) Uma via do pedido internacional fica em poder da Repartição receptora ("cópia para a Repartição receptora"), uma via ("via original") é transmitida ao Escritório Internacional e uma outra via ("cópia de pesquisa") é transmitida à Administração competente encarregada da pesquisa internacional estipulada pelo artigo 16, de acordo com o Regulamento de execução.

2) A via original é considerada como a via autêntica do pedido internacional.

3) O pedido internacional é considerado como retirado se o Escritório Internacional não receber a via original no prazo prescrito.

Artigo 13 - Possibilidade de as Repartições designadas receberem cópia do pedido internacional

1) Toda e qualquer Repartição designada pode solicitar ao Escritório Internacional uma cópia do pedido internacional antes da comunicação prevista no artigo 20; o Escritório Internacional remeter-lhe-á tal cópia tão cedo quanto possível após a expiração do prazo de um ano a contar da data de prioridade.

2)a) O depositante pode, a qualquer época, remeter a toda e qualquer repartição designada uma cópia do seu pedido internacional.

b) O depositante pode, a qualquer época, solicitar ao Escritório Internacional que remeta a toda e qualquer Repartição designada uma cópia de seu pedido internacional; o Escritório Internacional remeterá, tão cedo quanto possível, essa cópia à Repartição em questão.

c) Toda e qualquer Repartição nacional pode notificar o Escritório Internacional de que não deseja receber as cópias referidas pela alínea *b*); nesse caso, a citada alínea não se aplicará a essa Repartição.

Artigo 14 - Irregularidades no pedido internacional

1)a) A Repartição receptora verificará se o pedido internacional apresenta quaisquer das seguintes irregularidades:

I) não está assinado de acordo com o regulamento de execução;

II) não contém as indicações estabelecidas em relação ao depositante;

III) não contém um título;

IV) não contém um resumo;

V) não preenche, da forma prevista pelo regulamento de execução, as condições materiais prescritas.

b) Se a Repartição receptora constatar qualquer uma dessas irregularidades, solicitará ao depositante que corrija o pedido internacional no prazo prescrito; caso não o faça, esse pedido será considerado como retirado e a Repartição receptora assim o declarará.

2) Se o pedido internacional se referir a desenhos, embora estes não hajam sido incluídos no pedido, a Repartição receptora notificará ao depositante que poderá remeter os desenhos no prazo prescrito; a data do depósito internacional será então a data do recebimento dos referidos desenhos pela Repartição receptora. De outro modo, qualquer referência e tais desenhos será considerada como inexistente.

3)a) Se a Repartição receptora constatar que as taxas prescritas pelo artigo 3.4(IV) não foram pagas no prazo prescrito, ou que a taxa prescrita pelo artigo 4.2) não foi paga em relação a nenhum dos Estados designados, o pedido internacional será considerado como retirado e a Repartição receptora assim o declarará.

b) Se a Repartição receptora constatar que a taxa prescrita pelo artigo 4.2) foi paga dentro do prazo prescrito em relação a um ou vários Estados designados (mas não em relação a todos esses Estados), a designação desses Estados para os quais a taxa não foi paga dentro do prazo prescrito será considerada como retirada e a Repartição receptora assim o declarará.

4) Se, depois que houver consignado ao pedido internacional uma data de depósito internacional, a Repartição receptora constatar, dentro do prazo prescrito, que qualquer uma das condições enumeradas nos pontos I) a III) do artigo 11.1) não foi preenchida nessa data, esse pedido será considerado como retirado e a Repartição receptora assim o declarará.

Artigo 15 - Pesquisa internacional

1) Cada pedido internacional constituirá objeto de uma pesquisa internacional.

2) A pesquisa internacional tem por objetivo descobrir o estado da técnica pertinente.

3) A pesquisa internacional será efetuada na base das reivindicações, levando em conta a descrição e os desenhos (caso os haja).

4) A Administração encarregada da pesquisa internacional a que se refere o artigo 16, se esforçará por descobrir o estado da técnica pertinente na medida em que lhe permitirem os seus meios e deverá, em todo caso, consultar a documentação especificada pelo Regulamento de execução.

5)a) O titular de um pedido internacional depositado na Repartição nacional de um Estado contratante ou na Repartição agindo em nome de um tal Estado poderá, se a legislação nacional desse Estado assim o permitir e nas condições previstas por essa legislação, solicitar que uma pesquisa semelhante a uma pesquisa internacional ("pesquisa do tipo internacional") seja efetuada em relação a esse pedido.

b) A Repartição nacional de um Estado contratante ou a Repartição agindo em nome de um tal Estado, poderá, se a legislação nacional desse Estado assim o permitir, submeter a uma pesquisa do tipo internacional qualquer pedido nacional ali depositado.

c) A pesquisa do tipo internacional será efetuada pela Administração encarregada da pesquisa internacional a que se refere o artigo 16, que seria competente para proceder à pesquisa internacional se o pedido nacional fosse um pedido internacional depositado na Repartição mencionada nas alíneas *a)* e *b)*. Se o pedido nacional estiver redigido em uma língua que a Administração encarregada da pesquisa internacional julgar não estar em condições adequadas de processar, a pesquisa do tipo internacional será efetuada na base de uma tradução preparada pelo depositante em uma das línguas prescritas para os pedidos internacionais que a dita Administração se comprometer a aceitar para os pedidos internacionais. O pedido nacional e a tradução, quando esta for exigida, devem ser apresentadas na forma prescrita para os pedidos internacionais.

Artigo 16 - Administração encarregada da pesquisa internacional

1) A pesquisa internacional será efetuada por uma Administração encarregada da pesquisa internacional; esta poderá ser, quer uma Repartição nacional, quer uma organização intergovernamental, como o Instituto Internacional de Patentes, cujas atribuições incluem o estabelecimento de intercâmbio de pesquisa documentária sobre o estado da técnica relativa a invenções que constituam objeto de pedidos de patentes.

2) Se, enquanto não for instituída uma única Administração encarregada da pesquisa internacional, existirem várias Administrações incumbidas da pesquisa internacional, cada Repartição receptora deverá especificar, de acordo com as disposições do acordo aplicável mencionado no parágrafo 3)b), aquela ou aquelas Administrações que terão competência para proceder à pesquisa para os pedidos internacionais depositados naquela Repartição.

3)a) As Administrações encarregadas da pesquisa internacional são nomeadas pela Assembléia. Todas as Repartições nacionais e todas as organizações intergovernamentais que satisfizerem as exigências estipuladas na alínea *c)* poderão ser nomeadas em caráter de Administração encarregada da pesquisa internacional.

b) A nomeação dependerá do consentimento da Repartição nacional ou da organização intergovernamental em questão e da conclusão de um acordo, que deverá ser aprovado pela Assembléia, entre essa Repartição ou essa organização e o Escritório Internacional. Tal acordo especificará os direitos e obrigações das partes e conterá, especificamente, o compromisso formal da citada Repartição ou da citada organização de aplicar e cumprir as regras comuns da pesquisa internacional.

c) O Regulamento de execução estabelece as exigências mínimas, em particular aquelas concernentes ao pessoal e à documentação, que cada Repartição ou organização deverá satisfazer antes de poder ser nomeada e que deverá continuar a satisfazer enquanto perdurar a nomeação.

d) A nomeação é feita por um período determinado que poderá ser prolongado.

e) Antes de tomar uma decisão quanto à nomeação de uma Repartição nacional ou de uma organização intergovernamental ou quanto à prolongação de uma tal nomeação, assim como antes de permitir que uma tal nomeação chegue ao fim, a Assembléia consultará a Repartição ou a organização em questão e ouvirá o parecer do Comitê de Cooperação Técnica a que se refere o artigo 56, uma vez instituído esse Comitê.

Artigo 17 - Procedimento junto à Administração encarregada da pesquisa internacional

1) O procedimento junto à Administração encarregada da pesquisa internacional é determinado pelo presente Tratado, pelo Regulamento de execução e pelo acordo que o Escritório Internacional concluir, em obediência ao presente Tratado, com essa Administração.

2)a) Se a Administração encarregada da pesquisa internacional julgar:

I) que o pedido internacional se refere a um objeto a respeito do qual não lhe compete, de acordo com o Regulamento, realizar a pesquisa e decide no caso não proceder à pesquisa, ou

II) que a descrição, as reivindicações ou os desenhos não preenchem os requisitos prescritos de modo a não permitir que uma pesquisa satisfatória seja realizada, ela o declarará e comunicará ao depositante e ao Escritório Internacional que não haverá relatório de pesquisa internacional.

b) Se qualquer das hipóteses mencionadas na alínea *a)* não ocorrer senão em relação a certas reivindicações o relatório de pesquisa internacional será estabelecido para as demais reivindicações, mencionando o impedimento em relação às primeiras, de acordo com o artigo 18.

3)a) Se a Administração encarregada da pesquisa internacional julgar que o pedido internacional não satisfaz a exigência de uma unidade de invenção, ela solicitará ao depositante que pague as taxas adicionais. A Administração encarregada da pesquisa internacional estabelecerá o relatório de pesquisa internacional em relação às partes do pedido internacional que dizem respeito à invenção mencionada primeiramente nas reivindicações ("invenção principal") e, se as taxas adicionais requeridas houverem sido pagas dentro do prazo prescrito, quanto às partes do pedido internacional que dizem respeito às invenções em relação às quais as citadas taxas foram pagas.

b) A legislação nacional de todo e qualquer Estado designado poderá prever que, caso a Repartição nacional desse Estado julgue justificada a solicitação, mencionada na alínea *a)*, da Administração encarregada da pesquisa e caso o depositante não haja pago todas as taxas adicionais, as partes do pedido internacional que, conseqüentemente, não constituírem objeto de uma pesquisa serão consideradas como retiradas no que diz respeito aos efeitos nesse Estado, a menos que o depositante pague uma taxa especial à Repartição nacional do Estado em questão.

Artigo 18 - Relatório de pesquisa internacional

1) O relatório de pesquisa internacional será estabelecido dentro do prazo e na forma prescritos.

2) O relatório de pesquisa internacional, tão logo seja estabelecido, será comunicado pela Administração encarregada da pesquisa internacional ao depositante e ao Escritório Internacional.

3) O relatório de pesquisa internacional ou a declaração mencionada no artigo 17.2)a) será traduzido de acordo com o Regulamento de execução. As traduções serão preparadas pelo Escritório Internacional ou sob sua responsabilidade.

Artigo 19 - Modificação das reivindicações submetidas ao Escritório Internacional

1) Após receber comunicação do relatório de pesquisa internacional, o depositante terá o direito de modificar uma vez as reivindicações do pedido internacional, depositando as modificações, dentro do prazo prescrito, no Escritório Internacional. Poderá juntar as mesmas uma breve declaração, de acordo com o Regulamento de execução, explicando as modificações e esclarecendo os efeitos que estas poderão ter sobre a descrição e dos desenhos.

2) As modificações não devem ir além da exposição da invenção constante do pedido internacional tal como foi depositado.

3) A inobservância das disposições do parágrafo 2) não terá conseqüências nos Estados designados cuja legislação nacional permita que as modificações vão além da exposição da invenção.

Artigo 20 - Comunicação às Repartições designadas

1)a) O pedido internacional, juntamente com o relatório de pesquisa internacional (inclusive qualquer indicação mencionada no artigo 17.2)b) ou a declaração mencionada no artigo 17.2)a), será comunicado, de acordo com o Regulamento de execução a todas as Repartições designadas que não hajam renunciado, total ou parcialmente, a essa comunicação.

b) A comunicação compreende a tradução (tal como foi estabelecida) do relatório em questão ou da declaração citada.

2) Caso as reivindicações hajam sido modificadas de acordo com o artigo 19.1), a comunicação deverá incluir quer o texto integral das reivindicações tal como foram depositadas e tal como foram modificadas, quer o texto integral das reivindicações tal como foram depositadas e especificar as modificações efetuadas; deverá, outrossim, se for o caso, incluir a declaração mencionada no artigo 19.1).

3) A pedido da Repartição designada ou do depositante, a Administração encarregada da pesquisa internacional lhes remeterá, de acordo com o Regulamento de execução, cópia dos documentos citados no relatório de pesquisa internacional.

Artigo 21 - Publicação internacional

1) O Escritório Internacional procederá à publicação dos pedidos internacionais.

2)a) Com ressalva das exceções previstas na alínea *b*) e no artigo 64.3), a publicação internacional do pedido internacional será feita logo após a expiração de um prazo de dezoito meses a contar da data de prioridade desse pedido.

b) O depositante poderá solicitar ao Escritório Internacional a publicação de seu pedido internacional a qualquer época antes da expiração do prazo mencionado na alínea *a*). O Escritório Internacional procederá, em conseqüência, de acordo com o Regulamento de execução.

4) A língua e a forma da publicação internacional, bem como outros pormenores, serão estabelecidos pelo Regulamento de execução.

5) Não será feita qualquer publicação internacional caso o pedido internacional seja retirado ou considerado como retirado antes de terminado o preparo técnico da publicação.

6) Se o Escritório Internacional julgar que o pedido internacional contém expressões ou desenhos contrários aos bons costumes ou à ordem pública, ou declarações difamantes de acordo com o espírito do Regulamento de execução, poderá omiti-lo de suas publicações, indicando o local e o número de palavras ou de desenhos omitidos. Fornecerá, a pedido, cópias especiais das passagens assim omitidas.

Artigo 22 - Cópias, traduções e taxas para as Repartições designadas

1) O depositante remeterá a cada Repartição designada uma cópia do pedido internacional (exceto se a comunicação mencionada no artigo 20 já tiver sido feita) e uma tradução (tal como for prescrito) desse pedido e lhe pagará (se for o caso) a taxa nacional, o mais tardar na ocasião da expiração de um prazo de vinte meses a contar da data da prioridade. No caso em que o nome do inventor e demais indicações prescritas pela legislação do Estado designado, referentes ao nacional, o depositante deverá, caso já não hajam sido incluídos no requerimento, comunicá-los à Repartição nacional desse Estado ou à Repartição agindo em nome desta última, o mais tardar, na ocasião da expiração de um prazo de vinte meses a contar da data de prioridade.

2) Não obstante as disposições do parágrafo 1), quando a Administração encarregada da pesquisa internacional declarar, de acordo com o artigo 17.2)a), que um relatório de pesquisa internacional não será estabelecido, o prazo para efetuação dos atos mencionados no parágrafo 1) do presente artigo será de dois meses a contar da data da notificação da citada declaração ao depositante.

3) A legislação de todo e qualquer Estado contratante poderá, para fins dos atos a que se referem os parágrafos 1) e 2), estabelecer prazos que expirem depois daqueles mencionados nos ditos parágrafos.

Artigo 23 - Suspensão do processo nacional

1) Nenhuma Repartição designada poderá processar ou examinar o pedido internacional antes da expiração do prazo aplicável de acordo com o artigo 22.

2) Não obstante as disposições do parágrafo 1), qualquer Repartição designada poderá, a pedido expresso do depositante, tratar ou examinar a qualquer época o pedido internacional.

Artigo 24 - Possível perda dos efeitos nos Estados designados

1) Com ressalva do artigo 25 no caso mencionado no ponto II), abaixo, os efeitos do pedido internacional previstos pelo artigo 11.3) cessarão em qualquer Estado designado e esta cessação terá as mesmas conseqüências que a retirada de um pedido nacional nesse Estado:

I) se o depositante retirar seu pedido internacional ou a designação desse Estado;

II) se o pedido internacional for considerado como retirado em virtude dos artigos 12.3), 14.1)b), 14.3)a) ou 14.4), ou se a designação desse Estado for considerada como retirada de acordo com o artigo 14.3)b);

III) se o depositante não executar, no prazo aplicável, os atos mencionados no artigo 22.

2) Não obstante as disposições do parágrafo 1), qualquer Repartição designada poderá manter os efeitos previstos pelo artigo 11.3) mesmo quando não for exigido que tais efeitos sejam mantidos em virtude do artigo 25.2).

Artigo 25 - Revisão pelas Repartições designadas

1)a) Quando a Repartição receptora recusar a consignação de uma data de depósito internacional ou declarar que o pedido internacional é considerado como retirado, ou quando o Escritório Internacional fizer uma constatação tal como estipulada no artigo 12.3), o Escritório Internacional remeterá, em curto prazo, a pedido do depositante, a todas as Repartições designadas indicadas por este último, cópia de todo e qualquer documento incluído no processo.

b) Quando a Repartição receptora declarar que a designação de um Estado é considerada como retirada, o Escritório Internacional, a pedido do requerente, remeterá a curto prazo à Repartição nacional desse Estado cópia de todo e qualquer documento contido no processo.

c) Os requerimentos fundados nas alíneas *a)* ou *b)* deverão ser apresentados dentro do prazo prescrito.

2)a) Com ressalva das disposições da alínea *b)*, toda Repartição designada, caso a taxa nacional (se for o caso) haja sido paga e caso a tradução apropriada (tal como foi prescrito) haja sido remetida dentro do prazo prescrito, decidirá se a recusa, a declaração ou a constatação mencionadas no parágrafo 1) foram justificadas do ponto de vista do presente Tratado e do Regulamento de execução; se constatar que a recusa ou a declaração resultaram de um engano ou de uma omissão da Repartição receptora, ou que a constatação foi resultante de um engano ou de uma omissão do Escritório Internacional, processará o pedido internacional, para os fins de seus efeitos no Estado da Repartição designada, como se tal engano ou omissão não houvessem ocorrido.

b) Quando a via original chegar ao Escritório Internacional depois de expirado o prazo prescrito pelo artigo 12.3) em virtude de um engano ou de uma omissão do depositante, a alínea *a*) não se aplica senão nas circunstâncias mencionadas pelo artigo 48.3).

Artigo 26 - Oportunidade de corrigir nas Repartições designadas

Nenhuma Repartição designada poderá rejeitar um pedido internacional sob a alegação de que este último não preenche as condições do presente Tratado e do Regulamento de execução sem primeiro dar ao depositante a oportunidade de corrigir o referido pedido na medida e segundo o procedimento estabelecidos pela legislação nacional para casos semelhantes ou comparáveis a de pedidos nacionais.

Artigo 27 - Exigências nacionais

1) Nenhuma legislação nacional poderá exigir que o pedido internacional satisfaça, quanto a sua forma ou a seu conteúdo, exigências diferentes daquelas previstas por este Tratado e pelo Regulamento de execução ou a exigências suplementares.

2) As disposições do parágrafo 1) não afetam o artigo 7.2) nem impedem qualquer legislação nacional de exigir, uma vez iniciado o processo do pedido internacional dentro da Repartição designada:

I) quando o depositante for uma pessoa jurídica, a indicação do nome de um diretor desta última autorizado a representá-la;

II) a remessa de documentos que não pertençam ao pedido internacional mas que constituam prova de alegações ou de declarações contidas nesse pedido, inclusive a confirmação do pedido internacional pela assinatura do depositante quando esse pedido, tal como foi depositado, tiver a assinatura do seu representante ou de seu mandatário.

3) Quando o depositante, para os fins de qualquer Estado designado, não for qualificado, de acordo com a legislação desse Estado para fazer o depósito de um pedido nacional, em virtude de não ser o inventor, o pedido internacional poderá ser rejeitado pela Repartição designada.

4) Quando a legislação nacional dispuser no que concerne à forma e ao conteúdo dos pedidos nacionais, sobre exigências que, do ponto de vista dos depositantes, são mais favoráveis que aquelas previstas pelo presente Tratado e o Regulamento de execução para os pedidos internacionais, a Repartição nacional, os tribunais e todos os demais órgãos competentes do Estado designado ou agindo em nome deste último, poderão aplicar as primeiras exigências, em lugar das últimas, aos pedidos internacionais, exceto se o depositante requerer que as exigências previstas pelo presente Tratado e pelo Regulamento de execução sejam aplicados a seu pedido internacional.

5) Nada constante do presente Tratado e do Regulamento de execução poderá ser compreendido como podendo limitar a liberdade de qualquer Estado contratante de estabelecer todas as condições materiais para concessão de patentes que desejar. Em particular, qualquer disposição do presente Tratado e do Regulamento de execução referente à definição do estado da técnica deverá ser exclusivamente considerada para os fins do processo internacional; por conseguinte, qualquer Estado contratante poderá aplicar, ao determinar se uma invenção objeto de um pedido internacional faz ou não jus a uma patente, os critérios de sua legislação nacional relativos ao estado da técnica e de outras condições necessárias à obtenção de patentes que não constituam exigências relativas à forma e ao conteúdo dos pedidos.

6) A legislação nacional poderá exigir do depositante que forneça provas quanto a qualquer condição de direito material à patente que ela estipule.

7) Qualquer Repartição receptora, assim como qualquer Repartição designada, que houver iniciado o processo do pedido internacional, poderá aplicar qualquer disposição de sua legislação nacional relativa à representação obrigatória do depositante por um mandatário habilitado junto a essa Repartição e à indicação obrigatória de um endereço de trabalho no Estado designado para fins de recebimento de notificações.

8) Nada constante do presente Tratado e do Regulamento de execução poderá ser interpretado como capaz de limitar a liberdade de qualquer Estado contratante de aplicar as medidas que considerar necessárias em matéria de defesa nacional ou de limitar, para defender seus interesses econômicos, o direito de seus nacionais ou das pessoas domiciliadas em seu território de depositar pedidos internacionais.

Artigo 28 - Modificação das reivindicações, da descrição e dos desenhos - nas Repartições designadas

1) O depositante deverá ter oportunidade de modificar as reivindicações, a descrição e os desenhos, dentro do prazo prescrito, em cada Repartição designada. Nenhuma Repartição designada poderá conceder patente ou recusar-se a concedê-la antes de expirado esse prazo, exceto com o acordo expresso do depositante.

2) As modificações não deverão ir além da exposição da invenção que consta do pedido internacional tal como foi depositado, a menos que a legislação nacional do Estado designado o faculte expressamente.

3) As modificações deverão ser conformes à legislação nacional do Estado designado em relação a tudo quanto não for estabelecido pelo presente Tratado ou pelo Regulamento de execução.

4) Quando a Repartição designada exigir uma tradução do pedido internacional, as modificações deverão ser apresentadas na mesma língua da tradução.

Artigo 29 - Efeitos da publicação internacional

1) No que concerne à proteção de qualquer direito do depositante em um Estado designado, a publicação internacional de um pedido internacional terá, nesse Estado, com ressalva das disposições constantes dos parágrafos 2) a 4), os mesmos efeitos que os estabelecidos pela legislação nacional desse Estado à publicação nacional obrigatória de pedidos nacionais não examinados como tais.

2) Se a língua da publicação internacional diferir daquela das publicações requeridas pela legislação nacional do Estado designado, a dita legislação nacional poderá estipular que os efeitos previsto no parágrafo 1) não se produzam senão a partir da data em que:

I) uma tradução nesta última língua seja publicada de acordo com a legislação nacional; ou

II) uma tradução nesta última língua seja posta à disposição do público para inspeção, de acordo com a legislação nacional; ou

III) uma tradução nesta última língua seja transmitida pelo depositante ao usuário não autorizado, efetivo ou eventual, da invenção que constitui objeto do pedido internacional; ou

IV) os dois atos a que se referem os pontos I) e III) ou os dois atos a que se referem os pontos II) e III) tenham sido executados.

3) A legislação nacional de qualquer Estado designado poderá estipular que, no caso da publicação internacional ser efetuada, a pedido do depositante, antes da expiração de um prazo de dezoito meses contados da data de prioridade, os efeitos previstos no parágrafo 1) não se produzam senão depois de expirado um prazo de dezoito meses contados da data de prioridade.

4) A legislação nacional de qualquer Estado designado poderá prever que os efeitos a que se refere o parágrafo 1) não se produzam senão a partir da data do recebimento, por sua Repartição nacional ou pela Repartição agindo em nome desse Estado, de uma via da publicação, efetuada de acordo com o artigo 21, do pedido internacional. Essa Repartição publicará, assim que possível, a data do recebimento em sua Gazeta.

Artigo 30 - Caráter confidencial do pedido internacional

1)a) Ressalvada a alínea *b)*, o Escritório Internacional e as Administrações encarregadas da pesquisa internacional não deverão permitir a nenhuma pessoa ou administração acesso ao pedido internacional antes de sua publicação internacional, a menos que seja requerido pelo depositante ou com sua autorização.

b) A alínea *a)* não se aplica às transmissões à Administração competente encarregada da pesquisa internacional, às transmissões previstas no artigo 13, nem às comunicações previstas no artigo 20.

2)a) Nenhuma Repartição nacional poderá permitir a terceiros acesso ao pedido internacional, exceto por requerimento ou autorização do depositante, antes de qualquer das datas seguintes que ocorra primeiro:

I) data da publicação internacional do pedido internacional;

II) data do recebimento da comunicação do pedido internacional, de acordo com o artigo 20;

III) data do recebimento de uma cópia do pedido internacional, de acordo com o artigo 22.

b) A alínea *a)* não impedirá uma Repartição nacional de informar a terceiros que foi designada, nem de publicar esse fato. Uma tal informação ou publicação poderá entretanto, conter apenas as seguintes indicações: identificação da Repartição receptora, nome do depositante, data do depósito internacional, número do pedido internacional e título da invenção.

c) A alínea *a)* não poderá impedir que uma Repartição designada permita às autoridades judiciárias acesso ao pedido internacional.

3) O parágrafo 2)a) aplica-se a qualquer Repartição receptora, exceto quanto às transmissões previstas no artigo 12.1).

4) Do ponto de vista do presente artigo, a expressão "acesso" inclui qualquer meio através do qual terceiros possam tomar conhecimento e inclui, pois, a comunicação individual e a publicação geral; entretanto, nenhuma Repartição nacional poderá publicar um pedido internacional ou sua tradução antes da publicação internacional ou antes expirado um prazo de vinte meses a contar da data de prioridade, caso a publicação internacional não ocorra quando da expiração desse prazo.

CAPÍTULO II - EXAME PRELIMINAR INTERNACIONAL

Artigo 31 - Pedido de exame preliminar internacional

1) A pedido do depositante, o pedido internacional constituirá o objeto de um exame preliminar internacional de acordo com as disposições seguintes e o Regulamento de execução.

2)a) Qualquer depositante que, do ponto de vista do Regulamento de execução, esteja domiciliado em um Estado contratante obrigado pelo Capítulo II ou for um nacional de um tal Estado e cujo pedido internacional haja sido depositado na Repartição receptora desse Estado ou agindo em nome desse Estado, poderá apresentar um pedido de exame preliminar internacional.

b) A Assembléia poderá decidir permitir às pessoas autorizadas a depositar pedidos internacionais à apresentar pedidos de exame preliminar internacional mesmo que elas sejam domiciliadas em um Estado não-contratante ou não-obrigado pelo Capítulo II ou que possuam a nacionalidade de um tal Estado.

3) O pedido de exame preliminar internacional deverá ser feito independentemente do pedido internacional. Deverá conter as indicações prescritas e ser feito na língua e na forma prescritas.

4)a) O pedido de exame preliminar internacional deverá indicar aquele ou aqueles Estados contratantes em que o depositante pretende utilizar os resultados do exame preliminar internacional ("Estados eleitos"). Estados contratantes adicionais poderão ser eleitos posteriormente. As eleições não poderão visar senão os Estados contratantes já designados de acordo com o artigo 4.

b) Os depositantes enquadrados no parágrafo 2)a) poderão eleger qualquer Estado contratante obrigado pelo Capítulo II. Os depositantes enquadrados no parágrafo 2)b) não poderão eleger senão os Estados contratantes obrigados pelo Capítulo II que se tenham declarado disposto a serem eleitos por tais depositantes.

5) O pedido de exame preliminar internacional está sujeito ao pagamento das taxas prescritas dentro do prazo prescrito.

6)a) o pedido de exame preliminar internacional deverá ser apresentado à Administração competente encarregada do exame preliminar internacional mencionada no artigo 32.

b) Qualquer eleição posterior deverá ser submetida ao Escritório Internacional.

7) Cada Repartição eleita receberá notificação de sua eleição.

Artigo 32 - Administração encarregada do exame preliminar internacional

1) O exame preliminar internacional será efetuado pela Administração encarregada do exame preliminar internacional.

2) No caso dos pedidos de exame preliminar internacional a que se referem o artigo 31.2)a) e o artigo 31.2)b), a Repartição receptora ou a Assembléia, respectivamente, especificarão, de acordo com as disposições do acordo aplicável concluindo entre a Administração ou Administrações interessadas encarregadas do exame preliminar internacional e o Escritório Internacional, aquela ou aquelas das Administrações que serão competentes para proceder ao exame preliminar.

3) As disposições do artigo 16.3) aplicar-se-ão, *mutatis mutandis,* às Administrações encarregadas do exame preliminar internacional.

Artigo 33 - Exame preliminar internacional

1) O exame preliminar internacional tem por objeto formular uma opinião preliminar e sem compromisso sobre as questões de saber se a invenção cuja proteção é solicitada, parece ser nova, implicar uma atividade inventiva (não ser evidente) e ser suscetível de aplicação industrial.

2) Para fins do exame preliminar internacional, a invenção cuja proteção é solicitada é considerada como nova desde que não exista anterioridade no estado da técnica tal como é definida no Regulamento de execução.

3) Para fins do exame preliminar internacional, a invenção cuja proteção é solicitada é considerada como implicando uma atividade inventiva, desde que, levando-se em conta o estado da técnica tal como é definido no Regulamento de execução, ela não seja evidente, na data pertinente estabelecida, para um profissional do ramo.

4) Para fins do exame preliminar internacional à invenção cuja proteção é solicitada é considerada como suscetível de aplicação industrial desde que, de acordo com sua natureza, possa ser produzida ou utilizada (no sentido tecnológico) em toda espécie de indústria. O termo "indústria" deverá ser interpretado no seu sentido mais lato, como na Convenção de Paris para a Proteção da Propriedade Industrial.

5) Os critérios precedente não servem senão para fins do exame preliminar internacional. Qualquer Estado contratante poderá aplicar critérios adicionais ou diferentes a fim de decidir se, nesse Estado, a invenção pode ou não ser patenteada.

6) O exame preliminar internacional deverá levar em consideração todos os documentos citados no relatório de pesquisa internacional. Poderá levar em consideração todos os documentos adicionais que julgar pertinentes no caso em espécie.

Artigo 34 - Procedimento junto à Administração encarregada do exame preliminar Internacional

1) O procedimento junto à Administração encarregada do exame preliminar internacional é determinado pelo presente Tratado, pelo Regulamento de execução e pelo acordo que o Escritório Internacional concluir, de acordo com o presente Tratado e com o Regulamento de execução, com essa Administração.

2)a) O depositante tem o direito de se comunicar, verbalmente e por escrito, com a Administração encarregada do exame preliminar internacional.

b) O depositante tem o direito de modificar as reivindicações, a descrição e os desenhos, na forma estabelecida e dentro do prazo prescrito, antes do estabelecimento do relatório de exame preliminar internacional. As modificações não devem ir além da exposição da invenção constante do pedido internacional tal como foi depositado.

c) O depositante receberá da Administração encarregada do exame preliminar internacional pelo menos um aviso por escrito, a menos que a citada Administração julgue que todas as condições abaixo foram satisfeitas:

I) a invenção corresponde aos critérios fixados pelo artigo 33.1);

II) o pedido internacional preenche as condições do presente Tratado e do Regulamento de execução na medida em que são controladas pela citada Administração;

III) não se cogita de apresentar observações no sentido do artigo 35.2), última frase.

d) O depositante poderá responder ao aviso por escrito.

3)a) Se a Administração encarregada do exame preliminar internacional julgar que o pedido internacional não satisfaz a exigência de unidade da invenção tal como é definida no Regulamento de execução poderá solicitar ao depositante, à escolha deste último, quer que limite as reivindicações de modo a satisfazer essa exigência, quer que pague as taxas adicionais.

b) A legislação nacional de qualquer Estado eleito poderá prever, quando o depositante preferir limitar as reivindicações de acordo com a alínea a), que as partes do pedido internacional que, em conseqüência da limitação, não constituam objeto de um exame preliminar internacional sejam consideradas, no que diz respeito aos efeitos nesse Estado, como retiradas a menos que uma taxa especial seja paga pelo depositante à Repartição Nacional do dito Estado.

c) Se o depositante não atender à solicitação mencionada na alínea *a*) dentro do prazo estipulado, a Administração encarregada do exame preliminar internacional fará um relatório de exame preliminar sobre as partes do pedido internacional que dizem respeito ao que pareça constituir a invenção principal fornecendo indicações sobre esse particular no relatório. A legislação nacional de qualquer Estado eleito poderá prever, quando a Repartição nacional desse Estado julgar justificada a solicitação da Administração encarregada do exame preliminar internacional, que as partes do pedido internacional que não digam respeito à invenção principal sejam, no que concerne aos efeitos nesse Estado, consideradas como retiradas, a menos que uma taxa especial seja paga pelo depositante a essa Repartição.

4)a) Se a Administração encarregada do exame preliminar internacional julgar:

I) que o pedido internacional diz respeito a um objeto a respeito do qual não lhe compete, de acordo com o Regulamento de execução, efetuar um exame preliminar internacional e decidir no caso não proceder a esse exame, ou

II) que a descrição, as reivindicações ou os desenhos não são claros, ou que as reivindicações não se fundam de forma adequada na descrição, de maneira que possa ser formada uma opinião válida quanto à questão de novidade, da atividade inventiva (não-evidência) ou da aplicação industrial da invenção cuja proteção é solicitada, ela não abordará as questões mencionadas no artigo 33.1) e dará a conhecer ao depositante essa opinião e seus motivos.

b) Se qualquer uma das hipóteses mencionadas na alínea *a)* não ocorrer senão a respeito de certas reivindicações ou em relação a certas reivindicações, as disposições da citada alínea *a)* não se aplicarão senão a respeito dessas reivindicações.

Artigo 35 - Relatório de exame preliminar Internacional

1) O relatório de exame preliminar Internacional será estabelecido dentro do prazo e na forma prescritos.

2) O relatório de exame preliminar internacional não conterá nenhuma declaração respectiva à questão de saber se a invenção cuja proteção é solicitada faz ou parece fazer jus ou não a patente a respeito de uma legislação nacional qualquer. Declarará, ressalvado o parágrafo 3), em relação a cada reivindicação, se essa reivindicação parece corresponder aos critérios de novidades, atividade inventiva (não-evidência) e aplicação industrial, tal como esses critérios são definidos, para fins do exame preliminar internacional, no artigo 33.1) a 4). Essa declaração deverá ser acompanhada por uma citação dos documentos que apóiam a conclusão declarada e por todas explicações que se imponham no caso. A essa declaração deverão igualmente ser juntadas as demais observações previstas pelo Regulamento de execução.

3)a) Se a Administração encarregada do exame preliminar internacional julgar, na ocasião do fornecimento do relatório de exame preliminar internacional, que qualquer uma das hipóteses mencionadas no artigo 34.4)a) ocorreu, o relatório o consignará explicando os motivos. Não deverá conter qualquer declaração do tipo descrito no parágrafo 2).

b) Se qualquer uma das hipóteses mencionadas no artigo 34.4)b) ocorrer, o relatório de exame preliminar internacional conterá, a respeito das reivindicações em questão, a indicação prevista na alínea *a)* e, quanto às demais reivindicações, a declaração mencionada no parágrafo 2).

Artigo 36 - Transmissão, tradução e comunicação do relatório de exame preliminar internacional

1) O relatório de exame preliminar internacional será, juntamente com os anexos determinados, transmitido ao depositante e ao Escritório Internacional.

2)a) O relatório de exame preliminar internacional e seus anexos serão traduzidos nas línguas prescritas.

b) Todas as traduções do citado relatório serão preparadas pelo Escritório Internacional ou sob sua responsabilidade; todas as traduções de seus anexos serão preparadas pelo depositante.

3)a) O relatório de exame preliminar internacional, com sua tradução (tal qual ela for prescrita) e seus anexos (na língua original), será comunicado pelo Escritório Internacional a cada Repartição eleita.

b) A tradução prescrita para os anexos será transmitida, dentro do prazo prescrito, pelo depositante para as Repartições eleitas.

4) O artigo 20.3) aplica-se, *mutatis mutandis,* às cópias de todo documento citado no relatório de exame preliminar internacional e que não tenham sido citado no relatório de pesquisa internacional.

Artigo 37 - Retirada do pedido de exame preliminar internacional ou de eleições

1) O depositante poderá retirar todas ou parte das eleições.

2) Se a eleição de todos os Estados for retirada, considerar-se-á o pedido como retirado.

3)a) Toda retirada deverá ser notificada ao Escritório Internacional.

b) As Repartições eleitas interessadas e a Administração competente encarregada do exame preliminar internacional serão notificadas correspondentemente pelo Escritório Internacional.

4)a) Com ressalva da alínea *b*), a retirada do pedido de exame preliminar internacional ou da eleição de um Estado contratante, salvo disposição em contrário da legislação nacional do Estado em questão, será considerada como retirada do pedido internacional do que se refere a esse Estado.

b) A retirada do pedido de exame preliminar internacional ou da eleição não será considerada como retirada do pedido internacional se ela ocorrer antes da expiração do prazo aplicável segundo o artigo 22; todavia, todo Estado contratante poderá prever em sua legislação nacional que o acima exposto somente será válido, se a sua Repartição nacional receber, dentro desse prazo, cópia do pedido internacional, junto com uma tradução (como prescrito) e a taxa nacional.

Artigo 38 - Caráter confidencial do exame preliminar internacional

1) Salvo requerimento ou autorização do depositante, o Escritório Internacional e a Administração competente encarregada do exame preliminar internacional não poderão, em momento algum, permitir a qualquer pessoa ou administração - com exceção das Repartições eleitas, depois do estabelecimento do relatório de exame preliminar internacional - acesso, nos termos e sentido do artigo 30.4), ao dossiê do exame preliminar internacional.

2) Com ressalva do parágrafo 1) e dos artigos 36.1) e 3) e 37.3)b), o Escritório Internacional e a Administração competente encarregada do exame preliminar internacional não poderão dar, salvo requerimento ou autorização do depositante, qualquer informação relativa à expedição ou não-expedição de um relatório de exame preliminar internacional e retirada ou não-retirada do pedido de exame preliminar internacional, ou de qualquer eleição.

Artigo 39 - Cópias, traduções e taxas para as Repartições eleitas

1)a) Se a eleição de um Estado contratante for realizada antes da expiração do décimo nono mês a contar da data de prioridade, o artigo 22 não se aplicará a esse Estado; o depositante remeterá a cada Repartição eleita uma cópia do pedido internacional (exceto se a comunicação a que se refere o artigo 20 já houver sido feita) e uma tradução (tal como for prescrito) desse pedido e lhe pagará (se for o caso) a taxa nacional, o mais tardar ao expirar um prazo de vinte e cinco meses contados da data de prioridade.

b) Qualquer legislação nacional poderá, a fim de executar os atos a que se refere a alínea *a*), fixar prazos que expirem depois daquele que figura na citada alínea.

2) Os efeitos previstos no artigo 11.3) cessarão no Estado eleito com as mesmas consequências que as que decorrem da retirada de um pedido nacional nesse Estado, se o depositante deixar de executar os atos a que se refere o parágrafo 1)a) dentro do prazo aplicável de acordo com o parágrafo 1)a) ou b).

3) Qualquer Repartição eleita poderá manter os efeitos previstos no artigo 11.3) mesmo quando o depositante não preenche as condições previstas no parágrafo 1)a) ou b).

Artigo 40 - Suspensão do exame nacional e dos demais processos

1) Se a eleição de um Estado contratante for efetuada antes de expirado o décimo nono mês a contar da data de prioridade, o artigo 23 não se aplicará a esse Estado e sua repartição nacional ou qualquer Repartição agindo em nome desse Estado não efetuará o exame e não iniciará qualquer outro processo relativo ao pedido internacional, com ressalva do parágrafo 2), antes de expirado o prazo aplicável de acordo com o artigo 39.

2) Não obstante as disposições do parágrafo 1), qualquer repartição eleita, a pedido expresso do depositante, poderá proceder a qualquer época ao exame e iniciar qualquer outro processo referente ao pedido internacional.

Artigo 41 - Modificação das reivindicações, da descrição e dos desenhos - Nas Repartições eleitas

1) O depositante deverá ter oportunidade de modificar as reivindicações, a descrição e os desenhos, dentro do prazo previsto, em cada Repartição eleita. Nenhuma Repartição eleita poderá conceder patente, nem se recusar a concedê-la antes de expirado esse prazo, salvo autorização expressa do depositante.

2) As modificações não devem ir além da exposição da invenção que consta do pedido internacional, tal como foi depositado, salvo se a legislação nacional do Estado eleito o permitir expressamente.

3) As modificações deverão respeitar a legislação nacional do Estado eleito em tudo quanto não for disposto neste Tratado ou no Regulamento de execução.

4) Quando a Repartição eleita exigir uma tradução do pedido internacional, as modificações deverão ser feitas na mesma língua da tradução.

Artigo 42 - Resultado do exame nacional das Repartições eleitas

As Repartições eleitas que receberem o relatório de exame preliminar internacional não poderão exigir que o depositante lhes remeta cópias de documentos anexos ao exame relativo ao mesmo pedido internacional em qualquer outra Repartição eleita, ou que ele lhes remeta informações relativas ao conteúdo de tais documentos.

CAPÍTULO III - DISPOSIÇÕES GERAIS

Artigo 43 - Requerimento de certos títulos de proteção

O depositante poderá indicar, de acordo com o Regulamento de execução, que seu pedido internacional visa à concessão de um certificado de autor de invenção, de um certificado de utilidade ou de um modelo de utilidade e não à de uma patente, ou à concessão de uma patente ou certificado de adição, de um certificado de autor de invenção adicional ou de um certificado de utilidade adicional, em qualquer Estado designado ou eleito cuja legislação preveja a concessão de certificados de autor de invenção, de certificados de utilidade, de modelos de utilidade, de patentes ou certificados de adição, de certificados de autor de invenção adicionais ou de certificados de utilidade adicionais; os efeitos decorrentes dessa indicação serão determinados pela escolha efetuada pelo depositante. Para fins deste artigo e de qualquer regra que se lhe refira, o artigo 2.ii) não será aplicável.

Artigo 44 - Requerimento de dois títulos de proteção

A fim de que qualquer Estado designado ou eleito, cuja legislação permita que um pedido visando à concessão de uma patente ou qualquer um dos outros títulos de proteção mencionados no artigo 43 possa visar igualmente a um outro desses títulos de proteção, o depositante poderá indicar, de acordo com o Regulamento de execução, os dois títulos de proteção cuja concessão ele requer; os efeitos decorrentes serão determinados pelas indicações do depositante. Para fins deste artigo o artigo 2.ii) não será aplicável.

Artigo 45 - Tratados de patentes regionais

Qualquer tratado que disponha sobre a concessão de uma patente regional ("tratado de patente regional") e conceda a qualquer pessoa autorizada pelo artigo 9 a depositar pedidos internacionais, o direito de depositar pedidos visando à concessão de tais patentes, poderá estipular que os pedidos internacionais contendo a designação ou a eleição de um Estado signatário ao mesmo tempo do tratado de patente regional e do presente Tratado, sejam depositados com vistas à concessão de patentes regionais.

2) A legislação nacional de um tal Estado designado ou eleito poderá prever que qualquer designação ou eleição do citado Estado no pedido internacional seja considerada como indicação de que o depositante deseja obter uma patente regional de acordo com o tratado de patente regional.

Artigo 46 - Tradução incorreta do pedido internacional

Se, em virtude de uma tradução incorreta do pedido internacional, o alcance de uma patente concedida em decorrência desse pedido ultrapassar o alcance do pedido internacional em sua língua original, as autoridades competentes do Estado contratante considerado poderão limitar em conseqüência e de forma retroativa o alcance da patente e declarar que é nula na medida que seu alcance ultrapasse o do pedido internacional em sua língua original.

Artigo 47 - Prazos

1) O cálculo dos prazos previstos neste Tratado será determinado pelo Regulamento de execução.

2)a) Todos os prazos estabelecidos nos Capítulos I e II deste Tratado poderão, fora de qualquer revisão de acordo com o artigo 60, ser modificados por decisão dos Estados contratantes.

b) A decisão é tomada pela Assembléia ou por voto por correspondência e deverá ser unânime.

c) Os pormenores do processo serão estabelecidos pelo Regulamento de execução.

Artigo 48 - Atrasos na observância de certos prazos

1) Quando um prazo estabelecido por este Tratado ou pelo Regulamento de execução não for observado em virtude de interrupção dos serviços postais, de perda ou atraso inevitáveis do correio, esse prazo será considerado como observado nos casos previstos pelo Regulamento de execução e com a ressalva de que deverão ser preenchidas as condições de prova e outras condições prescritas pelo dito Regulamento.

2)a) Qualquer Estado contratante deverá, no que lhe diz respeito, desculpar por motivos permitidos por sua legislação nacional qualquer atraso na observância de um prazo.

b) Qualquer Estado contratante poderá, no que lhe diz respeito, desculpar por motivos outros que os mencionados na alínea *a)* qualquer atraso na observância de um prazo.

Artigo 49 - Direito de exercer junto a Administrações internacionais

Qualquer advogado, agente de patentes ou outra pessoa que tenha o direito de exercer junto à Repartição nacional em que o pedido internacional foi depositado, terá o direito de exercer, no que concerne a esse pedido, junto ao Escritório Internacional, à Administração competente encarregada da pesquisa internacional e à Administração competente encarregada do exame preliminar internacional.

CAPÍTULO IV - SERVIÇOS TÉCNICOS

Artigo 50 - Serviços de informação sobre patentes

1) O Escritório Internacional poderá fornecer serviços (neste artigo denominados "serviços de informação"), para o fornecimento de informações técnicas e outras informações pertinentes de que dispuser, à base de documentos publicados, principalmente de patentes e pedidos publicados.

2) O Escritório Internacional poderá fornecer esses serviços de informação quer diretamente, quer por intermédio de uma ou várias Administrações encarregadas da pesquisa internacional ou de outras instituições especializadas, nacionais ou internacionais, com as quais houver conseguido concluir acordos.

3) Os serviços de informação funcionarão de maneira a facilitar muito particularmente a aquisição, pelos Estados contratantes que sejam países em via de desenvolvimento, de conhecimentos técnicos e da tecnologia, inclusive o *know-how* publicado disponível.

4) Os serviços de informação poderão ser obtidos pelos governos dos Estados contratantes, por seus nacionais e pelas pessoas domiciliadas em seu território. A Assembléia poderá decidir ampliar esses serviços a outros interessados.

5)a) Qualquer serviço fornecido aos governos dos Estados contratantes deverá sê-lo pelo preço de custo; entretanto para os governos dos Estados contratantes que sejam países em desenvolvimento, o serviço será fornecido abaixo desse custo, caso a diferença possa ser coberta pelos benefícios realizados com a prestação de serviço a destinatários outros que os governos de Estados contratantes ou pelos meios mencionados no artigo 51.4).

b) O preço de custo a que se refere a alínea *a*) deverá ser interpretado como consistindo nas despesas acrescidas às que a Repartição nacional ou a Administração encarregada da pesquisa internacional tiverem de incorrer necessariamente para executar suas tarefas.

6) Os pormenores relativos à aplicação deste artigo serão regulamentados por decisões de Assembléia e, nos limites que esta fixar, pelos grupos de trabalho que ela vier a constituir para esse fim.

7) Se assim o julgar necessário, a Assembléia recomendará outras modalidades de financiamento para completar as já estabelecidas no parágrafo 5).

Artigo 51 - Assistência Técnica

1) A Assembléia instituirá um Comitê de Assistência Técnica (denominado no presente artigo "o Comitê").

2)a) Os membros do Comitê serão eleitos entre os Estados contratantes de modo a assegurar uma representação adequada dos países em via de desenvolvimento.

b) O Diretor-Geral convidará, por iniciativa própria ou a pedido do Comitê, representantes das organizações governamentais que se dediquem à assistência técnica aos países em via de desenvolvimento para tomar parte nos trabalhos do Comitê.

3)a) O Comitê será encarregado da organização e da supervisão da assistência técnica prestada aos Estados contratantes que sejam países em via de desenvolvimento, a fim de desenvolver seus sistemas de patentes, quer no nível nacional, quer no regional.

b) A assistência técnica compreenderá, entre outros, a formação de especialistas, o preparo de técnicos e o fornecimento de equipamentos para demonstração e operação.

4) Em vista do financiamento de projetos incluídos no âmbito deste artigo, o Escritório Internacional fará todo o possível para concluir acordos, de um lado, com organizações internacionais de financiamento e organizações intergovernamentais, particularmente com a Organização das Nações Unidas, as agências das Nações Unidas assim como com as instituições especializadas das Nações Unidas com competência em questões de assistência técnica, assim como, de outro lado, com os governos dos Estados beneficiários da assistência técnica.

5) Os pormenores relativos à aplicação do presente artigo serão regulamentados por decisões da Assembléia e, nos limites fixados por esta última, pelos grupos de trabalho que ela vier a instituir para esse fim.

Artigo 52 - Relações com outras disposições do Tratado

Nenhuma disposição deste Capítulo afetará as disposições financeiras contidas nos demais Capítulos deste Tratado. Essas disposições não se aplicam a este Capítulo nem à sua execução.

CAPÍTULO V - DISPOSIÇÕES ADMINISTRATIVAS

Artigo 53 - Assembléia

1)a) A Assembléia será constituída pelos Estados contratantes, ressalvado o artigo 57.8).

b) O governo de cada Estado contratante será representado por um delegado, que poderá ser assistido por suplentes, conselheiros e técnicos.

2)a) A Assembléia:

I) tratará de todas as questões referentes à manutenção e ao desenvolvimento da União e à aplicação deste Tratado;

II) desempenhará as funções que lhe forem expressamente designadas em outras disposições deste Tratado;

III) fornecerá ao Escritório Internacional diretrizes sobre o preparo das conferências de revisão;

IV) examinará e aprovará os relatórios e as atividades do Diretor-Geral relativos à União e lhe fornecerá diretrizes úteis sobre questões da competência da União;

V) examinará e aprovará os relatórios e as atividades do Comitê Executivo constituído de acordo com o parágrafo 9) e lhe fornecerá diretrizes;

VI) decidirá sobre o programa, adotará o orçamento trienal da União e aprovará suas contas de encerramento;

VII) adotará o regulamento financeiro da União;

VIII) criará os comitês e grupos de trabalho que julgar úteis à realização dos objetivos da União;

IX) decidirá quais Estados não-contratantes e, ressalvado o parágrafo 8), quais organizações intergovernamentais e internacionais não governamentais poderão ser admitidos às suas reuniões na qualidade de observadores;

X) empreenderá qualquer outra ação apropriada à consecução dos objetivos da União e executará quaisquer outras funções úteis no âmbito deste Tratado.

b) A respeito de questões que interessem igualmente outras Uniões administradas pela Organização, a Assembléia estatuirá depois de ouvido o Comitê de Coordenação da Organização.

3) Um delegado não poderá representar senão um único Estado e não poderá votar senão em nome deste.

4) Cada Estado contratante disporá de um voto.

5)a) A metade dos Estados contratantes constituirá *quorum*.

b) Se esse *quorum* não for atingido, a Assembléia poderá decidir; entretanto, tais decisões, com exceção daquelas que dizem respeito a seu procedimento, não se tornarão executórias a menos que o *quorum* e a maioria requerida sejam atingidos por meio do voto por correspondência previsto no Regulamento de execução.

6)a) Com ressalva dos artigos 47.2)b), 58.2)b), 58.3) e 61.2)b), as decisões da Assembléia serão tomadas com uma maioria de dois terços dos votos expressos.

b) A abstenção não será considerada como um voto.

7) Caso se trate de questões do interesse exclusivo dos Estados que incorrem nas disposições do Capítulo II, qualquer referência aos Estados contratantes que figurem nos parágrafos 4), 5) e 6) será considerada como aplicável unicamente aos Estados configurados no Capítulo II.

8) Qualquer organização intergovernamental nomeada como Administração encarregada da pesquisa internacional ou como Administração encarregada do exame preliminar internacional será admitida como observadora nas reuniões da Assembléia.

9) Quando o número de Estados contratantes ultrapassar quarenta, a Assembléia estabelecerá um Comitê Executivo. Qualquer referência feita ao Comitê Executivo no presente Tratado ou no Regulamento de execução indicará a época em que esse Comitê foi estabelecido.

10) Enquanto não for estabelecido o Comitê Executivo, a Assembléia se pronunciará, nos limites do programa e do orçamento trienal, sobre os programas e orçamentos anuais preparados pelo Diretor-Geral.

11)a) Enquanto não for estabelecido o Comitê Executivo, a Assembléia se reunirá uma vez por ano em sessão ordinária, por convocação do Diretor-Geral e, salvo em casos excepcionais, durante o mesmo período e no mesmo local que o Comitê de Coordenação da Organização.

b) Depois do estabelecimento do Comitê Executivo, a Assembléia se reunirá uma vez a cada três anos em sessão ordinária, por convocação do Diretor-Geral e, salvo em casos excepcionais, durante o mesmo período e no mesmo local que a Assembléia Geral da Organização.

c) A Assembléia se reunirá em sessão extraordinária por convocação expedida pelo Diretor-Geral, a pedido do Comitê Executivo ou a pedido de um quarto dos Estados contratantes.

12) A Assembléia adotará seu regulamento interno.

Artigo 54 - Comitê Executivo

1) Depois que a Assembléia houver estabelecido um Comitê Executivo, o mesmo ficará sujeito às seguintes disposições;

2)a) Ressalvado o artigo 57.8), o Comitê será constituído pelos Estados eleitos pela Assembléia dentre os Estados membros desta última.

b) O governo de cada Estado membro do Comitê Executivo será representado por um delegado, que poderá ser assistido por suplentes, conselheiros e técnicos.

3) O número dos Estados membros do Comitê Executivo corresponderá a um quarto do número dos Estados membros da Assembléia. No cálculo dos assentos a serem estabelecidos, o saldo restante após a divisão por quatro não será levado em consideração.

4) Na ocasião da eleição dos membros do Comitê Executivo a Assembléia levará em consideração uma repartição geográfica eqüitativa.

5)a) Os membros do Comitê Executivo permanecerão em seus postos a partir do encerramento da sessão da Assembléia durante a qual foram eleitos até o fim da sessão ordinária seguinte da Assembléia.

b) Os membros do Comitê Executivo serão reelegíveis num limite máximo de dois terços deles.

c) A Assembléia regulamentará as modalidades da eleição e da reeleição eventual dos membros do Comitê Executivo.

6)a) O Comitê Executivo:

I) preparará o projeto de ordem do dia da Assembléia;

II) submeterá à Assembléia propostas relativas aos projetos de programa e de orçamento trienal da União preparados pelo Diretor-Geral;

III) pronunciar-se-á, dentro dos limites do programa e do orçamento trienal, sobre os programas e orçamentos anuais preparados pelo Diretor-Geral;

IV) submeterá à Assembléia, com os comentários apropriados, os relatórios periódicos do Diretor-Geral e os relatórios anuais de exames de contas;

V) tomará todas as medidas úteis necessárias à execução do programa da União pelo Diretor-Geral, de acordo com as decisões da Assembléia, levando em conta as circunstâncias surgidas entre duas sessões ordinárias da dita Assembléia;

VI) executará todas as demais tarefas que lhe forem atribuídas no âmbito deste Tratado.

b) Sobre as questões que interessem igualmente outras uniões administradas pela Organização, o Comitê Executivo estatuirá depois de ouvido o Comitê de Coordenação da Organização.

7)a) O comitê Executivo reunir-se-á uma vez por ano em sessão ordinária, por convocação do Diretor-Geral, tanto quanto possível durante o mesmo período e no mesmo local que o Comitê de Coordenação da Organização.

b) O comitê Executivo reunir-se-á em sessão extraordinária, por convocação expedida pelo Diretor-Geral, quer por iniciativa deste último, quer a pedido de seu presidente ou de um quarto de seus membros.

8)a) Cada Estado membro do Comitê Executivo disporá de um voto.

b) A metade dos Estados membros do Comitê Executivo constituirá *quorum*.

c) As decisões serão tomadas por maioria simples dos votos expressos.

d) A abstenção não será considerada como um voto.

e) Um delegado não poderá representar senão um único Estado e não poderá votar senão em nome do mesmo.

9) Os Estados contratantes que não forem membros do Comitê Executivo serão admitidos a suas reuniões na qualidade de observadores, assim como qualquer organização intergovernamental nomeada como Administração encarregada da pesquisa internacional ou como Administração encarregada do exame preliminar internacional.

10) O Comitê Executivo adotará seu regulamento interno.

Artigo 55 - Escritório Internacional

1) As Tarefas administrativas que competem à União serão desempenhadas pelo Escritório Internacional.

2) O Escritório Internacional determinará o secretariado dos diversos órgãos da União.

3) O Diretor-Geral será o mais alto funcionário da União e seu representante.

4) O Escritório Internacional publicará uma Gazeta e outras publicações previstas pelo Regulamento de execução ou pela Assembléia.

5) O Regulamento de execução discriminará os serviços que as Repartições nacionais deverão prestar a fim de prestar assistência ao Escritório Internacional, às Administrações encarregadas da pesquisa internacional e às Administrações encarregadas do exame preliminar internacional na execução das tarefas determinadas por este Tratado.

6) O Diretor-Geral e qualquer membro do quadro de pessoal que ele designar, tomarão parte, sem direito a voto, em todas as reuniões da Assembléia, do Comitê Executivo e de qualquer outro comitê ou grupo de trabalho criado em função deste Tratado ou do Regulamento de execução. O Diretor-Geral, ou um membro do quadro de pessoal que ele designar, será, por direito de ofício, secretário desses órgãos.

7)a) O Escritório Internacional preparará as conferências de revisão de acordo com as diretrizes da Assembléia e em cooperação com o Comitê Executivo.

b) O Escritório Internacional poderá consultar organizações intergovernamentais e internacionais não governamentais sobre o preparo das conferências de revisão.

c) O Diretor-Geral e as pessoas por ele designadas, tomarão parte, sem direito a voto, nas deliberações das conferências de revisão.

8) O Escritório Internacional executará todas as demais tarefas que lhe forem atribuídas.

Artigo 56 - Comitê de Cooperação Técnica

1) A Assembléia estabelecerá um Comitê de Cooperação Técnica (denominado neste artigo "o Comitê").

2)a) A Assembléia determinará a composição do Comitê e lhe nomeará os membros, levando em conta uma representação eqüitativa dos países em via de desenvolvimento.

b) As Administrações encarregadas da pesquisa internacional ou do exame preliminar internacional serão membros *ex officio* do Comitê. Quando uma tal Administração for a Repartição nacional de um Estado contratante, este não poderá ter outro representante no Comitê.

c) Se o número dos Estados contratantes o permitir, o número total dos membros do Comitê será superior ao dobro do número dos membros *ex officio.*

d) O Diretor-Geral, por iniciativa própria ou a pedido do Comitê, convidará representantes das organizações interessadas em participarem das discussões que lhes parecerem importantes;

3) O comitê tem por fim contribuir, por meio de avisos e recomendações:

I) para melhorar constantemente os serviços previstos por este Tratado;

II) para obter, tendo em vista a existência de várias administrações encarregadas da pesquisa internacional e de várias Administrações encarregadas do exame preliminar internacional, que sua documentação e seus métodos de trabalho sejam tão uniformes quanto possível e que seus relatórios sejam uniformemente da melhor qualidade possível;

III) a convite da Assembléia ou do Comitê Executivo, para resolver os problemas técnicos especialmente apresentados pela instituição de uma única Administração encarregada da pesquisa internacional.

4) Qualquer Estado contratante e qualquer organização internacional interessada poderão incumbir o Comitê, por escrito, de questões de sua competência.

5) O Comitê poderá remeter seus avisos e suas recomendações ao Diretor-Geral ou por intermédio deste último, à Assembléia, ao Comitê Executivo, a todas as Administrações encarregadas da pesquisa internacional ou do exame preliminar internacional ou a algumas delas e a todas as Repartições receptoras ou a algumas delas.

6)a) O Diretor-Geral remeterá sempre ao Comitê Executivo o texto de todos os avisos e recomendações do Comitê. Poderá juntar aos mesmos seus comentários.

b) O Comitê Executivo poderá expressar suas opiniões a respeito de qualquer aviso ou recomendação ou a respeito de qualquer outra atividade do Comitê e poderá solicitar a este último que estude questões de sua competência e a apresentar um relatório sobre as mesmas. O Comitê Executivo poderá submeter à Assembléia, com comentários apropriados, os avisos, recomendações e relatórios do Comitê.

7) Enquanto não for estabelecido o Comitê Executivo, as referências ao mesmo, a que se refere o parágrafo 6) serão consideradas como referentes à Assembléia.

8) A Assembléia decidirá sobre os pormenores relativos ao procedimento do Comitê.

Artigo 57 - Finanças

1)a) A União terá um orçamento.

b) O orçamento da União compreenderá as receitas e as despesas próprias da União assim como sua contribuição para o orçamento das despesas comuns às Uniões administrativas pela Organização.

c) Serão consideradas como despesas comuns às Uniões as despesas que não forem atribuídas exclusivamente à União, mas também a uma ou várias outras Uniões administrativas pela Organização.

A parte da União nessas despesas comuns será proporcional ao interesse que tais despesas lhe apresentarem.

2) O orçamento da União será determinado, levando em conta as exigências de coordenação com os orçamentos das outras Uniões administrativas pela Organização.

3) Ressalvado o parágrafo 5), o orçamento da União será financiado pelos seguintes recursos:

I) as taxas e quantias devidas pelos serviços prestados pelo Escritório Internacional à conta da União;

II) o produto da venda das publicações do Escritório Internacional a respeito da União e os direitos tocantes a essas publicações;

III) as doações, os legados e as subvenções;

IV) os aluguéis, juros e rendimentos diversos.

4) O montante das taxas e quantias devidas ao Escritório Internacional assim como o preço de venda de suas publicações, serão fixados de modo a cobrir normalmente todas as despesas causadas ao Escritório Internacional pela administração deste Tratado.

5)a) Caso um exercício orçamentário seja encerrado com *déficit*, os Estados membros, ressalvadas as alíneas *b*) e *c*), fornecerão contribuições para cobrir esse *déficit*.

b) A Assembléia determinará a contribuição de cada Estado contratante, levando na devida conta o número de pedidos internacionais remetidos por cada um deles no decorrer do ano em questão.

c) Se o *déficit* puder ser coberto provisoriamente no todo ou em parte ou por outros meios, a Assembléia poderá resolver comunicá-los e não solicitar contribuições aos Estados contratantes.

d) Se a situação financeira da União o permitir, a Assembléia poderá decidir que todas as contribuições feitas de acordo com a alínea *a*) sejam reembolsadas aos Estados contratantes que as tiverem feito.

e) Se algum Estado contratante não houver fornecido sua contribuição conforme a alínea *b*) dentro de um prazo de dois anos contados da data em que foi exigida por decisão da Assembléia, não poderá exercer seu direito de voto em nenhum dos órgãos da União. Entretanto, qualquer órgão da União poderá autorizar um tal Estado a conservar o exercício de seu direito de voto dentro do dito órgão enquanto este último julgar que o atraso for decorrente de circunstâncias excepcionais e inevitáveis.

6) No caso de o orçamento não ser adotado antes do início de um novo exercício, o orçamento do ano precedente será renovado de acordo com as modalidades previstas pelo regulamento financeiro.

7)a) A União possuirá um fundo rotativo constituído por um único depósito efetuado por cada Estado contratante. Se o fundo vier a ser deficiente, a Assembléia tomará as medidas necessárias a seu preenchimento. Se uma parte desse fundo não for mais necessária, será reembolsada aos Estados contratantes.

b) O montante do depósito inicial de cada Estado contratante no fundo citado acima, ou de sua participação no seu aumento será fixado pela Assembléia de acordo com princípios semelhantes aos previstos no parágrafo 5)b).

c) As modalidades do depósito serão determinadas pela Assembléia por proposta do Diretor- Geral e depois de consultado o Comitê de Coordenação da Organização.

d) Todos os depósitos serão proporcionais aos montantes depositados por cada Estado contratante, levando-se em conta as datas desses depósitos.

8)a) O acordo de sede concluído com o Estado no território do qual a Organização tem sua sede prevê que, se o fundo rotativo for insuficiente, esse Estado concederá adiantamentos. O montante desses adiantamentos e as condições em que os mesmos são concedidos serão objeto, em cada caso, de acordos separados entre o Estado em causa e a Organização. Enquanto estiver comprometido a conceder adiantamentos esse Estado disporá, *ex officio* de um assento na Assembléia e no Comitê Executivo.

b) O Estado a que se refere a alínea *a*) e a Organização, terão, cada qual, direito de declarar o compromisso de conceder adiantamentos por meio de aviso escrito. A declaração terá efeito três anos após o fim do ano durante o qual ela foi notificada.

9) O exame das contas será determinado, de acordo com as modalidades previstas pelo regulamento financeiro, por um ou vários Estados contratantes ou por fiscais externos. Serão, com o seu consentimento, designados pela Assembléia.

Artigo 58 - Regulamento de execução

1) O Regulamento de execução, anexo ao presente Tratado, contém regras relativas:

I) a questões a respeito das quais o presente Tratado reporta expressamente ao Regulamento de execução ou estabelece expressamente que constituam ou constituirão objeto de prescrições;

II) a qualquer requisito, assunto ou procedimento de ordem administrativa;

III) a qualquer pormenor útil à execução das disposições deste Tratado.

2)a) A Assembléia poderá modificar o Regulamento de execução.

b) Ressalvado o parágrafo 3), as modificações exigirão a maioria de três quartos dos votos expressos.

3)a) O Regulamento de execução especificará as regras que só poderão ser modificadas:

I) por decisão unânime, ou

II) se não houver surgido qualquer desacordo quer de parte de um dos Estados contratantes cuja Repartição nacional funcione como Administração encarregada da pesquisa internacional ou do exame preliminar internacional, quer, quando uma tal Administração for uma organização intergovernamental, de parte do Estado contratante membro dessa organização com mandato dos demais Estados membros reunidos no organismo competente dessa organização, especificamente para esse fim.

b) A fim de que qualquer uma dessas regras possa ser eximida no futuro das exigências determinadas, será necessário que as condições estabelecidas na alínea *a*)I) ou *a*)II) tenham sido preenchidas.

c) A fim de que qualquer regra possa ser incluída no futuro em que uma ou outra das categorias mencionadas na alínea *a*), será necessário um consentimento unânime.

4) O Regulamento de execução determinará que o Direto-Geral baixe Instruções Administrativas sob o controle da Assembléia.

5) Em caso de discrepância entre o texto do Tratado e do Regulamento de execução, prevalecerá o primeiro.

CAPÍTULO VI - DIVERGÊNCIAS

Artigo 59 - Divergências

Ressalvado o artigo 64.5) qualquer divergência entre dois ou mais Estados contratantes a respeito da interpretação ou a aplicação do presente Tratado e do Regulamento de execução que não seja resolvida por meio de negociação, poderá ser levada por qualquer um dos Estados em causa à Corte Internacional de Justiça por meio de petição, de acordo com os Estatutos da Corte, a menos que os Estados em causa concordem com outra forma de solução. O Escritório Internacional será notificado pelo Estado contratante requerente da divergência submetida à Corte, assim informando os demais Estados contratantes.

CAPÍTULO VII - REVISÃO E MODIFICAÇÕES

Artigo 60 - Revisão do Tratado

1) O presente Tratado poderá sofrer revisões periódicas, por meio de conferências especiais dos Estados contratantes.

2) A convocação de uma conferência de revisão será decidida pela Assembléia.

3) Qualquer organização intergovernamental nomeada como Administração encarregada da pesquisa internacional ou como Administração encarregada do exame preliminar internacional será admitida a qualquer conferência de revisão na quantidade de observadora.

4) Os artigos 53.5), 9) e 11), 54, 55.4) a 8), 56 e 57 poderão ser modificados quer por uma conferência de revisão, quer de acordo com as disposições do artigo 61.

Artigo 61 - Modificações de certas disposições do Tratado

1)a) Propostas de modificação dos artigos 53.5), 9) e 11), 54, 55.4) a 8), 56 e 57 poderão ser apresentadas por qualquer Estado membro da Assembléia, pelo Comitê Executivo ou pelo Diretor-Geral.

b) Essas propostas serão comunicadas pelo Diretor-Geral aos Estados contratantes, pelo menos seis meses antes de serem submetidas ao exame da Assembléia.

2)a) Qualquer modificação dos artigos a que se refere o parágrafo 1), será adotada pela Assembléia.

b) A adoção requererá três quartos dos votos expressos.

3)a) Qualquer modificação dos artigos a que se refere o parágrafo 1) entrará em vigor um mês depois de recebidas pelo Diretor-Geral as notificações por escrito de aceitação, decidida de acordo com os respectivos regulamentos constitucionais, por parte de três quartos dos Estados que eram membros da Assembléia na ocasião em que a modificação foi adotada.

b) Qualquer modificação desses artigos assim aceita obriga todos os Estados que forem membros da Assembléia na ocasião em que a modificação entrar em vigor, ficando entendido que qualquer modificação que aumente as obrigações financeiras dos Estados contratantes não obriga senão aqueles dentre eles que comunicaram sua aceitação da dita modificação.

c) Qualquer modificação aceita de acordo com a alínea *a)* obriga todos os Estados que se tornarem membros da Assembléia depois da data em que a modificação entrou em vigor, de acordo com a alínea *a)*.

CAPÍTULO VIII - DISPOSIÇÕES FINAIS

Artigo 62 - Modalidades segundo as quais os Estados poderão participar do Tratado

1) Qualquer Estado membro da União Internacional para Proteção da Propriedade Industrial poderá participar do presente Tratado por meio de:

I) Sua assinatura seguida do depósito de um instrumento de ratificação, ou

II) O depósito de um instrumento de adesão.

2) Os instrumentos de ratificação ou adesão serão depositados junto ao Diretor-Geral.

3) As disposições do artigo 24 do Ato de Estocolmo da Convenção de Paris para Proteção da Propriedade Industrial aplicar-se-ão ao presente Tratado.

4) O parágrafo 3) não poderá, em caso algum, ser interpretado como implicando o reconhecimento ou a aceitação tácita por qualquer dos Estados contratantes da situação de fato de qualquer território ao qual o presente Tratado se tenha tornado aplicável por um outro Estado contratante em virtude do citado parágrafo.

Artigo 63 - Entrada em vigor do Tratado

1)a) Ressalvadas as disposições do parágrafo 3), o presente Tratado entrará em vigor três meses depois que oito Estados hajam depositado seus instrumentos de ratificação ou de adesão, contanto, porém, que pelo menos quatro desses Estados preencham uma das condições seguintes:

I) o número dos pedidos depositados no Estado em causa seja superior a quarenta mil, de acordo com as estatísticas anuais mais recentes publicadas pelo Escritório Internacional;

II) os nacionais do Estado em causa ou as pessoas nele domiciliadas, conforme as estatísticas anuais mais recentes publicadas pelo Escritório Internacional, hajam depositado em um país estrangeiro, pelo menos mil pedidos;

III) a Repartição nacional do Estado em causa haja recebido de nacionais de países estrangeiros ou de pessoas domiciliadas em tais países, conforme as estatísticas anuais mais recentes publicadas pelo escritório Internacional, pelo menos dez mil pedidos.

b) Para os fins desta alínea, a expressão "pedidos" não engloba os pedidos de modelos de utilidade.

2) Ressalvado o parágrafo 3), qualquer Estado que não participar deste Tratado na ocasião da entrada em vigor como o preceitua o parágrafo 1) estará obrigado por este Tratado três meses depois da data em que ele houve depositado seu instrumento de ratificação ou de adesão.

3) As disposições do Capítulo II e das regras correspondentes do Regulamento de execução anexo ao presente Tratado não são todavia aplicáveis senão na data em que três Estados que hajam preenchido pelo menos uma das condições enumeradas no parágrafo 1) tenham se tornado participantes deste Tratado, sem declarar, em obediência ao artigo 64.1), que não se consideram obrigados pelas disposições do Capítulo II. Essa data entretanto não poderá ser anterior à da entrada em vigor inicial, de acordo com o parágrafo 1).

Artigo 64 - Ressalvas

1)a) Qualquer Estado poderá declarar não se considerar obrigado pelas disposições do Capítulo II.

b) Os Estados que fizerem uma declaração segundo a alínea *a*), não serão obrigados pelas disposições do Capítulo II e pelas disposições correspondentes do Regulamento de execução.

2)a) Qualquer Estado que não houver feito uma declaração segundo o parágrafo 1)a) poderá declarar que:

I) não está obrigado pelas disposições do artigo 39.1) relativo à remessa de uma cópia do pedido internacional e de uma tradução (tal como é prescrita) deste último;

II) a obrigação de suspender o processo nacional a que se refere o artigo 40 não impede a publicação, por sua Repartição nacional ou por intermédio desta última, do pedido internacional ou de uma tradução do mesmo, ficando, entretanto, entendido que esse Estado não estará dispensado das obrigações previstas nos artigos 30 e 38.

b) Os Estados que fizerem uma tal declaração não ficam obrigados senão em conseqüência da mesma.

3)a) Qualquer Estado poderá declarar que, no que lhe diz respeito, a publicação internacional de pedidos internacionais não é obrigatória.

b) Quando, depois de expirado um prazo de dezoito meses contados da data de prioridade, o pedido internacional não contiver senão a designação de Estados que fizeram declarações de acordo com a alínea *a*), o pedido internacional não será publicado conforme o artigo 21.2).

c) No caso de aplicação das disposições da alínea *b*), o pedido internacional será, entretanto, publicado pelo Escritório Internacional:

I) a pedido do depositante: de acordo com o Regulamento de execução;

II) quando um pedido nacional ou uma patente baseada no pedido internacional forem publicados pela Repartição nacional de todo Estado designado que tenha feito uma declaração de acordo com a alínea *a*) ou em nome dessa Repartição, dentro de breve prazo depois dessa publicação, nunca porém antes de dezoito meses depois da data de prioridade.

4)a) Qualquer Estado cuja legislação nacional reconheça a suas patentes qualquer efeito sobre o estado da técnica a contar de uma data anterior à da publicação, mas não assimile, para os fins do estado da técnica, a data de prioridade reivindicada de acordo com a Convenção de Paris para Proteção da Propriedade Industrial na data do depósito efetivo nesse Estado, poderá declarar que o depósito, fora de seu território, de um pedido internacional que o designe não será assimilado a um depósito efetivo em seu território para fins do estado da técnica.

b) Qualquer Estado que tenha feito a declaração a que se refere a alínea *a*) não será, dentro deste limite, obrigado pelo artigo 11.3).

c) Qualquer Estado que tenha feito a declaração mencionada na alínea *a*) deverá, ao mesmo tempo, declarar por escrito a data a partir da qual e as condições em que o efeito sobre o estado da técnica de qualquer pedido internacional que o designe se produzirá em seu território. Essa declaração poderá ser modificada a qualquer época por notificação endereçada ao Diretor- Geral.

5) Qualquer Estado poderá declarar que não se considera obrigado pelo artigo 59. No que diz respeito a qualquer divergência entre um Estado contratante que tenha feito uma tal declaração e qualquer outro Estado contratante, não serão aplicáveis as disposições do artigo 59.

6)a) Qualquer declaração feita de acordo com o presente artigo deverá ser por escrito. Poderá ser feita à época da assinatura do presente Tratado, na ocasião do depósito do instrumento de ratificação ou de adesão, ou, salvo no caso sobre o qual dispõe o parágrafo 5), posteriormente, a qualquer época, através de notificação endereçada ao Diretor-Geral. No caso da citada notificação, a declaração produzirá efeito seis meses após a data do recebimento da notificação pelo Diretor-Geral e não afetará os pedidos internacionais depositados antes de expirado esse período de seis meses.

b) Qualquer declaração feita de acordo com o presente artigo poderá ser retirada a qualquer época por notificação endereçada ao Diretor-Geral. Tal retirada tornar-se-á efetiva três meses depois da data do recebimento da notificação pelo Diretor-Geral e, quando se tratar da retirada de uma declaração segundo o dispõe o parágrafo 3), não afetará os pedidos internacionais depositados antes da expiração do prazo de três meses.

7) Nenhuma ressalva, além das autorizadas nos parágrafos 1) a 5), será admitida pelo presente Tratado.

Artigo 65 - Aplicação progressiva

1) Se o acordo concluído com uma Administração encarregada da pesquisa internacional ou do exame preliminar internacional estipular, em caráter transitório, um limite do número ou do tipo de pedidos internacionais que essa Administração se comprometerá a processar, a Assembléia tomará as medidas necessárias à aplicação progressiva do presente Tratado e do Regulamento de execução a determinadas categorias de pedidos internacionais. Essa disposição aplica-se também aos pedidos de pesquisa de tipo internacional, de acordo com o artigo 15.5).

2) A Assembléia fixará as datas a partir das quais, ressalvado o parágrafo 1), os pedidos internacionais poderão ser depositados e os pedidos de exame preliminar internacional poderão ser apresentados. Essas datas não poderão ser posteriores ao sexto mês seguinte, segundo o caso, à entrada em vigor do presente Tratado, de acordo com as disposições do artigo 63.1), ou à aplicação do Capítulo II de acordo com o artigo 63.3).

Artigo 66 - Denúncia

1) Qualquer Estado contratante poderá denunciar o presente Tratado, por notificação endereçada ao Diretor-Geral.

2) A denúncia terá efeito seis meses depois da data do recebimento da notificação pelo Diretor-Geral. Essa denúncia não alterará os efeitos do pedido internacional no Estado que fizer a denúncia, se for feita antes de expirado o período de seis meses, em que foi feito o depósito do pedido e em que, se o Estado em causa foi feito eleito, a eleição foi efetuada.

Artigo 67 - Assinatura e Línguas

1)a) O presente Tratado é assinado em uma única via original nas línguas francesa e inglesa, tendo os textos igual valor.

b) Textos oficiais serão determinados pelo Diretor-Geral depois de consultados os governos interessados, nas línguas alemã, espanhola, japonesa, portuguesa e russa, e nas outras línguas que a Assembléia venha a recomendar.

2) O presente Tratado estará à disposição para assinaturas até 31 de Dezembro de 1970.

Artigo 68 - Funções do depositário

1) A via original do presente Tratado, quando não estiver mais à disposição de assinaturas, será depositada junto ao Diretor-Geral.

2) O Diretor-Geral certificará o presente Tratado e transmitirá duas cópias do mesmo e do Regulamento de execução que lhe vai anexo aos governos de todos os Estados participantes da Convenção de Paris para Proteção da Propriedade Industrial e, a pedido, ao governo de qualquer outro Estado.

3) O Diretor-Geral mandará registrar o presente Tratado no Secretariado da Organização das Nações Unidas.

4) O Diretor-Geral certificará qualquer modificação do presente Tratado e do Regulamento de execução e transmitirá duas cópias das mesmas aos governos de todos os Estados contratantes e, a pedido, ao governo de qualquer outro Estado.

Artigo 69 - Notificações

O Diretor-Geral notificará aos governos de todos os Estados participantes da Convenção de Paris para Proteção da propriedade Industrial:

I) as assinaturas apostas de acordo com o artigo 62;

II) o depósito dos instrumentos de ratificação ou de adesão em acordo com o artigo 62;

III) a data da entrada em vigor do presente Tratado e a data a partir da qual o Capítulo II será aplicável de acordo com o artigo 63.3);

IV) as declarações feitas em virtude do artigo 64.1) a 5);

V) as retiradas feitas em virtude do artigo 64.6)b);

VI) as denúncias recebidas em obediência ao artigo 66;

VII) as declarações feitas em virtude do artigo 31.4).

REGULAMENTO DE EXECUÇÃO DO TRATADO DE COOPERAÇÃO EM MATÉRIA DE PATENTES

PARTE A - REGRAS INTRODUTÓRIAS

Regra 1 - Expressões abreviadas

1.1. Sentido das Expressões Abreviadas

a) No sentido que lhe empresta o presente Regulamento de execução, deve-se entender por "Tratado" o Tratado de Cooperação em Matéria de Patentes.

b) No sentido que lhe empresta o presente Regulamento de execução, as expressões "Capítulo" e "artigo" significam o capítulo ou o artigo indicado do Tratado.

Regra 2 - Interpretação de certas palavras

2.1. "Depositante"

Toda vez que a palavra "depositante" for utilizada, deverá ser compreendida como significando igualmente o mandatário ou outro representante do depositante, a menos que o contrário decorra claramente do teor ou da natureza da disposição ou do contexto em que tal palavra é utilizada, como é o caso, particularmente, quando a disposição se refere ao domicílio ou à nacionalidade do depositante.

2.2. "Mandatário"

Toda vez que a palavra "mandatário" for utilizada, deverá ser compreendida como significando toda pessoa autorizada a exercer, junto às administrações internacionais, da maneira definida pelo artigo 49; a menos que o contrário decorra claramente do teor ou da natureza da disposição ou do contexto em que tal palavra é utilizada, ela deverá ser compreendida como significando igualmente, o representante comum mencionado na regra 4.8.

2.3. "Assinatura"

Toda vez que a palavra "assinatura" for utilizada, deverá ficar compreendido que se a legislação nacional da Repartição receptora ou da Administração competente encarregada da pesquisa internacional ou do exame preliminar internacional exigir a utilização de um selo em lugar da assinatura, a palavra "assinatura" significa "selo" para todos os fins dessa Repartição ou Administração.

PARTE B - REGRAS RELATIVAS AO CAPÍTULO I DO TRATADO

Regra 3 - Requerimento (formulário)

3.1. Formulário impresso

O requerimento deverá ser feito em um formulário impresso.

3.2. Disponibilidade de formulários

Exemplares de formulários impressos serão fornecidos gratuitamente aos depositantes pelas Repartições receptoras ou se estas assim o desejarem pelo Escritório Internacional.

3.3. Lista de controle

a) O formulário impresso conterá uma lista de controle que, uma vez preenchida, revelará:

I) o número total de folhas que constituem o pedido internacional e o número das folhas de cada elemento desse pedido (requerimento, descrição, reivindicações, desenhos, resumo);

II) se ao pedido internacional, tal como foi depositado, foram juntado ou não uma procuração (isto é, um documento nomeando um mandatário ou um representante comum), um documento de prioridade, um recibo relativo a taxas pagas ou um cheque para pagamento de taxas, um relatório de pesquisa internacional ou um relatório de pesquisa do tipo internacional, um documento tendo por objeto provar que o depositante tem os direitos do inventor, assim como qualquer outro documento (a ser especificado na lista de controle);

III) o número da ilustração dos desenhos que o depositante propõe que acompanhe o resumo quando este for publicado na página de cobertura da brochura e na Gazeta; em casos excepcionais o depositante poderá propor a publicação de mais de uma ilustração.

b) A lista controle deverá ser preenchida pelo depositante, mas caso deixe de fazê-lo, a Repartição receptora a preencherá, ela própria, fazendo as anotações cabíveis; entretanto a Repartição receptora não inscreverá o número mencionado na alínea *a)*III).

3.4. Detalhes

Sob ressalva da regra 3.3, os detalhes do formulário impresso serão prescritos pelas Instruções Administrativas.

Regra 4 - Requerimento (conteúdo)

4.1. Conteúdo obrigatório e conteúdo facultativo: Assinatura

a) O requerimento deverá conter:

I) uma petição;

II) o título da invenção;

III) indicações relativas a depositante e, quando for o caso, ao mandatário;

IV) a designação de Estados;

V) indicações a respeito do inventor, quando a legislação nacional de pelo menos um Estado designado determinar que o nome do inventor seja fornecido ao ser depositado um pedido nacional.

b) O requerimento deverá conter quando for o caso:

I) uma reivindicação de prioridade;

II) uma referência a uma pesquisa internacional anterior ou a qualquer pesquisa anterior de tipo internacional;

III) uma seleção de certos tipos de proteção;

IV) indicação de que o depositante deseja obter uma patente regional e o nome dos Estados designados para os quais deseja obter uma tal patente;

V) uma referência a um pedido principal ou a uma patente principal.

c) O requerimento poderá conter indicações a respeito do inventor desde que a legislação nacional de nenhum Estado designado determine que o nome do inventor seja fornecido na ocasião do depósito de um pedido nacional.

d) O requerimento deverá ser assinado.

4.2. Petição

A petição deverá ser do teor e redigida de preferência como a seguir:

"O abaixo assinado solicita que o presente pedido internacional seja processado de acordo com o Tratado de Cooperação em Matéria de Patentes."

4.3. Título da invenção

O título da invenção deverá ser breve (conter de preferência de duas a sete palavras quando for elaborado em, ou traduzido para o inglês) e preciso.

4.4. Nomes e endereços

a) Os nomes das pessoas físicas deverão ser indicados pelos seus nomes e sobrenomes, estes últimos precedendo os primeiros.

b) Os nomes das pessoas jurídicas deverão ser indicados por suas designações oficiais completas.

c) Os endereços deverão ser indicados de acordo com as exigências usuais tendo em vista uma rápida entrega postal no endereço indicado e deverão sempre conter todas as unidades administrativas pertinentes, inclusive o número do prédio, caso exista um. Caso a legislação nacional do Estado designado não exija a indicação do número do prédio, o fato de não ser indicado esse número não terá efeito nesse Estado. É aconselhável mencionar o endereço telegráfico e de telex e o número de telefone quando os houver.

d) Apenas um endereço será necessário em relação a cada depositante, inventor ou mandatário.

4.5. Depositante

a) O requerimento deverá indicar o nome, o endereço, a nacionalidade e o domicílio do depositante ou, se houver vários depositantes, de cada um deles.

b) A nacionalidade do depositante deverá ser indicada pelo nome do Estado de que for natural.

c) O domicílio do depositante deverá ser indicado pelo nome do Estado em que tiver seu domicílio.

4.6. Inventor

a) Nos casos estipulados pela regra 4.1 a)V) o requerimento deverá indicar o nome e o endereço do inventor ou, caso haja vários inventores, de cada um deles.

b) Se o depositante for o inventor, em lugar da indicação mencionada na alínea *a*), o requerimento deverá conter uma declaração a esse respeito ou repetir o nome do depositante no espaço reservado à indicação do inventor.

c) Em relação a Estados designados diferentes, o requerimento poderá indicar pessoas diferentes, como inventores, quando as exigências das legislações nacionais desses Estados divergirem a esse respeito. Nesse caso, o requerimento deverá conter uma declaração separada para cada Estado designado ou para cada grupo de Estados designados em que uma determinada pessoa ou a mesma pessoa, deva ser considerada como sendo o inventor, ou ainda em que determinadas pessoas, ou as mesmas pessoas, devam ser consideradas como os inventores.

4.7. Mandatário

Se houver designação de mandatários, o requerimento deverá declará-lo e indicar o nome e o endereço dos mesmos.

4.8. Representação de vários depositantes sem mandatário comum

a) Se houver mais de um depositante e se o requerimento não indicar um mandatário como representante de todos os depositantes ("mandatário comum"), o requerimento deverá designar como representante comum a todos os depositantes, um dos depositantes autorizado a depositar um pedido internacional de acordo com o artigo 9.

b) Se houver mais de um depositante e se o requerimento não indicar um mandatário para representar todos os depositantes e não designar um dos depositantes, de acordo com a alínea *a)*, o depositante mencionado em primeiro lugar no requerimento como autorizado a depositar um pedido internacional, de acordo com o artigo 9, será considerado como o representante comum.

4.9. Designação de Estados

Os Estados contratantes deverão ser designados pelos seus nomes, no requerimento.

4.10. Reivindicação de Prioridade

a) A declaração mencionada no artigo 8.1) deverá ser feita no requerimento; consiste em uma declaração de reivindicação da prioridade de um pedido anterior e deverá indicar:

I) quando o pedido anterior não for um pedido regional ou internacional, o nome do país em que foi depositado; quando o pedido for um pedido regional ou internacional, o nome do país ou dos países para os quais houver sido depositado;

II) a data em que foi depositada;

III) o número do depósito; e

IV) quando o pedido anterior for um pedido regional ou internacional, a Repartição receptora ou a organização intergovernamental em que foi depositado.

b) Se o requerimento não indicar ao mesmo tempo:

I) o nome do país em que o pedido anterior foi depositado, quando este último não for um pedido regional ou internacional ou, for um pedido regional ou internacional, o nome de pelo menos um país em que foi depositado, e

II) a data do depósito, a reivindicação de prioridade, para os fins do processo, tal como estipulado pelo Tratado, será considerada como não havendo sido apresentada.

c) Se o número do pedido anterior não estiver indicado no pedido mas for comunicado pelo depositante ao Escritório Internacional antes de expirados 16 meses contados a partir da data de prioridade, esse número será considerado por todos os Estados designados como tendo sido comunicado em tempo hábil. Se for comunicado depois de expirado esse prazo, o Escritório Internacional informará ao depositante e às Repartições designadas a data em que esse número lhe foi comunicado. O Escritório Internacional indicará essa data na publicação internacional do pedido internacional ou, se esse número não lhe houver sido comunicado até a data dessa publicação, indicará tal fato na publicação internacional.

d) Se a data do depósito do pedido anterior, tal como consta do requerimento, for mais de um ano anterior à data do depósito internacional, a Repartição receptora ou, na falta desta, o Escritório Internacional solicitará ao depositante à requerer que o cancelamento da declaração apresentada em obediência ao artigo 8.1), quer, caso a data do pedido anterior haja sido indicada de forma errônea, a correção da data assim indicada. Se o depositante deixar de assim proceder dentro do prazo de um mês a contar da data da solicitação, a declaração feita em virtude da disposição do artigo 8.1) será cancelada *ex officio*. A Repartição receptora que efetuar a correção ou o cancelamento, disso notificará o depositante e, se já houverem sido remetidas cópias do pedido internacional para o Escritório Internacional e à Administração encarregada da pesquisa internacional, tal notificação será também feita ao dito Escritório e à dita Administração. Caso a correção ou o cancelamento seja feito pelo Escritório Internacional, este notificará de acordo ao depositante e à Administração encarregada da pesquisa internacional.

e) No caso de reivindicações de prioridade de vários pedidos anteriores, as alíneas *a*) a *d*) aplicar-se-ão a cada um deles.

4.11. Referência a uma pesquisa internacional anterior ou a uma pesquisa anterior de tipo internacional.

Se uma pesquisa internacional ou uma pesquisa de tipo internacional houver sido solicitada com base em um pedido nacional, de acordo com o artigo 15.5), o requerimento poderá indicar esse fato e identificar o pedido (ou sua tradução, conforme o caso), indicando seu país, sua data e seu número, e identificar esse pedido de pesquisa indicando sua data e, caso disponível, o seu número.

4.12. Seleção de certos tipos de proteção

a) Se o depositante desejar que o seu pedido internacional seja processado em qualquer Estado designado, não como um pedido de patente mas como um pedido de concessão de qualquer um dos demais tipos de proteção especificados no artigo 43, assim deverá especificar no requerimento. Para os fins desta alínea, o artigo 2.II) não será aplicável.

b) No caso previsto no artigo 44, o depositante deverá indicar os dois tipos de proteção desejados ou se for o caso, o tipo de proteção requerido em primeiro lugar e o requerido como subsidiário.

4.13. Identificação do pedido principal ou da patente principal

Se o depositante desejar que seu pedido internacional seja processado em qualquer Estado designado, como um pedido de patente ou certificado de adição, um certificado de autor de invenção adicional, ou um certificado de utilidade adicional, deverá identificar o pedido principal, a patente principal, o certificado de autor de invenção principal ou o certificado de utilidade principal ao qual, caso seja concedido, se referirá a patente ou o certificado de adição, o certificado de autor de invenção adicional ou o certificado de utilidade adicional. Para os fins da presente alínea, o artigo 2.II) não será aplicável.

4.14. "*Continuation*" ou "*Continuation in part*"

Se o depositante desejar que seu pedido internacional seja processado, em qualquer Estado designado, como um pedido de "*Continuation*" ou "*Continuation in part*" de um pedido anterior, deverá declará-lo no requerimento e identificar o pedido principal em causa.

4.15. Assinatura

O requerimento deverá ser assinado pelo depositante.

4.16. Transliteração ou tradução de certas palavras

a) Sempre que um nome ou um endereço não forem escritos em caracteres latinos, deverão ser igualmente reproduzidos, quer por transliteração, quer por tradução em inglês, em caracteres latinos. Caberá ao depositante decidir que palavras serão meramente transliteradas e quais as que serão traduzidas.

b) O nome de qualquer país que não for escrito em caracteres latinos, deverá ser também escrito em inglês.

4.17. Exclusão de indicações adicionais

a) O requerimento não deverá incluir qualquer indicação além daquelas especificadas nas regras 4.1 a 4.16.

b) Se o requerimento contiver indicações além daquelas especificadas nas regras 4.1 a 4.16, a Repartição receptora suprimirá *ex officio* as indicações adicionais.

Regra 5 – Descrição

5.1. Maneira de redigir a descrição

a) A descrição deverá inicialmente indicar o título da invenção tal como consta no requerimento, além de:

I) precisar o ramo técnico a que se refere a invenção;

II) indicar a técnica anterior que, no entender do depositante, possa ser considerada útil à compreensão, à pesquisa e ao exame da invenção e, de preferência, citar os documentos que reflitam a técnica anterior;

III) divulgar a invenção, tal como foi reivindicada, em termos que permitam a compreensão do problema técnico (mesmo que este não seja expressamente designado como tal) e de sua solução, e expor os efeitos vantajosos da invenção, caso os haja, em relação à técnica anterior;

IV) descrever brevemente as ilustrações contidas nos desenhos, caso as haja;

V) expor pelo menos a melhor maneira considerada pelo depositante de executar a invenção reivindicada; isto deverá ser feito por meio de exemplos, quando forem adequados, e de referências aos desenhos, quando os houver; caso a legislação nacional do Estado designado não exija uma exposição da melhor maneira de executar a invenção, mas se contente com a descrição de uma maneira qualquer de executá-la (seja essa maneira a melhor ou não que se possa considerar), o fato de não expor a melhor maneira considerada não terá efeito nesse Estado;

VI) indicar de maneira explícita, quando não resultar evidente da descrição ou da natureza da invenção, a maneira pela qual a invenção poderá ser explorada, produzida e utilizada pela indústria ou, se poder ser apenas utilizada, a maneira pela qual poderá sê-lo; a expressão "indústria" deverá ser considerada em seu sentido mais lato, como na Convenção de Paris para Proteção da Propriedade Industrial.

b) A maneira e a ordem especificadas na alínea *a)* deverão ser obedecidas a não ser que, em virtude da natureza da invenção, outra maneira e outra ordem diversas facultem melhor compreensão e uma apresentação mais econômica.

c) Ressalvada a alínea *b)* cada um dos elementos a que se refere a alínea *a)* deverá ser de preferência precedido por um título apropriado, de acordo com as recomendações constantes das Instruções Administrativas.

Regra 6 - Reivindicações

6.1. Número e numeração das reivindicações

a) O número das reivindicações deverá ser razoável, levando-se em conta a natureza da invenção reivindicada.

b) Caso haja várias reivindicações, estas deverão ser numeradas consecutivamente em algarismos árabes.

c) O sistema de numeração, no caso de emenda das reivindicações, será especificado nas Instruções Administrativas.

6.2. Referências a outras partes do pedido internacional

a) Exceto quando absolutamente necessário, as reivindicações não se deverão basear, no que diz respeito às características técnicas da invenção, em referência à descrição ou aos desenhos. Não se deverão basear, particularmente, em referências tais como: "como descrito na parte ... da descrição", ou "como representado pela ilustração ... dos desenhos".

b) Quando o pedido internacional contiver desenhos, as características técnicas mencionadas nas reivindicações deverão ser de preferência acompanhadas por sinais de referência pertinentes dos desenhos. Quando utilizados, os sinais de referência deverão ser preferivelmente colocados entre parênteses. Se os sinais de referência não facilitarem particularmente uma compreensão mais rápida da reivindicação, deverão ser omitidos. Os sinais de referências poderão ser retirados por uma Repartição designada, para efeito de publicação por essa Repartição.

6.3. Maneira de redigir as reivindicações

a) A definição da matéria para a qual é solicitada a proteção deverá ser feita em termos de características técnicas da invenção.

b) Sempre que for conveniente, as reivindicações deverão conter:

I) uma declaração indicando as características técnicas da invenção necessárias à definição da matéria reivindicada, mas que, em combinação, constituam parte do estado da técnica;

II) uma parte caracterizante - precedida pelas palavras "caracterizado em", "caracterizado por", ou "o aperfeiçoamento compreende", ou quaisquer outras palavras no mesmo teor - expondo de forma concisa as características técnicas que, juntamente com as características mencionadas em I), se desejar proteger.

c) Caso a legislação nacional do Estado designado não exija que as reivindicações sejam redigidas da forma prevista na alínea *b*), o fato de não estarem as reivindicações redigidas dessa maneira não terá efeito nesse Estado, desde que as reivindicações hajam sido redigidas de maneira conforme à legislação nacional desse Estado.

6.4. Reivindicações dependentes

a) Qualquer reivindicação que compreenda todas as características de uma ou de várias reivindicações (reivindicação de forma dependente, daqui por diante chamada de "reivindicação dependente") deverá conter uma referência, de preferência no princípio, a essa outra reivindicação ou a essas outras reivindicações, quando então deverá especificar as características adicionais reivindicadas. Qualquer reivindicação dependente que se referir a mais de uma outra reivindicação ("reivindicação dependente múltipla") só se referirá a essas reivindicações como uma alternativa. Reivindicações dependentes múltiplas não deverão servir de base a qualquer outra reivindicação dependente múltipla.

b) Qualquer reivindicação dependente deverá ser compreendida como incluindo todas as limitações contidas na reivindicação à qual ela se refere ou caso a reivindicação dependente seja uma reivindicação dependente múltipla, todas as limitações contidas na reivindicação particular a que se refere.

c) Todas as reivindicações dependentes que se referirem a uma reivindicação anterior única e todas as reivindicações dependentes que se referirem a várias reivindicações anteriores deverão se agrupadas tanto quanto, e de maneira mais prática possível.

6.5. Modelos de Utilidade

Qualquer Estado designado em que a concessão de um modelo de utilidade for requerida por um pedido internacional poderá aplicar, em lugar das regras 6.1 a 6.4, em relação aos assuntos a que estes se referem, as disposições de sua legislação nacional no que diz respeito a modelos de utilidade e assim que o processo do pedido internacional houver sido iniciado nesse Estado, desde que ao requerente seja concedido um prazo de pelo menos 2 meses a contar da expiração do prazo estipulado pelo artigo 22 para que adapte seu pedido às exigências das referidas disposições da legislação nacional.

Regra 7 - Desenhos

7.1. Gráficos das operações e diagramas

Os gráficos das operações e os diagramas serão considerados como desenhos.

7.2. Prazo

O prazo mencionado no artigo 7.2)II) deverá ser razoável levando-se em conta as circunstâncias do caso em espécie, não devendo nunca ser inferior a dois meses contados a partir da data do convite escrito a proceder ao depósito de desenhos ou desenhos adicionais, em obediência à disposição em questão.

Regra 8 - Resumo

8.1. Conteúdo e forma de resumo

a) O resumo deverá compreender:

I) um sumário da exposição tal como consta da descrição, das reivindicações e de todos os desenhos; o sumário deverá indicar o ramo técnico ao qual pertence a invenção e deverá ser redigido de forma a permitir uma compreensão clara do problema técnico, da essência da solução desse problema por meio da invenção e de uso principal ou dos usos principais da invenção;

II) quando for o caso, a fórmula química que, entre todas as fórmulas constantes do pedido internacional, melhor caracterize a invenção.

b) O resumo deverá ser tão conciso quanto a exposição o permitir (de preferência de 50 a 150 palavras quando for elaborado em, ou traduzido para o inglês).

c) O resumo não deverá conter declarações relativas aos méritos ou ao valor alegados da invenção reivindicada, nem as suas supostas aplicações.

d) Cada uma das principais características técnicas mencionadas no resumo e ilustradas por um desenho constante do pedido internacional deverá ser acompanhada por um sinal de referência colocado entre parênteses.

8.2. Falta de indicação da ilustração a ser publicada com o resumo

Se o depositante deixar de fornecer a indicação a que se refere a regra 3.3.a)III) ou se a Administração encarregada da pesquisa internacional julgar que uma ilustração ou ilustrações dentre toda as ilustrações de todos os desenhos poderá caracterizar melhor a invenção do que aquela ou aquelas apresentadas pelo depositante, ela indicará qual a ilustração ou ilustrações em questão. As publicações feitas pelo Escritório Internacional utilizarão então a ilustração ou as ilustrações assim indicadas pela Administração encarregada da pesquisa internacional. Em caso contrário, a ilustração ou as ilustrações propostas pelo depositante serão utilizadas para essas publicações.

8.3. Regras de redação

O resumo deverá ser redigido de forma a poder servir de instrumento eficaz de pré-seleção para fins de pesquisa no determinado ramo técnico, especialmente ajudando o cientista, o engenheiro ou o pesquisador a formular uma opinião quanto à questão da conveniência ou não de consultar o próprio pedido internacional.

Regra 9 - Expressões, etc., que não deverão ser utilizadas

9.1. Definição

O pedido internacional não deverá conter:

I) expressões ou desenhos ofensivos a moral;

II) expressões ou desenhos contrários à ordem pública;

III) declarações depreciativas dos produtos ou processos de qualquer outra pessoa além do depositante, ou dos méritos e da validade de pedidos ou de patentes de uma tal pessoa (meras comparações com o estado da técnica não são consideradas como depreciativas em si);

IV) declarações ou outros elementos claramente irrelevantes ou desnecessários no caso.

9.2. Anotação da falta de conformidade

A Repartição receptora e a Administração encarregada da pesquisa internacional poderão anotar a falta de conformidade com às determinações da regra 9.1 e poderão propor ao depositante que corrija voluntariamente, de acordo, seu pedido internacional. Se a Repartição receptora houver anotado a falta de conformidade, disso informará a Administração internacional competente encarregada da pesquisa internacional e o Escritório Internacional; se a falta de conformidade for anotada pela Administração encarregada da pesquisa internacional, esta Administração informará de acordo a Repartição receptora e o Escritório Internacional.

9.3. Referência ao artigo 21.6)

As "declarações depreciativas" mencionadas no artigo 21.6) têm o sentido especificado na regra 9.1.III).

Regra 10 - Terminologia e sinais

10.1. Terminologia e sinais

a) As unidades de pesos e medidas deverão ser expressas pelo sistema métrico ou também expressas por esse sistema caso tenham sido previamente expressas de acordo com outro sistema.

b) As temperaturas deverão ser expressas em graus centígrados, ou também expressas em graus centígrados se houverem sido previamente expressas de acordo com outro sistema.

c) A densidade deverá ser expressa em unidades métricas.

d) Em relação as indicações de calor, energia, luz, som e magnetismo, assim como em relação às fórmulas matemáticas e às unidades elétricas, deverão ser observadas as determinações da prática internacional; quanto às fórmulas químicas, deverão ser utilizados os símbolos, pesos atômicos e fórmulas moleculares geralmente em uso.

e) Em regra geral, só deverão ser utilizados termos, sinais ou símbolos técnicos geralmente aceitos no ramo.

f) Quando o pedido internacional for elaborado em, ou traduzido para o inglês ou o japonês, as frações deverão ser indicadas por um ponto; quando o pedido internacional for elaborado em, ou traduzido para outra língua além do inglês ou do japonês, as frações deverão ser indicadas por uma vírgula.

10.2. Uniformidade

A terminologia e os sinais deverão ser uniformes em todo o pedido internacional.

Regra 11 - Condições materiais do pedido internacional

11.1. Condições

a) Ressalvada a alínea *b*), o pedido internacional e todo e qualquer documento constante da lista de controle a que se refere a regra 3.3. a) II) deverá ser depositado em uma única via.

b) Qualquer Repartição receptora poderá exigir o pedido internacional e todo e qualquer documento constante da lista de controle (regra 3.3. a) II), exceto o recibo de taxas pagas ou do cheque destinado ao pagamento das taxas, seja depositado em duas ou três vias. Nesse caso, a Repartição receptora será responsável pela verificação da identidade da segunda e terceira cópias com a via original.

11.2. Possibilidade de reprodução

a) Todos os elementos do pedido internacional (a saber: o requerimento, a descrição, as reivindicações, os desenhos e o resumo) deverão ser apresentados de maneira a poderem ser reproduzidos diretamente por meio de fotografia, de processos eletrostáticos, do *offset* e da microfilmagem em um número indeterminado de cópias.

b) Nenhuma folha deverá ser amassada ou rasgada; nenhuma folha deverá ser dobrada.

c) Só deverá ser utilizado um lado de cada folha.

d) Ressalvada a regra 11.13. j), cada folha deverá ser utilizada verticalmente (quer dizer que seus lados menores deverão ficar em cima e em baixo).

11.3. Material a ser utilizado

Todos os elementos do pedido internacional deverão figurar em papel flexível, resistente, branco, liso, sem brilho e durável.

11.4. Folhas separadas, etc.

a) Cada elemento do pedido internacional (requerimento, descrição, reivindicações, desenhos, resumo) deverá começar em uma folha nova.

b) Todas as folhas do pedido internacional deverão ser reunidas de maneira a poderem ser facilmente viradas ao serem consultadas e de maneira a poderem ser facilmente separadas e reunidas novamente quando houver necessidade de separá-las para reprodução.

11.5. Formato das folhas

As folhas deverão ser de formato A4 (29,7cm X 21cm). Entretanto, qualquer Repartição receptora poderá aceitar pedidos internacionais apresentados em folhas de formato diferente, desde que a via original, tal como foi transmitida ao Escritório Internacional, e a cópia da pesquisa, se a Administração competente encarregada da pesquisa internacional o desejar, sejam de formato A4.

11.6. Margens

a) As margens mínimas das folhas que constituem o requerimento, a descrição, as reivindicações e o resumo deverão ser as seguintes:

— alto da primeira folha, exceto a do requerimento: 8cm

— alto das outras folhas: 2cm

— margem esquerda: 2,5cm

— margem direita: 2cm

— fim de cada folha: 2cm

b) O máximo recomendado para as margens mencionadas na alínea *a*) é o seguinte:

— alto da primeira folha, exceto a do requerimento: 9cm

— alto das outras folhas: 4cm

— margem esquerda: 4cm

— margem direita: 3cm

— fim de cada folha: 3cm

c) Nas folhas que contêm desenhos, a superfície utilizável não deverá exceder 26,2cm X 17,0cm. Essas folhas não deverão conter qualquer moldura em torno da superfície utilizada ou utilizável. As margens mínimas deverão ser as seguintes:

— alto da folha: 2,5cm

— margem esquerda: 2,5cm

— margem direita: 1,5cm

— fim da folha: 1,0cm

d) As margens mencionadas nas alíneas *a*) e *c*) foram previstas para folhas de formato A4; entretanto, mesmo que a Repartição receptora aceite outros formatos, a via original do formato A4 e, quando for exigida, a cópia da pesquisa de formato A4, deverão respeitar as margens acima.

e) As margens do pedido internacional, na ocasião de seu depósito, deverão estar totalmente virgens.

11.7. Numeração das folhas

a) Todas as folhas contidas no pedido internacional deverão ser numeradas consecutivamente, em algarismos árabes.

b) Os números deverão ser inscritos ao alto e no meio das folhas e não nas margens.

11.8. Numeração das linhas

a) É altamente recomendável que se numere cada quinta linha de cada folha da descrição e de cada folha de reivindicações.

b) Os números deverão aparecer no lado esquerdo, à direita da margem.

11.9. Composição dos textos

a) O requerimento, a descrição, as reivindicações e o resumo deverão ser datilografados ou impressos.

b) Somente os símbolos e caracteres gráficos, as fórmulas químicas ou matemáticas e certos caracteres em língua japonesa poderão, quando necessário, ser manuscritos ou desenhados.

c) Os espaços datilografados deverão ser de 11/2.

d) Todos os textos deverão ser elaborados em caracteres de 0,21 cm de altura no mínimo e deverão ser reproduzidos em cor escura e indelével e se conformar às condições estabelecidas na regra 11.2.

e) Quanto aos espaços datilografados e ao tamanho dos caracteres, as alíneas *c)* e *d)* não se aplicam aos textos elaborados em língua japonesa.

11.10. Desenhos, fórmulas e tabela constantes dos textos

a) O requerimento, a descrição, as reivindicações e o resumo não deverão conter desenhos.

b) A descrição, as reivindicações e o resumo poderão conter fórmulas químicas ou matemáticas.

c) A descrição e o resumo poderão conter tabelas, qualquer reivindicação poderá incluir tabelas, desde que o seu assunto o torne aconselhável.

11.11. Textos nos desenhos

a) Os desenhos não deverão conter textos, com exceção de uma palavra ou palavras - desde que isto seja absolutamente necessário - tais como "água", "vapor", "aberto", "fechado", "corte de AB" e, no caso de esquemas de circuitos elétricos, de diagramas em bloco e de gráficos de operações, de algumas palavras-chave indispensáveis a sua compreensão.

b) Cada palavra utilizada deverá ser colocada de maneira que, se for traduzida, sua tradução possa lhe ser superposta sem cobrir uma única linha dos desenhos.

11.12. Correções, etc.

Nenhuma folha deverá ser apagada mais do que o razoável nem deverá conter correções, nem palavras rebatidas ou intercaladas entre as linhas. Em casos excepcionais, poderão ser autorizadas derrogações desta regra, desde que a autenticidade do conteúdo não esteja em jogo e desde que não sejam prejudicadas as condições necessárias a uma boa reprodução.

11.13. Prescrições especiais para os desenhos

a) Os desenhos deverão ser executados em linhas e traços duráveis, pretos ou azuis, suficientemente densos e escuros, de espessura uniforme e bem definidos e não deverão ser coloridos.

b) Os cortes deverão ser indicados por sombras oblíquas que não impeçam que se leiam facilmente os sinais de referências e as linhas básicas.

c) A escala dos desenhos e a clareza de sua execução gráfica deverão ser tais que uma reprodução fotográfica efetuada com redução linear de dois terços permita distinguir facilmente todos os detalhes.

d) Quando, em casos excepcionais, a escala figurar em um desenho, ela deverá ser representada graficamente.

e) Todos os algarismos, letras e linhas de referências que figurem nos desenhos deverão ser simples e claros. Em associação a algarismos e letras não se deverá usar parênteses, círculos ou aspas.

f) Todas as linhas dos desenhos deverão ser normalmente traçadas com o auxílio de instrumentos de desenho técnico.

g) Cada elemento de cada ilustração deverá ser em proporção a cada um dos outros elementos da ilustração, exceto quando o uso de uma proporção diferente for indispensável à clareza da ilustração.

h) A altura dos algarismos e letras não deverá ser inferior a 0,32cm. Nos títulos dos desenhos, deverá ser utilizado o alfabeto latino e, onde usual, o grego.

i) Uma mesma folha de desenhos poderá conter várias ilustrações. Quando várias ilustrações dispostas em duas ou mais folhas formarem uma única ilustração completa, as diversas ilustrações nas várias folhas deverão ser dispostas de forma a poderem ser reunidas sem esconder qualquer parte de qualquer dessas ilustrações.

j) As diversas ilustrações deverão ser dispostas sobre uma folha ou folhas, sem desperdício de espaço, de preferência verticalmente, cada uma claramente separada das demais.

k) As diversas ilustrações deverão ser numeradas consecutivamente, em algarismos árabes, e independentemente da numeração das folhas.

l) Sinais de referências não mencionados na descrição não deverão aparecer nos desenhos e vice-versa.

m) Os mesmos elementos quando indicados por sinais de referência deverão sê-lo pelos mesmos sinais de referência em todo o pedido internacional.

n) Se os desenhos contiverem um grande número de sinais de referência, é insistentemente recomendado que seja juntada ao pedido internacional uma folha separada que enumere todos os sinais de referência e todos os elementos que os apresentem.

11.14. Documentos anteriores

As regras 10 e 11.1 a 11.13 aplicam-se igualmente a todos os documentos - como por exemplo: páginas corrigidas, reivindicações emendadas - apresentados depois do depósito do pedido internacional.

11.15. Traduções

Nenhuma Repartição designada poderá exigir que a tradução de um pedido internacional depositado junto a ela preencha condições diferentes daquelas estabelecidas para o pedido internacional tal como foi depositado.

Regra 12 - Língua do pedido internacional

12.1. Pedido internacional

Qualquer pedido internacional deverá ser depositado na língua ou em uma das línguas mencionadas no acordo concluído entre o Escritório Internacional e a Administração encarregada da pesquisa internacional com competência para tratar desse pedido, desde que, entretanto, se esse acordo especificar várias línguas, a Repartição receptora possa determinar qual a língua ou quais as línguas dentre as especificadas em que os pedidos internacionais deverão ser depositados.

12.2. Modificações efetuadas no pedido internacional

Todas as modificações ocorridas no pedido internacional, tais como emendas e correções, deverão ser elaboradas na língua desse pedido (vide regra 66.5).

Regra 13 - Unidade da invenção

13.1. Exigência

O pedido internacional não deverá comportar senão uma invenção ou uma pluralidade de invenções ligadas entre si de tal sorte que não formem senão um só conceito inventivo geral ("exigência de unidade da invenção")

13.2. Reivindicações de categorias diferentes

A regra 13.1 deverá ser compreendida como permitindo, em particular, uma ou outra das duas possibilidades seguintes:

I) além de uma reivindicação independente para um determinado produto, a inclusão no mesmo pedido internacional de uma reivindicação independente para um processo especialmente concebido para a fabricação do mencionado produto e a inclusão no mesmo pedido internacional de uma reivindicação independente para uma utilização do dito produto, ou

II) além de uma reivindicação independente para um determinado produto, a inclusão no mesmo pedido internacional de uma reivindicação independente para um aparelho ou meio especialmente concebido para a execução do dito processo.

13.3. Reivindicações de uma mesma e única categoria

Ressalvada a regra 13.1, será permitido incluir no mesmo pedido internacional duas ou mais reivindicações independentes da mesma categoria (a saber: produto, processo, aparelho ou uso), que não possam ser facilmente abrangidas por uma única reivindicação genérica.

13.4. Reivindicações dependentes

Ressalvada a regra 13.1, será permitido incluir no mesmo pedido internacional um número razoável de reivindicações dependentes, referentes a formas específicas da invenção reivindicada em uma reivindicação independente, mesmo quando as características de qualquer reivindicação dependente possam ser consideradas como constituindo em si mesmas uma invenção.

13.5. Modelos de utilidade

Qualquer Estado designado no qual um modelo de utilidade seja requerido com base de um pedido internacional poderá aplicar, em lugar das regras 13.1 a 13.4, a respeito do assunto nelas disposto, as disposições de sua legislação nacional concernentes a modelos de utilidade depois de iniciado, nesse Estado, o processo de pedido internacional, desde que seja concedido ao depositante um prazo de pelo menos 2 meses a contar da data de expiração do prazo aplicável em obediência ao artigo 22 para que adapte seu pedido às exigências das referidas disposições da legislação nacional.

Regra 14 - Taxa de Transmissão

14.1. Taxa de transmissão

a) Qualquer Repartição receptora poderá exigir em seu provento, que o depositante lhe pague uma taxa pelo recebimento do pedido internacional, pela transmissão de cópias ao Escritório Internacional e à Administração competente encarregada da pesquisa internacional e pela execução de todas as demais tarefas relativas ao pedido internacional, que essa Repartição tiver a seu cargo em virtude de sua qualidade de Repartição receptora ("taxa de transmissão").

b) O montante da taxa de transmissão, caso haja uma, e a data em que será devida, serão fixados pela Repartição receptora.

Regra 15 - Taxa internacional

15.1. Taxa básica e taxa de designação

Qualquer pedido internacional será sujeito ao pagamento de uma taxa em proveito do Escritório internacional ("taxa internacional") compreendendo:

I) uma "taxa básica" e

II) tantas "taxas de designação" quantos forem os Estados designados incluídos no pedido internacional, desde que, no caso de uma patente regional ser requerida para certos Estados designados, uma única taxa de designação seja devida para todos esse Estados.

15.2. Montantes

a) O Montante da taxa básica será:

I) caso o pedido internacional não tenha mais de 30 folhas: 45 dólares dos Estados Unidos ou 194 francos suíços;

II) caso o pedido internacional contenha mais de 30 folhas: 45 dólares dos Estados Unidos mais 1 dólar dos Estados Unidos ou 4,30 francos suíços por folha a contar da 31ª inclusive.

b) O montante da taxa de designação será:

I) por cada Estado designado ou grupo de Estados designados para os quais seja requerida a mesma patente regional que não exija a transmissão de uma cópia segundo o artigo 13: 12 dólares dos Estados Unidos ou 52 francos suíços;

II) por cada Estado designado ou grupo de Estados designados para os quais seja requerida a mesma patente regional exigindo a transmissão de uma cópia de acordo com o artigo 13: 14 dólares dos Estado Unidos ou 60 francos suíços.

13.3. Forma de pagamento

a) A taxa internacional será cobrada pela Repartição receptora.

b) A taxa internacional deverá ser paga na moeda determinada pela Repartição receptora, ficando compreendido que, logo que seja transferida pela Repartição receptora para o Escritório Internacional, ela deverá ser livremente conversível em moeda suíça.

15.4. Data do pagamento

a) A taxa básica será devida na data do recebimento do pedido internacional, todavia, qualquer Repartição receptora poderá, a seu critério, notificar o depositante de que não recebeu essa taxa ou de que o montante recebido foi insuficiente e autorizá-lo a pagar mais tarde, sem perder a data do depósito, desde que:

I) não seja nunca autorizada a efetivação de um pagamento depois de expirado o prazo de um mês a contar do dia de recebimento do pedido internacional;

II) uma tal autorização não seja sujeita a uma sobretaxa.

b) A taxa de designação poderá ser paga na data de recebimento do pedido internacional ou em qualquer outra data posterior, mas deverá ser paga no máximo antes de completado um ano a contar da data de prioridade.

15.5. Pagamento parcial

a) Se o depositante especificar os Estados em relação aos quais deseja que qualquer montante pago por ele seja considerado como taxa de designação, esse montante será conseqüentemente aplicado, na ordem que o depositante indicar, aos Estados cuja taxa de designação for coberta pelo montante pago.

b) Se o depositante não fornecer tal especificação e se o montante ou montantes recebidos pela Repartição receptora forem superiores à taxa básica e a uma taxa de designação, mas inferiores ao montante que seria devido de acordo com o número dos Estados designados, todo o montante que exceder o total da taxa básica e de uma taxa de designação, será considerado como taxa de designação dos Estados seguintes ao Estado mencionado em primeiro lugar no requerimento e na ordem de designação desses Estados, no requerimento, até e inclusive aquele dentre os Estados designados em relação ao qual o montante integral da taxa de designação estiver coberto pelo montante ou montantes pagos.

c) Todos os Estados de um grupo de Estados designados, para os quais a mesma patente regional seja requerida, serão considerados como cobertos pela taxa de designação daquele desses Estados, que no sentido de alínea a) tiver sido mencionado em primeiro lugar, ou cuja taxa esteja no sentido da alínea *b*).

15.6. Reembolso

a) A taxa internacional será reembolsada ao depositante desde que seja negativa a constatação mencionada no artigo 11.1).

b) A taxa internacional não será reembolsada em nenhum outro caso.

Regra 16 - Taxa de pesquisa

16.1. Direito de exigir uma taxa

a) Qualquer Administração encarregada da pesquisa internacional poderá exigir do depositante o pagamento, em seu proveito, de uma taxa ("taxa de pesquisa") para realização da pesquisa internacional e para a execução de todas as demais tarefas confiadas às Administrações encarregadas da pesquisa internacional pelo Tratado e pelo presente Regulamento de execução.

b) A taxa de pesquisa será cobrada pela Repartição receptora e deverá ser paga na moeda estipulada por essa Repartição, ficando estendido, entretanto, que se essa moeda não for a mesma que a do Estado no qual a Administração encarregada da pesquisa internacional estiver sediada, a taxa de pesquisa, ao ser transferida pela Repartição receptora para essa Administração, será livremente conversível na moeda do dito Estado. Quanto ao prazo de pagamento da taxa de pesquisa, aplique-se a regra 15.4. *a*).

16.2. Reembolso

A taxa de pesquisa será reembolsada ao depositante desde que seja negativa a constatação mencionada no artigo 11.1).

16.3. Reembolso parcial

Quando o pedido internacional reivindicar a prioridade de um pedido internacional anterior que tenha sido objeto de uma pesquisa internacional pela mesma Administração encarregada da pesquisa internacional, essa Administração reembolsará a taxa de pesquisa paga em relação ao pedido internacional posterior na medida e nas condições estipuladas no acordo a que se refere o artigo 16.3)b), desde que o relatório de pesquisa internacional tenha podido basear-se, no todo ou em parte, nos resultados da pesquisa internacional do primeiro pedido internacional.

Regra 17 - Documento de prioridade

17.1. Obrigação de apresentar cópia de um pedido nacional anterior

a) Se o pedido internacional reivindicar, de acordo com o artigo 8, a prioridade de um pedido nacional anterior, uma cópia desse pedido nacional, certificada devidamente pela Repartição nacional em que foi depositada ("documento de prioridade"), se já não houver sido depositada na Repartição receptora juntamente com o pedido internacional deverá ser apresentada pelo depositante ao Escritório Internacional, o mais tardar até a expiração de um prazo de 16 meses a contar da data de prioridade ou, no caso mencionado no artigo 23.2), o mais tardar na data estabelecida para processar e examinar o pedido.

b) Se o depositante não se conformar com a determinação da alínea *a*), qualquer Estado designado poderá desprezar a reivindicação de prioridade.

c) O Escritório Internacional inscreverá a data de recebimento do documento de prioridade e a notificará ao depositante e às Repartições receptoras.

17.2. Disponibilidade de cópias

a) O Escritório Internacional, a pedido expresso da Repartição designada, sem demora, mas não antes de expirado o prazo fixado na regra 17.1.a), enviará uma cópia do documento de prioridade àquela Repartição. Nenhuma Repartição designada deverá exigir cópias do depositante, exceto quando requerer a remessa de uma cópia do documento de prioridade com uma tradução certificada desse documento. O depositante não será obrigado a fornecer uma tradução certificada à Repartição designada antes de expirado o prazo estipulado no artigo 22.

b) O Escritório Internacional não colocará à disposição do público cópias do documento de prioridade antes da publicação internacional do pedido internacional.

c) As alíneas *a)* e *b)* aplicam-se igualmente a qualquer pedido internacional anterior cuja prioridade seja reivindicada no pedido internacional posterior.

Regra 18 - Depositante

18.1. Domicílio

a) Com ressalva da alínea *b)*, a questão de saber se um depositante está domiciliado no Estado contratante em que alega estar dependerá da legislação nacional desse Estado e será resolvido pela Repartição receptora.

b) De qualquer maneira, a posse de um estabelecimento industrial ou comercial efetivo e idôneo em um Estado contratante será considerado como constituindo domicílio nesse Estado.

18.2. Nacionalidade

a) Com ressalva da alínea *b)*, a questão de saber se o depositante é nacional do Estado contratante do qual alega ser, dependerá da legislação nacional desse Estado e será resolvida pela Repartição receptora.

b) De todo modo, uma pessoa jurídica constituída de acordo com a legislação de um Estado contratante será considerada como sendo nacional desse Estado.

18.3. Vários depositantes: os mesmos para todos os Estados designados

Se todos os depositantes forem depositantes em todos os Estados designados, o direito de depositar um pedido internacional existirá desde que pelo menos um dentre eles seja autorizado a depositar um pedido internacional de acordo com o artigo 9.

18.4. Vários depositantes: diferentes para Estados designados diferentes

a) O pedido internacional poderá indicar depositantes diferentes para Estados designados diferentes, desde que em relação a cada Estado designado, pelo menos um dos depositantes indicados para esse Estado esteja autorizado a depositar um pedido internacional de acordo com o artigo 9.

b) Caso a condição estabelecida na alínea *a)* não for preenchida em relação a um Estado designado, a designação desse Estado será considerada como não tendo sido feita.

c) O Escritório Internacional publicará, de tempos a tempos, informações relativas às diversas legislações nacionais quanto à questão de saber quem tem direito (inventor, procurador do inventor, titular da invenção, etc.) de depositar um pedido internacional e juntará a essas informações a advertência de que os efeitos do pedido internacional em qualquer Estado designado poderão depender da questão de saber se a pessoa indicada no pedido internacional como depositante para os propósitos desse Estado estará habilitada, de acordo com a legislação nacional desse Estado, a depositar um pedido nacional.

18.5. Troca de pessoa ou do nome do depositante

Qualquer troca de pessoa ou do nome do depositante será registrada, a pedido do mesmo, pelo Escritório Internacional que assim notificará a Administração internacional encarregada da pesquisa internacional e as Repartições designadas.

Regra 19 - Repartição receptora competente

19.1. Onde depositar

a) com ressalva da alínea b), o pedido internacional será depositado, à escolha do depositante, quer na Repartição nacional do Estado contratante onde estiver domiciliado, ou numa Repartição agindo em nome desse Estado, quer na Repartição nacional do Estado contratante de que for nacional, ou numa Repartição agindo em nome desse Estado.

b) Qualquer Estado contratante poderá estabelecer convênio com um ou outro Estado contratante ou com uma organização intergovernamental no sentido de que a Repartição nacional deste último Estado ou essa organização intergovernamental poderão, para todos os fins ou para certos dentre eles, agir em lugar da Repartição nacional do primeiro Estado como Repartição receptora para os depositantes domiciliados nesse primeiro Estado ou que dele sejam nacionais. Não obstante esse convênio, a Repartição nacional do primeiro Estado será considerada como sendo a Repartição receptora competente no sentido estabelecido pelo artigo 15.5).

c) Em relação a qualquer decisão de acordo com o artigo 9.2), a Assembléia designará a Repartição nacional ou a organização intergovernamental que funcionará como repartição receptora dos pedidos depositados por pessoas domiciliadas nos Estados determinados pela Assembléia ou nacionais desses Estados. Essa designação requer o acordo prévio da dita Repartição nacional ou da dita organização intergovernamental.

19.2. Vários depositantes

a) Se houver vários depositantes que não tenham mandatário comum, seu representante comum, no sentido que lhe empresta a regra 4.8, para fins da aplicação da regra 19.1, será considerado como depositante.

b) Se houver vários depositantes que tenham um mandatário comum, o depositante mencionado em primeiro lugar no requerimento com autoridade para depositar um pedido internacional de acordo com o artigo 9 será, para fins da aplicação da regra 19.1, considerado como depositante.

19.3. Publicação do fato da delegação de tarefas de Repartição receptora

a) Qualquer acordo previsto na regra 19.1.b) será notificado sem demora ao Escritório Internacional pelo Estado contratante que delegar as tarefas de Repartição receptora à Repartição nacional de, ou agindo em nome de outro Estado contratante ou uma organização intergovernamental.

b) O Escritório Internacional, prontamente depois do recebimento, publicará a notificação na Gazeta.

Regra 20 - Recebimento do pedido internacional

20.1. Data e número

a) Ao receber os documentos que pretendam constituir um pedido internacional, a Repartição receptora aporá, de maneira indelével, no espaço previsto para este fim no formulário de requerimento de cada via recebida, a data do recebimento efetivo e, em cada folha de cada via recebida, um dos números atribuídos pelo escritório Internacional a essa Repartição.

b) O lugar em que, em cada folha, a data ou número deverão ser apostos, bem como outros pormenores, serão especificados nas Instruções Administrativas.

20.2. Recebimento em dias diferentes

a) Nos casos em que todas as folhas pertencentes a um mesmo alegado pedido internacional não sejam recebidas no mesmo dia pela Repartição receptora, esta última corrigirá a data aposta no requerimento (deixando, todavia, legíveis a ou as datas anteriormente apostas), indicando a data de recebimento dos documentos que completam o pedido internacional, contanto que:

I) quando nenhuma solicitação tenha sido feita ao depositante para que efetue correções de acordo com o artigo 11.2) a), os ditos documentos sejam recebidos dentro de 30 dias a contar da data em que as folhas tenham sido recebidas pela primeira vez;

II) quando uma solicitação para efetuar correções tenha sido feita ao depositante, de acordo com o artigo 11.2) a), os ditos documentos sejam recebidos dentro do prazo estipulado pela regra 20.6;

III) no caso do artigo 14.2) os desenhos omissos sejam recebidos dentro de 30 dias a contar da data em que os documentos incompletos foram depositados;

IV) a falta ou recebimento posterior de qualquer folha contendo o resumo ou parte dele não exige por si só qualquer correção da data indicada no requerimento.

b) A Repartição receptora aporá em qualquer folha recebida em data posterior àquela em que as folhas foram recebidas pela primeira vez, a data do recebimento da folha em questão.

20.3. Pedido internacional corrigido

No caso mencionado no artigo 11.2) b), a Repartição receptora corrigirá a data aposta no requerimento (deixando, todavia, legíveis a data ou datas apostas anteriormente), indicando a data do recebimento da última correção exigida.

20.4. Constatação conforme especifica o artigo 11.1)

a) Prontamente, depois do recebimento dos documentos que constituem um alegado pedido internacional, a Repartição receptora constatará se esses documentos preenchem as condições prescritas pelo artigo 11.1).

b) Para os fins do artigo 11.1) III) c), bastará indicar o nome do depositante de maneira a permitir que seja estabelecida a sua identidade, mesmo se esse nome estiver mal ortografado, se os nomes indicados não estiverem completos ou, no caso de pessoa jurídica, se a indicação do nome estiver abreviada ou incompleta.

20.5. Constatação positiva

a) Se a constatação, no sentido que lhe empresta o artigo 11.1), for positiva, a Repartição receptora carimbará, no espaço reservado para esse fim no formulário do requerimento, o nome dessa Repartição as palavras "*Demande Internationale PCT*" ou "*PCT International Application*". Se a língua oficial da Repartição receptora não for nem francês, nem inglês, as palavras "*Demande Internationale*" ou "*International Application*" poderão ser acompanhadas por sua tradução na língua oficial dessa Repartição receptora.

b) A via cuja folha de requerimento foi assim carimbada, constituirá a via original do pedido internacional.

c) A Repartição receptora notificará sem demora ao depositante o número do pedido internacional e a data do depósito internacional.

20.6. Solicitação de correção

a) A solicitação de correção a que se refere o artigo 11.2) deverá especificar qual a condição prescrita pelo artigo 11.1) que, na opinião da Repartição receptora, não foi preenchida.

b) A Repartição receptora enviará sem demora a solicitação ao depositante e fixará um prazo razoável no caso para que deposite a correção. Esse prazo não deverá ser inferior a 10 dias, nem superior a um mês, a contar da data da solicitação. Se esse prazo expirar depois de decorrido um ano a contar da data do depósito de qualquer pedido cuja prioridade tenha sido reivindicada, a Repartição receptora poderá levar essa circunstância ao conhecimento do depositante.

20.7. Constatação negativa

Caso a Repartição receptora não receba, no prazo estipulado, qualquer resposta a sua solicitação de correção, ou caso a correção apresentada pelo depositante não preencha ainda as condições prescritas pelo artigo 11.1):

I) ela notificará sem demora ao depositante que seu pedido não foi e não será considerado como um pedido internacional e indicará os motivos dessa decisão;

II) ela notificará ao Escritório Internacional que o número que foi por ela aposto nos documentos não será utilizado como número de pedido internacional;

III) ela conservará os documentos que constituem o alegado pedido internacional e qualquer correspondência relativa ao mesmo, de acordo com a regra 93.1; e

IV) ela enviará uma cópia dos ditos documentos ao Escritório Internacional caso, em virtude de um pedido do depositante de acordo com o artigo 25.1), o Escritório Internacional tenha necessidade de uma tal cópia e a solicite expressamente.

20.8. Erro da Repartição receptora

Se, mais tarde, a Repartição receptora descobrir, ou perceber pela resposta do requisitante, que cometeu um erro ao enviar uma solicitação de correção, em virtude de haverem sido devidamente preenchidas as condições prescritas no artigo 11.1 na ocasião do recebimento dos documentos, ela procederá da forma prevista na regra 20.5.

20.9. Cópia autenticada para o depositante

Contra o pagamento de uma taxa, a Repartição receptora fornecerá ao depositante, a pedido, cópias autenticadas do pedido internacional, tal qual foi depositado assim como de todas as correções relativas ao mesmo.

Regra 21 - Preparo de cópias

21.1. Responsabilidade da Repartição receptora

a) Quando for exigido que o pedido internacional seja depositado em uma única via, a Repartição receptora será responsável pelo preparo de sua própria cópia e da de pesquisa requeridas em virtude do artigo 12.1).

b) Quando for exigido que o pedido internacional seja depositado em duas vias, a Repartição receptora será responsável pelo preparo da cópia que lhe é destinada.

c) Se o pedido internacional for depositado em um número de vias inferior ao que foi prescrito na regra 11.1.b), a Repartição receptora será responsável pelo rápido preparo do número exigido de cópias, e terá o direito de fixar uma taxa para a execução dessa tarefa, bem como de cobrar essa taxa do depositante.

Regra 22 - Transmissão da via original

22.1. Processo

a) Se a constatação a que se refere o artigo 11.1), for positiva e a menos que as estipulações relativas à segurança nacional impeçam que o pedido internacional seja considerado como tal, a Repartição receptora transmitirá a via original ao Escritório Internacional. Essa transmissão será feita sem demora após recebimento do pedido internacional ou, se houver necessidade de efetuar um controle a fim de preservar a segurança nacional, tão logo seja obtida a devida autorização. De todo modo, a Repartição receptora transmitirá a via original a tempo de chegar ao Escritório Internacional antes de expirados 13 meses a contar da data de prioridade. Caso a transmissão seja feita pelo correio, a Repartição receptora despachará a via original, ou mais tardar, 5 dias antes da expiração do 13º mês a contar da data de prioridade.

b) Se, depois de expirado o prazo de 13 meses e 10 dias a contar da data de prioridade, o depositante não estiver de posse de notificação de recebimento enviada pelo Escritório Internacional de acordo com a regra 24.2.a), ele terá o direito de solicitar à Repartição receptora que lhe remeta a via original ou, se a Repartição receptora alegar haver transmitido a via original ao Escritório Internacional, uma cópia autenticada da via em questão feita à base da cópia da Repartição receptora.

c) O depositante poderá transmitir ao Escritório Internacional a cópia que recebeu de acordo com a alínea *b*). A menos que a via original transmitida pela Repartição receptora tenha sido recebida pelo Escritório Internacional antes do recebimento por esse Escritório da cópia transmitida pelo depositante, esta última será considerada como constituindo a via original.

22.2. Processo alternativo

a) Não obstante as disposições da regra 22.1, qualquer Repartição receptora poderá estipular que a via original de qualquer pedido internacional depositado junto a ela seja transmitida, à escolha do depositante, pela Repartição receptora ou pelo depositante. A Repartição receptora informará o Escritório Internacional da existência de uma tal estipulação.

b) O depositante exercerá sua escolha por meio de uma nota escrita que ele depositará junto com o pedido internacional. Caso não faça essa escolha, será considerado como tendo escolhido a transmissão pela Repartição receptora.

c) Quando o depositante escolher a transmissão pela Repartição receptora,o processo será o mesmo que o previsto na regra 22.1.

d) Quando o depositante preferir proceder ele próprio à transmissão, indicará na nota mencionada na alínea *b*) se deseja procurar a via original na Repartição receptora ou se deseja que esta última lhe envie a via original pelo correio. Se o depositante preferir procurar ele mesmo a via original, a Repartição receptora colocará essa via à sua disposição assim que a autorização mencionada na regra 22.1.a) haja sido conseguida e, em todos os casos, inclusive no caso em que um controle deva ser efetuado em vista dessa autorização, 10 dias o mais tardar antes de expirado o 13º mês a contar da data de prioridade. Se ao expirar o prazo de recebimento da via original pelo Escritório Internacional, o depositante ainda não houver procurado a mesma, a Repartição receptora o notificará ao Escritório Internacional. Se o depositante desejar que a Repartição receptora lhe envie a via original pelo correio ou se não manifestar o desejo de procurar essa via original, a Repartição receptora lhe enviará a mesma pelo correio assim que a autorização mencionada na regra 22.1.a) haja sido conseguida e, em todos os casos, inclusive no caso em que um controle deva ser efetuado em vista dessa autorização, 15 dias o mais tardar antes da expiração do 13º mês a contar da data de prioridade.

e) Se a Repartição receptora não colocar a via original à disposição do depositante na data indicada na alínea *d*), ou se o depositante, havendo solicitado que a via original lhe fosse enviada pelo correio, não a tenha recebido pelo menos 10 dias antes de expirado o 13º mês a contar da data de prioridade, o depositante poderá transmitir uma cópia de seu pedido internacional ao Escritório Internacional. Essa cópia ("via original provisória") será substituída pela via original ou, caso esta última tenha sido perdida, por uma cópia da via original feita com base na cópia da Repartição receptora e devidamente autenticada pela Repartição receptora, tão logo seja possível e, em qualquer caso, antes da expiração do 14º mês a contar da data de prioridade.

22.3. Prazo previsto no artigo 12.3)

a) O prazo previsto no artigo 12.3) será:

I) No caso de aplicação do processo previsto nas regras 22.1 ou 22.2.c), de 14 meses a contar da data de prioridade;

II) No caso de aplicação do processo previsto na regra 22.2.d), de 13 meses a contar da data de prioridade, ficando entendido, entretanto, que, no caso de depósito de uma via original provisória de acordo com a regra 22.2.e), esse prazo será de 13 meses a contar da data de prioridade para o depósito da via original provisória e de 14 meses a contar da data de prioridade para depósito da via original.

b) O artigo 48.1) e a regra 82 não se aplicam à transmissão da via original. Fica entendido que as disposições do artigo 48.2) permanecem aplicáveis.

22.4. Estatísticas referentes à não-conformidades às regras 22.1 e 22.2

O número dos casos em que, com o conhecimento do Escritório Internacional, uma Repartição receptora não se tenha conformado às exigências das regras 22.1 e/ou 22.2 será indicado uma vez por ano na Gazeta.

22.5. Documentos depositados com o pedido internacional

Para os propósitos da presente regra, a expressão "via original" compreenderá igualmente qualquer documento depositado com o pedido internacional e mencionado na regra 33.3.a)II). Caso qualquer dos documentos mencionados na regra 3.3.a)II) que, de acordo com a lista de controle deveriam acompanhar o pedido internacional, não for efetivamente depositado, o mais tardar, na ocasião em que a via original for transmitida pela Repartição receptora, esta anotará o fato na lista de controle que será considerada como não havendo mencionado o dito documento.

Regra 23 - Transmissão da cópia de pesquisa

23.1. Processo

a) A cópia de pesquisa será transmitida pela Repartição receptora à Administração encarregada da pesquisa internacional o mais tardar no dia em que a via original for transmitida ao Escritório Internacional ou, de acordo com a regra 22.2.d), ao depositante.

b) Se o Escritório Internacional não houver recebido, da Administração encarregada da pesquisa internacional, nos 10 dias seguintes ao recebimento da via original, a informação de que essa Administração está de posse da cópia de pesquisa, o dito Escritório transmitirá sem demora uma cópia do pedido internacional à Administração encarregada da pesquisa internacional. Se esta Administração não se houver enganado ao afirmar que não estava da posse da cópia de pesquisa ao expirar o 13º mês a contar da data de prioridade, o custo da elaboração de uma cópia para essa Administração será reembolsado pela Repartição receptora ao Escritório Internacional.

c) O número dos casos em que, com o conhecimento do Escritório Internacional, uma Repartição receptora deixou de observar a exigência da regra 23.1.a), será indicado, uma vez por ano, na Gazeta.

Regra 24 - Recebimento da via original pelo Escritório Internacional

24.1. Inscrição da data de recebimento da via original

Ao receber a via original, o Escritório Internacional aporá a data de recebimento na folha que contém o requerimento e seu carimbo em cada folha do pedido internacional.

24.2. Notificação de recebimento da via original

a) Com ressalva das disposições da alínea *b*), o Escritório Internacional notificará prontamente ao depositante, à Repartição receptora, a Administração encarregada da pesquisa internacional e a todos os Estados designados o fato do recebimento da via original e a data desse recebimento. A notificação deverá identificar o pedido internacional por seu número, pela data do depósito internacional, pelo nome do depositante e pelo nome da Repartição receptora, além de indicar a data do depósito de qualquer pedido anterior cuja prioridade seja reivindicada. A notificação enviada ao depositante deverá igualmente conter a relação dos Estados designados aos quais foi enviada a notificação mencionada na presente alínea e deverá indicar, em relação a cada Estado designado, qualquer prazo aplicável de acordo com o artigo 22.3).

b) Se o Escritório Internacional receber a via original depois de expirado o prazo na regra 22.3, notificará este fato prontamente ao depositante, à Repartição receptora e à Administração encarregada da pesquisa internacional.

Regra 25 - Recebimento da cópia de pesquisa pela Administração encarregada da pesquisa internacional

25.1. Notificação de recebimento da cópia de pesquisa

A Administração encarregada da pesquisa internacional notificará prontamente ao Escritório Internacional, ao depositante e - salvo se a Administração encarregada da pesquisa internacional for a Repartição receptora - à Repartição receptora o fato do recebimento da cópia de pesquisa e a data desse recebimento.

Regra 26 - Controle e correções de certos elementos do pedido internacional

26.1. Prazo para o controle

a) A Repartição receptora enviará a solicitação de correção prevista no artigo 14.1)b), assim que possível e de preferência no prazo de um mês a contar da data de recebimento do pedido internacional.

b) Se a Repartição receptora enviar uma solicitação de correção tal como o dispõe o artigo 14.1)a)III) ou IV) (título omisso ou resumo omisso), comunicará esse fato à Administração encarregada da pesquisa internacional.

26.2. Prazo para correção

O prazo previsto no artigo 14.1)b), deverá ser razoável, levando em conta circunstâncias do caso em espécie, e será fixado, em caso, pela Repartição receptora. O prazo será de pelo menos um mês e, normalmente, de no máximo dois meses a contar da data da solicitação de correção.

26.3. Verificação das condições materiais no sentido que lhe empresta o artigo 14.1)a)V)

As condições materiais mencionadas na regra 11 serão verificadas na medida em que tiverem de ser preenchidas para o fim de uma publicação internacional razoável uniforme.

26.4. Processo

a) Qualquer correção submetida à Repartição receptora poderá constar de uma carta endereçada a essa Repartição desde que a correção seja de tal natureza que permita sua transferência para a via original sem prejudicar a clareza e a reprodução direta da folha para a qual a transferência deverá ser feita; em caso contrário, o depositante será solicitado a apresentar uma folha de substituição que inclua a correção; a carta que acompanha a folha de substituição deverá chamar a atenção para as diferenças entre a folha substituída e a folha de substituição.

b) A Repartição receptora aporá em cada folha de substituição o número do pedido internacional, a data em que foi recebido e o carimbo de identificação dessa Repartição. Ela conservará em seus arquivos, uma cópia da carta contendo a correção ou, quando a correção constar de uma folha de substituição, a folha de substituição, a carta que acompanhar a folha de substituição e uma cópia desta última folha.

c) A Repartição receptora transmitirá sem demora a carta e qualquer folha de substituição ao Escritório Internacional. O Escritório Internacional transferirá para a via original as correções requeridas por carta, indicando a data de recebimento desta última pela Repartição receptora nela inserindo qualquer folha de substituição. A carta e toda e qualquer folha substituída serão conservadas nos arquivos do Escritório Internacional.

d) A Repartição receptora transmitirá sem demora à Administração encarregada da pesquisa internacional uma cópia da carta e de cada folha de substituição.

26.5. Correção de certos elementos

a) A Repartição receptora decidirá se o depositante apresentou a correção dentro do prazo estabelecido. Caso a correção haja sido apresentada no prazo estipulado, a Repartição receptora decidirá se o pedido internacional assim corrigido deverá ou não ser considerado como retirado.

b) A Repartição receptora aporá nos documentos contendo a correção a data de seu recebimento.

26.6. Desenhos omitidos

a) Se, de acordo com o artigo 14.2), o pedido internacional se referir a desenhos que não estejam de fato incluídos no pedido, a Repartição receptora indicará este fato no dito pedido.

b) A data de recebimento, pelo depositante, da notificação prevista no artigo 14.2) não terá efeito sobre o prazo fixado na regra 20.2.a)III).

Regra 27 - Falta de pagamento de taxas

27.1. Taxas

a) Para os fins do artigo 14.3)a), deve-se entender por "taxas prescritas pelo artigo 3.4)IV)" a taxa de transmissão (regra 14), a parte da taxa internacional que constitui a taxa básica (regra 15.1.I), e a taxa de pesquisa (regra 16).

b) Para os fins do artigo 14.3)a) e b), deve-se entender por "taxa prescrita pelo artigo 4.2)" a parte da taxa internacional que constitui a taxa de designação (regra 15.1.II).

Regra 28 - Falhas notadas pelo Escritório Internacional ou pela Administração encarregada da pesquisa internacional

28.1. Nota relativa a certas falhas

a) Se o Escritório Internacional ou a Administração encarregada da pesquisa internacional forem de opinião que o pedido internacional contém qualquer uma das falhas a que se refere o artigo 14.1)a)I), II) ou V), o Escritório Internacional, ou a Administração encarregada da pesquisa internacional, conforme o caso, chamará a atenção da Repartição receptora para essas falhas.

b) A Repartição receptora, salvo se não partilhar dessa opinião procederá da maneira prevista no artigo 14.1)b) e na regra 26.

Regra 29 - Pedidos internacionais ou designações consideradas como retirados no sentido do artigo 14.1), 3) ou 4)

29.1. Constatação da Repartição receptora

a) Se a Repartição receptora declarar, conforme o artigo 14.1)b) e a regra 26.5 (falta de correção de certas falhas), ou de acordo com o artigo 14.3)a) (falta de pagamento das taxas prescritas pela regra 27.1.a), ou ainda de acordo com o artigo 14.4) (constatação ulterior de que as condições enumeradas nos pontos I) e III) do artigo 11.1) não foram preenchidas), que o pedido internacional será considerado como retirado:

I) a Repartição receptora transmitirá ao Escritório Internacional a via original (se isto já não houver sido feito) e toda e qualquer correção apresentada pelo depositante;

II) a Repartição receptora notificará sem demora essa declaração ao depositante e ao Escritório Internacional, e este último notificará de acordo as Repartições nacionais interessadas;

III) a Repartição receptora não transmitirá a cópia de pesquisa da maneira estabelecida na regra 23 ou, se uma tal cópia já houver sido transmitida, notificará a Administração encarregada da pesquisa internacional sobre essa declaração;

IV) o Escritório Internacional não será obrigado a notificar ao depositante o recebimento da via original;

b) Se a Repartição receptora declarar, como o preceitua o artigo 14.3)b) (falta de pagamento da taxa de designação prescrita pela regra 27.1.b) que a designação de qualquer Estado designado foi considerada como retirada, a Repartição receptora notificará prontamente tal declaração ao depositante e ao Escritório Internacional. Este, por sua vez, notificará a Repartição receptora interessada.

29.2. Constatações das Repartições designadas

Quando os efeitos do pedido internacional cessarem em qualquer Estado designado, em virtude do artigo 24.1)III), ou nele substituírem em virtude do artigo 24.2), a Repartição designada competente notificará tal fato prontamente ao Escritório Internacional.

29.3. Alertando a Repartição receptora para certos fatos

Caso o Escritório Internacional ou a Administração encarregada da pesquisa internacional for de parecer que a Repartição receptora deve fazer uma constatação tal como estipulado no artigo 14.4), chamará a atenção dessa Repartição para os fatos pertinentes.

29.4. Notificação da intenção de fazer uma declaração de acordo com o artigo 14.4)

Antes de fazer qualquer declaração de acordo com o artigo 14.4) a Repartição receptora comunicará ao depositante a sua intenção e os motivos que a determinaram. Caso não concorde com a constatação provisória da Repartição receptora, o depositante poderá apresentar argumentos nesse sentido dentro do prazo de um mês a partir da notificação.

Regra 30 - Prazo a que se refere o artigo 14.4)

30.1. Prazo

O prazo mencionado no artigo 14.4) será de 6 meses a contar da data do depósito internacional.

Regra 31 - Cópias a que se refere o artigo 13

31.1. Pedido de cópias

a) Os pedidos de cópias conforme o artigo 13.1) poderão referir-se a todos os pedidos internacionais, a certos tipos desses pedidos ou a determinados desses pedidos que designem a Repartição nacional autora desse pedido. Tais pedidos de cópias deverão ser renovados todos os anos através de notificações transmitidas ao Escritório Internacional antes de 30 de Novembro do ano precedente por essa Repartição.

b) Os pedidos conforme o artigo 13.2)b) estarão sujeitos ao pagamento de uma taxa para cobertura das despesas de preparo e expedição das cópias.

31.2. Preparo das cópias

O Escritório Internacional será responsável pelo preparo das cópias a que se refere o artigo 13.

Regra 32 - Retirada do pedido internacional ou de designações

32.1. Retiradas

a) O depositante poderá retirar o pedido internacional antes da expiração de um prazo de 20 meses contados da data de prioridade, salvo em relação a qualquer Estado designado em que já tenha sido iniciado o processo ou exame nacional. Poderá retirar a designação de qualquer Estado designado antes da data em que o processo ou exame sejam iniciados nesse estado.

b) A retirada da designação de todos os Estados designados será considerada como uma retirada do pedido internacional.

c) A retirada deverá ser efetuada por meio de um aviso assinado enviado pelo depositante ao Escritório internacional ou, se a via original não houver sido remetida para o Escritório Internacional, à Repartição receptora. No caso previsto na Regra 4.8. *b*), o aviso deverá ser assinado por todos os depositantes.

d) Quando a via original já houver sido remetida para o Escritório Internacional, o fato da retirada e a data de recebimento do aviso contendo a retirada serão registrados pelo Escritório Internacional e comunicados sem demora por este último à Repartição receptora, ao depositante, às Repartições designadas afetadas pela retirada e, quando a retirada for referente ao pedido internacional e o relatório de pesquisa internacional ou a declaração mencionada no artigo 17.2) a) ainda não houverem sido elaborados, à Administração encarregada da pesquisa internacional.

Regra 33 - Estado da técnica pertinente para fins da pesquisa internacional

33.1. Estado da técnica pertinente para fins da pesquisa internacional

a) Para fins do artigo 15.2), o estado da técnica pertinente abrangerá tudo o que foi tornado acessível ao público em todos os recantos do mundo, por meio de divulgação escrita (inclusive desenhos e outras ilustrações) e que seja capaz de ajudar a decidir se a invenção reivindicada é nova ou não e se ela implica ou não em atividade inventiva (isto é, se ela é evidente ou não), contanto, porém, que sua colocação à disposição do público tenha ocorrido antes da data do depósito internacional.

b) Quando a divulgação escrita mencionar uma divulgação oral, um uso, uma exposição, ou quaisquer outros meios através dos quais o conteúdo da divulgação escrita foi tornado acessível ao público, e quando essa colocação à disposição do público tenha ocorrido em uma data anterior à do depósito internacional, o relatório de pesquisa internacional mencionará em separado este fato e a data em que ele ocorreu, caso a colocação à disposição do público da divulgação escrita haja ocorrido em uma data posterior à do depósito internacional.

c) Qualquer pedido publicado, assim como qualquer patente cuja data de publicação for posterior, mas cuja data de depósito - ou, quando for o caso, a data da prioridade reivindicada - for anterior à data do depósito internacional do pedido internacional objeto da pesquisa, e que fariam parte do estado da técnica pertinente para os fins do artigo 15.2) se houvessem sido publicados antes da data do depósito internacional, serão especialmente mencionados no relatório de pesquisa internacional.

33.2. Ramos que a pesquisa internacional deverá abranger

a) A pesquisa internacional deverá abranger todos os ramos técnicos e deverá tomar como base todos os processos de pesquisa que possam conter elementos pertinentes à invenção.

b) Por conseguinte, a pesquisa não deverá abranger apenas o ramo da técnica na qual a invenção possa ser classificada, mas também ramos análogos, sem levar em conta sua classificação.

c) A questão de saber que ramos de técnica deverão, em um determinado caso, ser considerados como análogos, deverá ser estudada à luz do que parece constituir a função ou o uso necessário da invenção, e não unicamente as funções específicas expressamente indicadas no pedido internacional.

d) A pesquisa internacional deverá abranger todos os elementos que se consideram geralmente como equivalentes aos elementos da invenção reivindicada por todas ou certas características suas, mesmo se, em seus detalhes, a invenção, tal como foi descrita no pedido internacional, for diferente.

33.3. Orientação da pesquisa

a) A pesquisa internacional deverá ser feita à base das reivindicações, levando na devida conta a descrição e os desenhos (se os houver) e insistindo muito particularmente no conceito inventivo visado pelas reivindicações.

b) Na medida em que for possível e razoável, a pesquisa internacional deverá abranger todos os elementos visados pelas reivindicações ou que se possa razoavelmente esperar que elas visem após serem emendadas.

Regra 34 - Documentação mínima

34.1. Definição

a) As definições contidas no artigo 2.I) e II) não se aplicarão às finalidades deste artigo.

b) A documentação mencionada no artigo 15.4) ("documentação mínima") consistirá em:

I) os "documentos nacionais de patentes" tal como especificado na alínea *c*);

II) os pedidos internacionais (PCT) publicados, os pedidos regionais publicados de patentes e certificados de autor de invenção, assim como as patentes e os certificados de autor regionais publicados; todos os demais elementos que constituam a literatura não especializada em patentes, convencionados entre as Administrações encarregadas da pesquisa internacional e cuja lista for publicada pelo Escritório Internacional depois do primeiro acordo a seu respeito e depois de cada modificação.

c) Ressalvadas as disposições das alíneas *d*) e *e*), os "documentos nacionais de patentes" serão os seguintes:

I) as patentes concedidas a partir de 1920 pela França, pelo ex-Reichspatentamt da Alemanha, pelo Japão, a União Soviética, a Suíça (unicamente nas línguas francesa e alemã), o Reino Unido e os Estados Unidos da América;

II) as patentes concedidas pela República Federal da Alemanha;

III) os pedidos de patentes, se os houver, publicados a partir de 1920 nos países mencionados nos pontos I) e II);

IV) os certificados de autor de invenção concedidos pela União Soviética;

V) os certificados de utilidade concedidos pela França e os pedidos publicados desses certificados;

VI) as patentes concedidas depois de 1920 por qualquer outro país, se forem redigidas em alemão, inglês ou francês e se não contiverem qualquer reivindicação de prioridade, assim como os pedidos dessas patentes publicados depois de 1920, desde que a Repartição nacional do país interessado selecione esses documentos e os coloque à disposição de cada Administração encarregada da pesquisa internacional.

d) Quando um pedido for publicado novamente uma (por exemplo, publicação de uma *Offenlengungschrift* como uma *Auslegeschrift*) ou mais vezes, nenhuma Administração encarregada da pesquisa internacional será obrigada a conservar todas as versões em sua documentação; por conseguinte, cada Administração encarregada da pesquisa internacional será autorizada a não conservar senão uma versão. Por outro lado, quando um pedido for aprovado e concedido na forma de uma patente ou de um certificado de utilidade (França) nenhuma Administração encarregada da pesquisa internacional será obrigada a conservar ao mesmo tempo o pedido e a patente ou o certificado de utilidade (França) em sua documentação; por conseguinte, qualquer Administração encarregada da pesquisa internacional será autorizada a guardar em seus arquivos quer o pedido, quer a patente ou o certificado de utilidade.

e) Qualquer Administração encarregada da pesquisa internacional cuja língua oficial ou uma das línguas oficiais não for o japonês ou o russo, será autorizada a não incluir em sua documentação os documentos de patentes do Japão e da União Soviética respectivamente dos quais não haja resumo disponível em língua inglesa. Se os resumos em língua inglesa se tornarem disponíveis de maneira geral depois da entrada em vigor deste Regulamento de execução os documentos de patentes abrangidos pelos resumos deverão ser incluídos na documentação no decorrer dos 6 meses seguintes à data em que esses resumos se tornaram disponíveis de modo geral. Na eventualidade de interrupção dos serviços de resumos em inglês nos ramos da técnica em que tais resumos eram geralmente disponíveis, a Assembléia adotará as medidas necessárias a restaurar prontamente tais serviços nos ramos em questão.

f) Para os fins desta regra, os pedidos que houverem sido unicamente colocados à disposição do público para consulta não são considerados como pedidos publicados.

Regra 35 - Administração competente encarregada da pesquisa internacional

35.1. Quando apenas uma Administração encarregada da pesquisa internacional for competente

Qualquer Repartição receptora comunicará ao Escritório Internacional em obediência aos termos de acordo a que se refere o artigo 16.3)b), que Administração encarregada da pesquisa internacional é competente para realizar a pesquisa relativa aos pedidos internacionais depositados na dita Repartição; O Escritório Internacional publicará prontamente essa informação.

35.2. Quando várias Administrações encarregadas da pesquisa internacional forem competentes

a) Qualquer Repartição receptora, conforme os termos do acordo aplicável mencionado no artigo 16.3)b), poderá designar várias Administrações encarregadas da pesquisa internacional:

I) declarando todas essas Administrações competentes em relação a qualquer pedido internacional depositado nessa Repartição e deixando a escolha entre essas Administrações a cargo do depositante, ou

II) declarando uma ou várias dessas Administrações competentes em relação a certos tipos de pedidos internacionais depositados nessa Repartição e declarando uma ou várias outras Administrações competentes em relação a outros tipos de pedidos internacionais depositados nessa Repartição, desde que a respeito dos tipos de pedidos internacionais em relação aos quais várias Administrações encarregadas da pesquisa forem declaradas competentes, a escolha caiba ao depositante.

b) Qualquer Repartição receptora que se valer da faculdade descrita na alínea *a)* disso informará prontamente o Escritório Internacional e este último publicará sem demora essa informação.

Regra 36 - Exigências mínimas para as Administrações - encarregadas da pesquisa internacional

36.1. Definição das exigências mínimas

As exigências mínimas mencionadas no artigo 16.3)c) serão as seguintes:

I) a Repartição nacional ou a organização intergovernamental deverá ter pelo menos 150 funcionários de tempo integral possuindo habilitação técnica suficiente para realizar as pesquisas;

II) essa Repartição ou essa organização deverá possuir pelo menos a documentação mínima a que se refere a regra 34 adequadamente adaptada às finalidades da pesquisa;

III) essa Repartição ou essa organização deverá dispor de pessoal capaz de realizar a pesquisa nos ramos técnicos requeridos e possuindo conhecimentos lingüísticos necessários à compreensão pelo menos das línguas em que a documentação mínima mencionada na regra 34 estiver redigida ou traduzida.

Regra 37 - Título omisso ou defeituoso

37.1. Título omisso

Se o pedido internacional não possuir título e se a Repartição receptora houver notificado a Administração encarregada da pesquisa internacional que solicitou ao depositante a correção dessa falha, essa Administração procederá à pesquisa internacional, a menos que receba, e até que receba notificação de que o dito pedido internacional foi considerado como retirado.

37.2. Colocação do título

Se o pedido internacional não possuir título e se a Administração encarregada da pesquisa internacional não houver recebido notificação da Repartição receptora comunicando que o depositante foi solicitado a fornecer um título, ou se a dita Administração constatar que o título não está conforme a regra 4.3, essa Administração fornecerá ela própria um título.

Regra 38 - Resumo omisso ou defeituoso

38.1. Resumo omisso

Se o pedido internacional não contiver resumo e se a Repartição receptora houver notificado à Administração encarregada da pesquisa internacional que solicitou ao depositante a correção dessa falha, essa Administração procederá à pesquisa internacional salvo se receber, e até que receba notificação de que o pedido internacional deverá ser considerado como retirado.

38.2. Elaboração de resumo

a) Se o pedido internacional não contiver resumo e se a Administração da pesquisa internacional não houver recebido notificação da Repartição receptora comunicando que o depositante foi solicitado a submeter um resumo, ou se a dita Administração constatar que o resumo não estar conforme às disposições da regra 8, essa Administração elaborará ela própria um resumo (na língua de publicação do pedido internacional) e solicitará ao depositante que apresente seus comentários a respeito no prazo de um mês a contar da data dessa solicitação.

b) O conteúdo definitivo do resumo será determinado pela Administração encarregada da pesquisa internacional.

Regra 39 - Matéria a que se refere o artigo 17.2(a)I)

39.1. Definição

Nenhuma Administração encarregada da pesquisa internacional terá obrigação de proceder à pesquisa de um pedido internacional cuja matéria e na medida em, que a matéria seja uma das seguintes:

I) teorias científicas e matemáticas;

II) variedades vegetais, raças animais, processos essencialmente biológicos de produção de vegetais ou animais, além dos processos microbiológicos e produtos obtidos através desses processos;

III) planos, princípios ou métodos para a realização de negócios, de ações puramente intelectuais ou de jogos;

IV) métodos de tratamento do corpo humano ou animal pela cirurgia ou a terapia, assim como métodos de diagnóstico;

V) meras apresentações de informações;

VI) programas de computadores na medida em que a Administração encarregada da pesquisa internacional estiver desaparelhada para realizar a pesquisa do estado da técnica relativa a tais programas.

Regra 40 - Falta de unidade da invenção (pesquisa internacional)

40.1. Solicitação de pagamento

A solicitação de pagamento das taxas adicionais de que trata o artigo 17.3)a) especificará o seu montante e os motivos que levaram a considerar que o pedido internacional não satisfaz a exigência de unidade de invenção.

40.2. Taxas adicionais

a) O montante da taxa adicional para a pesquisa, de que trata o artigo 17.3)a), será determinado pela Administração competente encarregada da pesquisa internacional.

b) A taxa adicional para a pesquisa, de que trata o artigo 17.3)a), deverá ser paga diretamente à Administração encarregada da pesquisa internacional.

c) Qualquer depositante poderá pagar a taxa sob protesto, isto é, juntando uma declaração fundamentada que demonstre que o pedido internacional preenche a condição de unidade da invenção ou que o montante da taxa adicional solicitada é excessivo. Uma comissão de três membros ou qualquer outra instância especial da Administração encarregada da pesquisa internacional, ou qualquer autoridade superior competente, examinará o protesto e, na medida em que o julgar justificado, ordenará o reembolso, total ou parcial, da taxa adicional ao depositante. A requerimento do depositante, o texto de seu protesto, bem como a da decisão sobre o mesmo serão comunicados às Repartições designadas, juntamente com o relatório de pesquisa internacional. O depositante apresentará uma tradução de seu protesto juntamente com a tradução do pedido internacional exigido em virtude do artigo 22.

d) A comissão de três membros, a instância especial ou a autoridade superior a que se refere a alínea *c*) não deverão incluir qualquer pessoa que tenha participado da decisão objeto do protesto

40.3. Prazo

O prazo previsto no artigo 17.3)a) será fixado em cada caso e levando em conta as circunstâncias do caso em espécie, pela Administração encarregada da pesquisa internacional; não poderá ser inferior a 15 ou 30 dias respectivamente se o endereço do depositante for no mesmo país ou em outro país que aquele em que estiver sediada a Administração encarregada da pesquisa internacional, nem superior a 45 dias a contar da data de solicitação.

Regra 41 - Pesquisa de tipo internacional

41.1. Obrigação de utilizar os resultados; Reembolso da taxa

Se, no requerimento, houver referência, na forma prevista na regra 4.11, a uma pesquisa de tipo internacional efetuada nas condições estabelecidas pelo Artigo 15.5), a Administração encarregada da pesquisa internacional utilizará, na medida do possível, os resultados dessa pesquisa para elaboração do relatório de pesquisa internacional relativo ao pedido internacional. A Administração encarregada da pesquisa internacional reembolsará a taxa de pesquisa, na medida e nas condições previstas no acordo a que se refere o artigo 16.3)b), caso o relatório de pesquisa internacional puder basear-se, no todo ou em parte, nos resultados da pesquisa de tipo internacional.

Regra 42 - Prazo para a pesquisa internacional

42.1. Prazo para a pesquisa internacional

Todos os acordos concluídos com as Administrações encarregadas da pesquisa internacional devem prever o mesmo prazo para a elaboração do relatório de pesquisa internacional ou a declaração mencionada no artigo 17.2)a). Esse prazo não deverá exceder aquele dos dois períodos seguinte que expirar por último: 3 meses a contar do recebimento da cópia de pesquisa pela Administração encarregada da pesquisa internacional, ou 9 meses a contar da data de prioridade. Durante um período temporário de 3 anos a partir da entrada em vigor do Tratado, os prazos estabelecidos para o acordo com qualquer Administração encarregada da pesquisa internacional poderão ser negociados individualmente desde que esses prazos não excedam de dois meses aqueles mencionados na frase precedente, mas não poderão em hipótese alguma ultrapassar a expiração do 18º mês seguinte à data de prioridade.

Regra 43 - Relatório de pesquisa internacional

43.1. Identificações

O relatório de pesquisa internacional identificará a Administração encarregada da pesquisa internacional que o elaborou, indicando o nome dessa Administração, e identificará o pedido internacional indicando o número desse pedido, o nome do depositante, o nome da Repartição receptora e a data do depósito internacional.

43.2. Datas

O relatório de pesquisa internacional será datado e indicará a data em que a pesquisa internacional foi efetivamente concluída. Indicará também a data de depósito de qualquer pedido anterior cuja prioridade haja sido reivindicada.

43.3. Classificação

a) O relatório de pesquisa internacional conterá a classificação do objeto da invenção pelo menos segundo a Classificação Internacional das patentes.

b) Essa classificação será efetuada pela Administração encarregada da pesquisa internacional.

43.4. Língua

Qualquer relatório de pesquisa internacional e qualquer declaração feita em virtude do artigo 17.2)a), serão elaborados na língua de publicação do pedido internacional a que se referem.

43.5. Citações

a) O relatório de pesquisa internacional citará os documentos considerados importantes.

b) O método de identificação de cada documento citado será especificado nas Instruções Administrativas.

c) As citações de particular importância serão especialmente apontadas.

d) As citações que não forem importantes para todas as reivindicações serão indicadas em relação à ou às reivindicações a que se referirem.

e) Se apenas certas passagens do documento citado forem importantes ou especialmente importantes, essas passagens serão identificados pela indicação, por exemplo, da página, da coluna ou das linhas em que figura a passagem em questão.

43.6. Ramos abrangidos pela pesquisa

a) O relatório de pesquisa internacional conterá a identificação por símbolos de classificação dos ramos abrangidos pela pesquisa. Se essa identificação for feita na base de uma classificação diferente da Classificação Internacional das Patentes, a Administração encarregada da pesquisa internacional publicará a classificação utilizada.

b) Se a pesquisa internacional abranger patentes, certificados de autor de invenção, certificados de utilidade, modelos de utilidade, patentes ou certificados de adição, certificados de autor de invenção adicionais, certificados de utilidade adicionais ou pedidos publicados de um dos tipos precedentes de proteção relativos a Estados, época ou línguas não compreendidas na documentação mínima tal como definida na regra 34, o relatório internacional de pesquisa identificará os tipos de documentos, os Estados, as épocas ou as línguas a que se referiu. O artigo 2.II) não será aplicável às finalidades desta alínea.

43.7. Observações a respeito da unidade da invenção

Se o depositante houver pago taxas adicionais pela pesquisa internacional, o relatório de pesquisa internacional o mencionará. Outrossim, quando a pesquisa internacional houver sido realizada apenas sobre a invenção principal [artigo 17.3)a)], o relatório de pesquisa internacional indicara que partes do pedido internacional a pesquisa abordou a que partes não abordou.

43.8. Assinatura

O relatório de pesquisa internacional será assinado por um funcionário autorizado da Administração encarregada da pesquisa internacional.

43.9. Limitação do conteúdo

O relatório de pesquisa internacional não conterá qualquer matéria além das enumeradas nas regras 33.1.b) e c), 43.1, 2, 3, 5, 6, 7 e 8 e 44.2.a) e b), e a indicação mencionada no artigo 17.2)b). E sobretudo não conterá qualquer expressão de opinião, qualquer observação argumento, ou explicação.

43.10. Forma

As condições materiais quanto à forma do relatório de pesquisa internacional serão especificada nas Instituições Administrativas.

Regra 44 - Transmissão do relatório de pesquisa internacional, etc.

44.1. Cópias do relatório ou da declaração

A Administração encarregada da pesquisa internacional transmitirá, no mesmo dia, uma cópia do relatório de pesquisa internacional ou da declaração a que se refere o artigo 17.2)a) ao Escritório Internacional e uma cópia ao depositante.

44.2. Título ou resumo

a) Ressalvadas as alíneas *b*) e *c*), o relatório de pesquisa internacional recomendará à Administração encarregada da pesquisa internacional que aprove o título e o resumo submetidos pelo depositante, ou anexará o texto do título e ou do resumo tal como elaborados pela Administração encarregada da pesquisa internacional de acordo com as regras 37 e 38.

b) Se, ao ser concluída a pesquisa internacional, o prazo concedido ao depositante para comentar todas as sugestões da Administração encarregada da pesquisa internacional relativas ao resumo não houver expirado, o relatório de pesquisa internacional mencionará que está incompleto no que diz respeito ao resumo.

c) Assim que expirar o prazo mencionado na alínea *b*), a Administração encarregada da pesquisa internacional notificará ao Escritório Internacional e ao depositante que o resumo foi aprovado ou elaborado por ela.

44.3. Cópias de documentos citados

a) O requerimento a que se refere o artigo 20.3) poderá ser apresentado a qualquer momento durante os 7 anos a partir da data do depósito internacional do pedido internacional a que se refere o relatório de pesquisa internacional.

b) A Administração encarregada da pesquisa internacional poderá exigir que a parte (depositante ou Repartição designada) que lhe apresentou o requerimento pague o custo do preparo e da expedição das cópias. O montante desse custo do preparo de cópias será estabelecido nos acordos a que ser refere o artigo 16.3)b) concluídos entre as Administrações encarregadas da pesquisa internacional e o Escritório Internacional.

c) Qualquer Administração encarregada da pesquisa internacional que não desejar transmitir cópias diretamente a qualquer Repartição designada enviará uma cópia ao Escritório Internacional que então procederá de acordo com as disposições das alíneas *a*) e *b*).

d) Qualquer Administração encarregada da pesquisa internacional poderá confiar as tarefas a que se referem as alíneas *a*) e *c*) a outro organismo que será responsável perante ela.

Regra 45 - Tradução do relatório de pesquisa internacional

45.1. Línguas

Os relatórios de pesquisa internacional e as declarações a que se refere o artigo 17.2)a) serão traduzidos para o inglês quando não forem elaborados nessa língua.

Regra 46 - Emenda das reivindicações junto ao Escritório Internacional

46.1. Prazo

O prazo mencionado no artigo 19 será de dois meses a contar da data de transmissão do relatório de pesquisa internacional ao Escritório Internacional e ao depositante pela Administração encarregada da pesquisa internacional ou, quando essa transmissão for efetuada antes de expirado o 14º mês a contar da data de prioridade, de três meses a contar da data de transmissão.

46.2. Data de emendas

A data de recebimento de qualquer emenda será registrada pelo Escritório Internacional e indicada por ele em todas as publicações ou cópias que elaborar.

46.3. Língua das emendas

Se o pedido internacional houver sido depositado numa língua diferente daquela usada na sua publicação pelo Escritório Internacional, qualquer emenda feita de acordo com o artigo 19 deverá ser efetuada tanto na língua em que o pedido internacional foi depositado como na língua em que foi publicado.

46.4. Declaração

a) A declaração mencionada no artigo 19.1) deverá ser feita na língua de publicação do pedido internacional e não deverá exceder 500 palavras se for redigida em, ou traduzida para o inglês.

b) A declaração não deverá conter qualquer comentário relativo ao relatório de pesquisa internacional ou à pertinência das citações contidas nesse relatório. A declaração não poderá se referir a uma citação contida no relatório de pesquisa internacional senão para indicar que uma determinada emenda das reivindicações tem por fim evitar o documento citado.

46.5. Forma das Emendas

a) O depositante será solicitado a apresentar uma folha de substituição para cada folha das reivindicações que devido a uma ou mais emendas feitas de acordo com o artigo 19, divirja da folha originalmente depositada. A carta que acompanhar as folhas de substituição deverá chamar atenção para as divergências entre as folhas substituídas e as folhas de substituição. Desde que uma emenda exija a supressão de uma folha inteira, essa emenda deverá ser comunicada por uma carta.

b) O Escritório Internacional anotará em uma folha de substituição, o número do pedido internacional, a data em que foi recebida a folha em questão e o carimbo que o identifica. Conservará em seus arquivos, toda e qualquer folha de substituição, a carta que acompanhar a ou as folhas de substituição e qualquer carta tal como mencionada na última frase da alínea *a*).

c) O Escritório Internacional inserirá toda e qualquer folha de substituição na via original e, no caso mencionado na última frase da alínea *a*), anotará as supressões na via original.

Regra 47 - Comunicação às Repartições designadas

47.1. Processo

a) A comunicação a que se refere o artigo 20 será feita pelo Escritório Internacional.

b) Essa comunicação será feita prontamente após o Escritório Internacional ter recebido do depositante emendas ou uma declaração de que ele não deseja apresentar emendas ao Escritório Internacional mas, de todo modo, ao se expirar o prazo previsto na regra 46.1. Quando, em obediência ao artigo 17.2)a), a Administração encarregada da pesquisa internacional houver declarado que nenhum relatório de pesquisa internacional será efetuado, a comunicação a que se refere o artigo 20 será feita, salvo retirada do pedido internacional, dentro do prazo de um mês a contar da data em que o

Escritório Internacional recebeu da Administração encarregada da pesquisa internacional a notificação relativa a essa declaração; à dita comunicação deverá ser juntada uma indicação da data da notificação enviada ao depositante de acordo com o artigo 17.2)a).

c) O Escritório Internacional enviará ao depositante uma nota indicando as Repartições nacionais às quais a comunicação foi feita e a data dessa comunicação. Essa nota será enviada no mesmo dia que a comunicação.

d) Cada Repartições designada receberá, a pedido, os relatórios de pesquisa internacional e as declarações a que se refere o artigo 17.2)a) também em sua tradução, conforme a regra 45.1.

e) Quando qualquer Repartição designada houver dispensado a exigência do requerimento prescrito pelo artigo 20, as cópias dos documentos que normalmente deveriam ter sido enviadas a essa Repartição serão enviadas, a seu pedido ou a pedido do depositante, para este último ao mesmo tempo que a nota mencionada na alínea *c*).

47.2. Cópias

a) As cópias requeridas para as comunicações serão preparadas pelo Escritório Internacional.

b) Essas cópias deverão ser feitas em folhas de formato A4.

47.3. Língua

A comunicação do pedido internacional, de acordo com o artigo 20, deverá ser feita na língua de sua publicação, ficando entendido que, se essa língua não for a mesma em que o pedido foi depositado, este último será, a pedido da Repartição designada, comunicado em uma ou outra dessas línguas, ou em ambas.

Regra 48 - Publicação internacional

48.1. Forma

a) O pedido internacional será julgado em forma de brochura.

b) Os pormenores relativos à forma da brochura e ao seu modo de reprodução serão especificados nas Instruções Administrativas.

48.2. Conteúdo

a) A brochura conterá:

I) uma página de cobertura padronizada;

II) a descrição;

III) as reivindicações;

IV) os desenhos, se os houver;

V) com ressalva da alínea *g*), o relatório de pesquisa internacional ou a declaração mencionada no artigo 17.2)a);

VI) qualquer declaração depositada em obediência ao artigo 19.1), salvo se o Escritório Internacional considerar que a declaração não esta conforme às disposições da regra 46.4.

b) Com ressalva da alínea *c*), a página de cobertura compreenderá:

I) dados retirados da folha que contém o requerimento e outros dados que serão especificados nas Instruções Administrativas;

II) uma ou mais ilustrações quando o pedido internacional contiver desenhos;

III) o resumo: caso o resumo seja redigido em inglês e em uma outra língua, o texto em inglês deverá figurar em primeiro lugar.

c) Quando, em obediência ao artigo 17.2)a), houver sido feita uma declaração, a página de cobertura evidenciará esse fato e não compreenderá desenhos nem resumo.

d) Quando as ilustrações mencionadas nas alíneas *b*)II) forem escolhidas da maneira estabelecida pela regra 8.2, a reprodução dessa ilustração ou ilustrações na página de cobertura poderá ser em formato reduzido.

e) Caso não haja espaço suficiente na página de cobertura para todo o resumo tal como mencionado na alínea *b*)III), o mesmo poderá ser apresentado no verso da página de cobertura. O mesmo se aplica à tradução do resumo quando essa tradução tiver de ser publicada em obediência à regra 48.3.c).

f) Se as reivindicações houverem sido emendadas de acordo com o artigo 19, a publicação conterá quer o texto integral das reivindicações tal como foram depositadas e tal como foram emendadas, que o texto integral das reivindicações tal como foram depositadas, especificando todas as emendas. Qualquer declaração de acordo com o artigo 19.1 será igualmente incluída, a menos que o Escritório Internacional julgue que a mesma não está conforme às disposições da regra 46.4. A data de recebimento pelo Escritório Internacional das reivindicações emendadas deverá ser indicada.

g) Se, na ocasião estabelecida para a publicação, o relatório de pesquisa internacional ainda não estiver disponível (em virtude, por exemplo, de publicação a pedido do depositante de acordo com os artigos 21.2)b) e 64.3)c)I), a brochura conterá, em lugar do relatório de pesquisa internacional, a indicação de que esse relatório ainda não está disponível e que, ou a brochura (contendo então também o relatório internacional) será publicada novamente, ou o relatório de pesquisa internacional (quando estiver disponível) será publicado separadamente.

h) Se, na data estabelecida para a publicação, o prazo para emendas das reivindicações, estipulado pelo artigo 19, não houver expirado, a brochura indicará esse fato e especificará que, se as reivindicações tiverem de ser modificadas de acordo com o artigo 19, haverá, logo após essas modificações, quer nova publicação (da brochura incluindo as reivindicações como foram emendadas), quer publicação de uma declaração reproduzindo todas as emendas. No último caso, haverá, pelo menos, nova publicação da página de cobertura e das reivindicações em caso de depósito de uma declaração em virtude do artigo 19.1), publicação dessa declaração, a menos que o Escritório Internacional julgue que a declaração não está conforme às disposições da regra 46.4.

i) As Instruções Administrativas determinarão os casos em que as diversas alternativas mencionadas nas alíneas *g*) e *h*) serão aplicadas. Essa determinação dependerá do volume e da complexidade das emendas e/ou do volume do pedido internacional e de fatores de custo.

48.3. Línguas

a) Se o pedido internacional for depositado em alemão, em francês, em inglês, em japonês ou em russo, ele será publicado na língua em que foi depositado.

b) Se o pedido internacional for depositado em uma língua que não seja alemão, francês, inglês, japonês ou russo, será publicado em tradução inglesa. A tradução será feita sob a responsabilidade da Administração encarregada da pesquisa internacional que deverá tê-la pronta em tempo suficiente para que a publicação internacional a que se refere o artigo 20 seja feita na data prevista. Não obstante as disposições da regra 16.1.a), a Administração encarregada da pesquisa internacional poderá perceber uma taxa do depositante pela tradução. A administração encarregada da pesquisa internacional dará oportunidade ao depositante para comentar a minuta da tradução e estipulará um prazo razoável, na circunstância, para a apresentação desses comentários. Caso não haja tempo para levar e consideração os comentários do depositante antes da comunicação da tradução, ou se houver divergência de opiniões entre o depositante e a dita Administração quanto à exatidão da tradução, o depositante poderá enviar uma cópia de seus comentários ou o que restar dos mesmos, ao Escritório Internacional e a cada Repartição designada à qual a tradução foi comunicada. O Escritório Internacional publicará a essência dos comentários juntamente com a tradução da Administração encarregada da pesquisa internacional ou depois da publicação dessa tradução.

c) Se o pedido internacional for publicado em uma língua que não seja o inglês, o relatório de pesquisa internacional, ou a declaração a que se refere o artigo 17.2)a), e o resumo serão publicados ao mesmo tempo nessa outra língua e em inglês. As traduções serão feitas sob a responsabilidade do Escritório Internacional.

48.4. Publicação antecipada a pedido do depositante

a) Quando o depositante pedir a publicação tal como o facultam os artigos 21.2)b) e 64.3)c)i) e quando o relatório de pesquisa internacional ou a declaração a que se refere o artigo 17.2)a) ainda não estiver disponível para publicação com o pedido internacional, o Escritório Internacional cobrará uma taxa especial de publicação cujo montante será fixado nas Instruções Administrativas.

b) A publicação de acordo com os artigos 21.2)b) e 64.3)c)i) será feita pelo Escritório Internacional logo após o depositante havê-la solicitado e, quando uma taxa especial for devida em virtude da alínea *a*), depois do recebimento dessa taxa.

48.5. Notificação da publicação nacional

Quando a publicação do pedido internacional pelo Escritório Internacional for regulamentada pela disposição do artigo 64.3)c)ii), a Repartição nacional interessada, logo após haver efetuado a publicação nacional mencionada na dita disposição, notificará o fato dessa publicação nacional ao Escritório Internacional.

48.6. Publicação de certos fatos

a) Se qualquer notificação a que se refere a regra 29.1.a)ii) chegar ao Escritório Internacional em uma data em que já não possa mais sustar a publicação internacional do pedido internacional, o Escritório Internacional publicará prontamente na Gazeta uma nota reproduzindo a essência dessa notificação.

b) A essência de qualquer notificação a que ser referem as regras 29.2 e 51.4 será publicada na Gazeta e, caso a notificação chegue ao Escritório Internacional antes determinados os preparativos para a publicação da brochura, também nesta última.

c) Se o pedido internacional for retirado depois de sua publicação internacional, tal fato será publicado na Gazeta.

Regra 49 - Línguas das traduções e montantes das taxas conforme o artigo 22.1) e 2)

49.1. Notificação

a) Qualquer Estado contratante que exija a remessa de uma tradução ou o pagamento de uma taxa nacional, ou ambos, conforme o artigo 22, deverá notificar ao Escritório Internacional:

I) as línguas de que exige uma tradução e a língua em que esta deverá ser feita;

II) o montante da taxa nacional.

b) Toda a notificação recebida pelo Escritório Internacional conforme a alínea *a*) será publicada prontamente na Gazeta pelo Escritório Internacional.

c) Se as exigências a que se refere a alínea *a*) forem posteriormente modificadas, essas modificações deverão ser comunicadas pelo Estado contratante ao Escritório Internacional que publicará prontamente a notificação na Gazeta. Se a modificação se referir à exigência de uma tradução para uma língua que não fora exigida antes dessa modificação, ela não se aplicará senão aos pedidos internacionais depositados mais de dois meses depois da publicação da notificação na Gazeta. De outro modo, a data efetiva de qualquer modificação será determinada pelo Estado contratante.

49.2. Línguas

A língua em que uma tradução poderá ser exigida deverá ser uma língua oficial da Repartição designada. Caso haja várias línguas oficiais, nenhuma tradução poderá ser exigida se o pedido internacional estiver redigido em uma dessas línguas oficiais e se uma tradução tiver de ser fornecida, o depositante poderá escolher qualquer uma delas. Não obstante as disposições desta alínea, caso haja várias línguas oficiais, mas a legislação nacional determinar a utilização de uma dessas línguas pelos estrangeiros, uma tradução nessa língua poderá ser exigida.

49.3. Declarações a que se refere o artigo 19

Para as finalidades do artigo 22 e desta regra, qualquer declaração feita de acordo com o artigo 19.1 será considerada como parte integrante do pedido internacional.

Regra 50 - Faculdade a que se refere o artigo 22.3)

50.1. Exercício da faculdade

a) Qualquer Estado contratante que conceda prazos que expirem depois dos previstos no artigo 22.1) ou 2) deverá notificar ao Escritório Internacional os prazos assim concedidos.

b) Toda notificação recebida pelo Escritório Internacional conforme a alínea *a)* será publicada prontamente na Gazeta pelo Escritório Internacional.

c) As notificações relativas à abreviação de um prazo previamente fixado aplicar-se-ão aos pedidos internacionais depositados depois de expirados três meses a contar da data em que a notificação foi publicada pelo Escritório Internacional.

d) As notificações relativas à prolongação de um prazo previamente fixado aplicar-se-ão, desde sua publicação ou depositados depois dessa data ou, se o Estado contratante que fez a notificação fixar uma data ulterior, nesta última.

Regra 51 - Revisão por Repartições designadas

51.1. Prazo para apresentar o pedido de remessa de cópias

O prazo a que se refere o artigo 21.1)c) será de dois meses a contar da data da notificação enviada ao depositante conforme as regras 20.7.i), 24.2.b), 29.1.a)ii) ou 29.1.b).

51.2. Cópia da notificação de constatação negativa

Se, depois de haver recebido uma notificação de constatação negativa de acordo com artigo 11.1), o depositante solicitar ao Escritório Internacional, de acordo com o artigo 25.1, a remessa de cópias do processo do alegado pedido internacional a uma Repartição indicada por ele para ser designada, deverá juntar a esse pedido cópia da notificação a que se refere a regra 20.7.i).

51.3. Prazo para pagamento da taxa nacional e para remessa de uma tradução

O prazo a que se refere o artigo 25.20)a) expirará ao mesmo tempo que o prazo fixado na regra 51.1.

51.4. Notificação ao Escritório Internacional

Se, de acordo com o artigo 25.2, a Repartição designada competente decidir que a recusa, a declaração ou constatação a que se refere o artigo 25.1 não foram justificadas, notificará prontamente o Escritório Internacional de que considerará o pedido internacional como se nele não houvesse ocorrido o erro ou a omissão mencionados no artigo 25.2).

Regra 52 - Emenda das reivindicações, da descrição e dos desenhos junto às Repartições designadas

52.1. Prazo

a) Em todo o Estado designado em que o processo e o exame do pedido internacional sejam instaurados sem requerimento especial, o depositante, se o desejar, deverá exercer o direito que lhe é conferido pelo artigo 28 no prazo de um mês a contar do cumprimento das exigências contidas no artigo 22, desde que, se a comunicação a que se refere a regra 47.1 não tiver sido efetuada ao se expirar o prazo aplicável de acordo com o artigo 22, ele haja exercido esse direito antes de decorridos 4 meses da expiração dessa data. Em qualquer caso o depositante poderá exercer esse direito em qualquer data ulterior se a legislação nacional desse Estado o permitir.

b) Em todo o Estado designado em que a legislação nacional disponha que o exame não seja iniciado senão por requerimento especial, o prazo durante o qual, ou o momento em que o depositante poderá exercer o direito conferido pelo artigo 28 será o mesmo que o previsto pela legislação nacional para o depósito de emendas em caso do exame, por requerimento especial, de pedidos nacionais, desde que esse prazo não expire antes, ou que esse momento não ocorra antes da expiração da prazo aplicável conforme a alínea *a)*.

PARTE C - REGRAS RELATIVAS AO CAPÍTULO II DO TRATADO

Regra 53 - Pedido de exame preliminar internacional

53.1. Formulário

a) O pedido de exame preliminar internacional deverá ser feito em formulário impresso.

b) Exemplares do formulário impresso serão fornecidos gratuitamente aos depositantes pelas Repartições receptoras.

c) Os pormenores relativos ao formulário serão especificados nas Instruções Administrativas.

d) O pedido de exame preliminar internacional deverá ser apresentado em duas vias idênticas.

53.2. Conteúdo

a) O pedido de exame preliminar internacional deverá conter:

I) uma petição;

II) indicações referentes ao depositante e ao mandatário, caso haja um mandatário;

III) indicações referentes ao pedido internacional a que disser respeito;

IV) uma eleição de Estados.

b) O pedido de exame preliminar internacional deverá ser assinado.

53.3. Petição

O pedido deverá ser no teor, e ser redigido de preferência como segue: "Pedido de exame preliminar internacional de acordo com o artigo 31 do Tratado de Cooperação em Matéria de Patentes: O abaixo assinado solicita o pedido internacional discriminado abaixo seja objeto de um exame preliminar internacional conforme o Tratado de Cooperação em Matéria de Patentes".

53.4. Depositante

No que diz respeito à indicações relativas às regras 4.4 e 4.16; a regra 4.5 aplicar-se-á *mutatis mutandis.*

53.5. Mandatário

Caso haja designação de mandatário, aplicar-se-ão as regras 4.4, 4.7 e 4.16; a regra 4.8 aplicar-se-á *mutatis mutandis.*

53.6. Identificação do pedido internacional

O pedido internacional deverá ser identificado pelo nome da Repartição receptora em que houver sido depositado, pelo nome e endereço do depositante, pelo título da invenção e, quando o depositante conhecer a data do depósito internacional e o número do pedido internacional, por essa data e esse número.

53.7. Eleição de Estados

No pedido de exame preliminar internacional, pelo menos um Estado contratante obrigado pelo Capítulo II do Tratado deverá ser mencionado dentre os Estados designados como o Estado eleito.

53.8. Assinatura

O pedido de exame preliminar internacional deverá ser assinado pelo depositante.

Regra 54 - Depositante autorizado a apresentar um pedido de exame preliminar internacional

54.1. Domicílio e nacionalidade

O domicílio e a nacionalidade do depositante, para fins do artigo 31.2), serão determinados conforme disposto nas regras 18.1 e 18.2.

54.2. Vários depositantes: os mesmos para todos os Estados eleitos

Se todos os depositantes forem depositantes para todos os Estados eleitos, o direito de apresentar um pedido de exame preliminar internacional conforme o artigo 31.2) existirá caso pelo menos um dentre eles seja:

I) domiciliado em ou nacional de um Estado contratante obrigado pelo Capítulo II e o pedido internacional haja sido depositado em obediência ao artigo 31.2)a) ou

II) uma pessoa autorizada a depositar um pedido de acordo com o artigo 31.2)b) e o pedido internacional haja sido depositado em obediência a uma decisão da Assembléia.

54.3. Vários depositantes: diferentes para Estados eleitos diferentes

a) Depositantes diferentes poderão ser indicados, para Estados eleitos diferentes desde que, em relação a cada Estado eleito, pelo menos um dos depositantes indicados para esse Estado seja:

I) domiciliado em ou nacional de um Estado contratante obrigado pelo Capítulo II e o pedido internacional haja sido depositado de acordo com o artigo 31.2)a) ou

II) uma pessoa autorizada a depositar um pedido de acordo com o artigo 31.2)b) e o pedido internacional haja sido depositado por decisão da Assembléia.

b) Se a condição estabelecida na alínea *a*) não houver sido preenchida em relação a determinado Estado eleito, a eleição desse Estado será considerada como não tendo sido feita.

54.4. Troca de pessoa ou do nome do depositante

Qualquer troca da pessoa ou do nome do depositante será, a pedido do depositante ou da Repartição receptora, registrado pelo Escritório Internacional que o notificará à Administração interessada encarregada do exame preliminar internacional e às Repartições eleitas.

Regra 55 - Línguas (exame preliminar internacional)

55.1. Pedido de exame preliminar internacional

O pedido de exame preliminar internacional deverá ser apresentado na língua do pedido internacional ou, quando for exigida uma tradução de acordo com a regra 55.2, na língua dessa tradução.

55.2. Pedido internacional

a) Se a Administração competente encarregada do exame preliminar internacional não fizer parte da mesma Repartição nacional ou da mesma organização intergovernamental que a Administração competente encarregada da pesquisa internacional, e se o pedido internacional for depositado em uma língua diferente da que foi mencionada - ou das que foram mencionadas - no acordo concluído entre o Escritório Internacional e a Administração encarregada do exame preliminar internacional, esta última poderá exigir que o depositante lhe submeta uma tradução do pedido internacional.

b) A tradução deverá ser submetida o mais tardar na última das duas datas seguintes:

I) data da expiração do prazo estabelecido na regra 46.1;

II) data de apresentação do pedido de exame preliminar internacional.

c) A tradução deverá conter uma declaração do depositante no sentido de que, tanto quanto seja do seu conhecimento, ela está completa e fiel. Essa declaração deverá ser assinada pelo depositante.

d) Se as disposições das alíneas *b)* e *c)* não houverem sido obedecidas, a Administração encarregada do exame preliminar no prazo de um mês a contar da data da solicitação. Caso o depositante não atenda a essa solicitação, o pedido será considerado como não tendo sido apresentado e a Administração encarregada do exame preliminar internacional comunicará esse fato ao depositante e ao Escritório Internacional.

Regra 56 - Eleições ulteriores

56.1. Eleições apresentadas depois do pedido de exame preliminar internacional

A eleição de Estados não mencionados no pedido de exame preliminar internacional deverá ser efetuada por meio de uma nota assinada e apresentada pelo depositante e deverá identificar o pedido internacional e o pedido de exame preliminar internacional.

56.2. Identificação do pedido internacional

O pedido internacional deverá ser identificado conforme o disposto na regra 53.6.

56.3. Identificação do pedido de exame preliminar internacional

O pedido de exame preliminar internacional deverá ser identificado pela data em que foi apresentado e pelo nome da Administração encarregada do exame preliminar internacional à qual foi apresentado.

56.4. Forma das eleições ulteriores

A eleição ulterior deverá ser feita de preferência em um formulário impresso remetido gratuitamente aos depositantes. Se não for feita em tal formulário, deverá ser redigida de preferência como segue: "Em relação ao pedido internacional depositado na..., em..., sob nº..., por ... (depositante) (e pedido de exame preliminar apresentado em ..., a...), o abaixo assinado elege o Estado (os Estados) adicional(s) seguinte(s) conforme disposto no artigo 31 do Tratado de Cooperação em Matéria de Patentes: ...".

56.5. Língua da eleição ulterior

A eleição ulterior deverá ser efetuada na mesma língua, do pedido de exame preliminar internacional.

Regra 57 - Taxa de execução

57.1. Obrigação de pagar

Qualquer pedido de exame preliminar internacional será sujeito ao pagamento de uma taxa em benefício do Escritório Internacional ("taxa de execução").

57.2. Montante

a) O montante da taxa de execução será de 14 dólares dos Estados Unidos ou 60 francos suíços multiplicados pelo número das línguas em que o relatório de exame preliminar internacional tiver de ser traduzido, em obediência ao artigo 36.2), pelo Escritório Internacional.

b) Quando, em virtude de uma eleição ou eleições ulteriores, o relatório de exame preliminar internacional tiver de ser traduzido, em obediência ao artigo 36.2), pelo Escritório Internacional em uma ou várias línguas adicionais, um suplemento à taxa de execução, no montante de 14 dólares dos Estados Unidos ou 60 francos suíços por língua adicional, deverá ser pago.

57.3. Modo e data de pagamento

a) Com ressalva da alínea *b*), a taxa de execução será cobrada pela Administração encarregada do exame preliminar internacional à qual for apresentado o pedido de exame preliminar internacional e será devida na data de apresentação desse pedido.

b) Qualquer suplemento à taxa de execução de acordo com a regra 57.2.b) será cobrado pelo Escritório Internacional e devido na data da apresentação da eleição ulterior.

c) A taxa de execução deverá ser paga na moeda determinada pela Administração encarregada do exame preliminar internacional à qual o pedido de exame preliminar internacional (for apresentado, ficando entendido que, na ocasião de sua transferência para o Escritório Internacional por essa Administração, ela deverá ser livremente conversível em moeda suíça.

d) Qualquer suplemento à taxa de execução deverá ser pago em moeda suíça.

57.4. Falta de pagamento (taxa de execução)

a) Quando a taxa de execução deixar de ser paga como prescrito nas regras 57.2.a) e 57.3.a) e c), a Administração encarregada do exame preliminar internacional solicitará ao depositante que pague essa taxa no prazo de um mês a contar da data da solicitação.

b) Se o depositante atender à solicitação dentro do prazo prescrito, o pedido de exame preliminar internacional será considerado como tendo sido recebido na data em que a Administração encarregada do exame preliminar receber a taxa, a menos que, em virtude da regra 60.1.b) uma data ulterior seja aplicável.

c) Se o depositante não atender à solicitação dentro do prazo prescrito, o pedido de exame preliminar internacional será considerado como não tendo sido apresentado.

57.5. Falta de pagamento (suplemento à taxa de execução)

a) Quando o suplemento à taxa de execução não for pago de acordo com as regras 57.2.b) e 57.3.b) e d), o Escritório Internacional solicitará ao depositante que pague o suplemento dentro do prazo de um mês a contar da data dessa solicitação.

b) Se o depositante atender a essa solicitação dentro do prazo prescrito, a eleição ulterior será considerada como tendo sido feita na data de recebimento do suplemento pelo Escritório Internacional, salvo se uma data ulterior for aplicável, de acordo com a regra 60.2.b).

c) Se o depositante não atender à solicitação dentro do prazo prescrito, a eleição ulterior será considerada como não tendo sido apresentada.

57.6. Reembolso

A taxa de execução, assim como qualquer suplemento a essa taxa, não será reembolsada em nenhuma circunstância.

Regra 58 - Taxa de exame preliminar

58.1. Direito de solicitar uma taxa

a) Cada Administração encarregada do exame preliminar internacional poderá solicitar ao depositante que lhe pague uma taxa para execução do exame preliminar internacional ("taxa de exame preliminar") e para a realização de todas as demais tarefas confiadas às Administrações encarregadas do exame preliminar internacional pelo Tratado e pelo presente Regulamento de execução.

b) O montante da taxa de exame preliminar e a data em que ela será devida, quando for o caso, serão fixados pela Administração encarregada do exame preliminar internacional, contanto que essa data não seja anterior à data em que será devida a taxa de execução.

c) A taxa de exame preliminar internacional deverá ser paga diretamente à Administração encarregada do exame internacional. Quando essa Administração for uma Repartição nacional, a taxa será paga na moeda determinada por essa Repartição, e quando a Administração for uma organização intergovernamental, na moeda do Estado em que estiver sediada a organização intergovernamental ou em outra moeda livremente conversível na moeda do dito Estado.

Regra 59 - Administração competente encarregada do exame preliminar internacional

59.1. Pedidos de exame preliminar internacional feitos de acordo com o artigo 31.2)a)

Em relação aos pedidos de exame preliminar internacional feitos de acordo com o artigo 31.2)a), cada Estado contratante obrigado pelas disposições do Capítulo II e de acordo com os termos do acordo aplicável a que se refere o artigo 32.2) e 3), comunicará a Escritório Internacional que Administração ou Administrações encarregadas do exame preliminar internacional serão competentes para proceder ao exame preliminar internacional dos pedidos internacionais depositados em sua Repartição nacional ou, no caso a que se refere a regra 19.1.b), na Repartição nacional de um outro Estado ou na organização intergovernamental agindo em nome de sua própria Repartição nacional; o Escritório Internacional publicará prontamente essa informação.

Quando várias Administrações encarregadas do exame preliminar internacional forem competentes, as disposições da regra 35.2. aplicar-se-ão *mutatis mutandis*.

59.2. Pedidos de exame preliminar internacional feitos de acordo com o artigo 31.2)b)

Quanto aos pedidos de exame preliminar internacional feitos de acordo com o artigo 31.2)b), a Assembléia, ao especificar a Administração encarregada do exame preliminar internacional com competência para os pedidos internacionais depositados em uma Repartição nacional que seja ela própria uma Administração encarregada do exame preliminar, dará preferência a essa Administração; se a Repartição nacional não for ela própria uma Administração encarregada do exame preliminar internacional, a Assembléia dará preferência à Administração encarregada do exame preliminar internacional recomendada por essa Repartição.

Regra 60 - Certas falhas no pedido de exame preliminar internacional ou nas eleições

60.1. Falhas no pedido de exame preliminar internacional

a) Se o pedido de exame preliminar internacional não preencher as condições prescritas nas regras 53 e 55, a Administração encarregada do exame preliminar internacional solicitará ao depositante que corrija as falhas dentro do prazo de um mês a contar da data dessa solicitação.

b) Se o depositante atender à solicitação dentro do prazo prescrito, o pedido de exame preliminar internacional será considerado como se houvesse sido recebido na data do recebimento da correção pela Administração encarregada do exame preliminar internacional ou, quando a taxa de execução for recebida de acordo com a regra 57.4.b) em uma data ulterior, nesta data.

c) Se o depositante não atender à solicitação dentro do prazo prescrito, o pedido de exame preliminar internacional será considerado com não havendo sido apresentado.

d) Se a falha for constatada pelo Escritório Internacional, este chamará a atenção da Administração encarregada do exame preliminar internacional para essa falha; essa Administração procederá então da maneira estabelecida nas alíneas *a*) a *c*).

60.2. Falhas nas eleições ulteriores

a) Se a eleição ulterior não preencher as condições prescritas na regra 56, o Escritório Internacional solicitará ao depositante que corrija as falhas dentro do prazo de um mês a contar da data dessa solicitação.

b) Se o depositante atender à solicitação dentro do prazo prescrito, a eleição ulterior será considerada como havendo sido recebida na data de recebimento da correção pelo Escritório Internacional ou, quando o suplemento à taxa de execução for recebido de acordo com a regra 57.5.b) em uma data ulterior, nesta data.

c) Se o depositante não atender à solicitação dentro do prazo prescrito, a eleição ulterior será considerada como não havendo sido apresentada.

60.3. Tentativas de eleições

Se o depositante houver tentado eleger um Estado que não seja um Estado designado ou um Estado que não esteja obrigado pelo Capítulo II, a tentativa de eleição será considerada como não havendo sido efetuada e o Escritório Internacional comunicará esse fato ao depositante.

Regra 61 - Notificação do pedido de exame preliminar internacional e das eleições

61.1. Notificações ao Escritório Internacional, ao depositante e à Administração encarregada do exame preliminar internacional

a) A Administração encarregada do exame preliminar internacional indicará, nas duas vias do pedido de exame preliminar internacional, a data de recebimento ou, se for o caso, a data mencionada na regra 60.1.b).

A Administração encarregada do exame preliminar internacional enviará prontamente a via original ao Escritório Internacional. A outra via, ela conservará em seus arquivos.

b) A Administração encarregada do exame preliminar internacional informará prontamente, por escrito, ao depositante, a data do recebimento do pedido de exame preliminar internacional. Quando o pedido de exame preliminar internacional houver sido considerado, de acordo com as regras 57.4.c) ou 60.1.c), como não tendo sido apresentado, essa Administração comunicará este fato ao depositante.

c) O Escritório Internacional comunicará sem demora à Administração encarregada do exame preliminar internacional e ao depositante o recebimento e a data de recebimento de qualquer eleição ulterior. Essa data deverá ser a data efetiva de recebimento pelo Escritório Internacional ou, se for o caso, a data mencionada na regra 60.2.b). Quando a eleição ulterior houver sido considerada, de acordo com as regras 57.5.c) ou 60.2.c), como não tendo sido apresentada, o Escritório Internacional comunicará este fato ao depositante.

61.2. Notificações às Repartições eleitas

a) A notificação a que se refere o artigo 31.7) será feita pelo Escritório Internacional.

b) Essa notificação deverá indicar o número e a data do depósito do pedido internacional; o nome do depositante, o nome da Repartição receptora, a data do depósito do pedido nacional ou internacional cuja prioridade houver sido reivindicada (quando existir reivindicação de prioridade), a data de recebimento do pedido de exame preliminar internacional pela Administração encarregada do exame preliminar internacional e - em caso de eleição ulterior - a data de recebimento da eleição ulterior pelo Escritório Internacional.

c) A notificação deverá ser endereçada à Repartição eleita logo depois de expirado o 18º mês a contar da data de prioridade ou, se o relatório de exame preliminar internacional for comunicado antes, na ocasião da comunicação desse relatório. As eleições efetuadas depois de uma tal notificação serão prontamente notificadas após sua apresentação.

61.3. Informação ao depositante

O Escritório Internacional informará ao depositante, por escrito, que fez a notificação a que se refere a regra 61.2, indicando-lhe a mesmo tempo, em relação a cada Estado eleito, qualquer prazo aplicável de acordo com o artigo 39.1)b).

Regra 62 - Cópia para a Administração encarregada do exame preliminar internacional

62.1. Pedido internacional

a) Quando a Administração competente encarregada do exame preliminar internacional pertencer à mesma Repartição nacional ou à mesma organização intergovernamental que a Administração competente encarregada de pesquisa internacional, o mesmo processo servirá para os fins da pesquisa internacional e do exame preliminar internacional.

b) Quando a Administração competente encarregada da pesquisa internacional não pertencer à mesma Repartição nacional ou a mesma organização intergovernamental que a Administração competente encarregada do exame preliminar internacional, o Escritório Internacional, prontamente após recebimento do relatório de pesquisa internacional ou, se o pedido de exame preliminar internacional houver sido recebido depois do relatório de pesquisa internacional, prontamente após recebimento do pedido de exame preliminar internacional, enviará uma cópia do pedido internacional e do relatório de pesquisa internacional à Administração encarregada do exame preliminar internacional. Quando, em lugar do relatório de pesquisa internacional, houver sido feita uma declaração de acordo com o artigo 17.2)a), as referências ao relatório de pesquisa internacional constantes da frase precedente deverão ser consideradas como referências a uma tal declaração.

62.2. Emendas

a) Qualquer emenda depositada de acordo com o artigo 19 será transmitida prontamente pelo Escritório Internacional à Administração encarregada do exame preliminar internacional. Se, na ocasião do depósito de tais emendas, um pedido de exame preliminar internacional já houver sido apresentado, o depositante, na ocasião do depósito das emendas nesse Escritório Internacional, deverá também depositar um cópia dessas emendas na Administração encarregada do exame preliminar internacional.

b) Se o prazo previsto para o depósito das emendas no artigo 19 (vide regra 46.1) houver expirado sem que o depositante tenha depositado ou tenha declarado não desejar depositar emendas de acordo com esse artigo, o Escritório Internacional notificará o fato à Administração encarregada do exame preliminar internacional.

Regra 63 - Exigências mínimas para as Administrações - encarregadas do exame preliminar internacional

63.1. Definição das exigências mínimas

As exigências mínimas a que se refere o artigo 32.3), serão as seguintes:

I) a Repartição nacional ou a organização intergovernamental deverá possuir pelo menos 100 funcionários de tempo integral dotados de habilitação técnica suficiente para realizar os exames;

II) essa Repartição ou essa organização deverá possuir pelo menos a documentação mínima a que se refere a regra 34 adequadamente adaptada às finalidades do exame;

III) essa Repartição ou essa organização deverá possuir pessoal capaz de realizar o exame nos ramos que o mesmo abranger e dispondo dos conhecimentos lingüísticos necessários à compreensão pelo menos das línguas em que a documentação mínima mencionada na regra 34 estiver redigida ou traduzida.

Regra 64 - Estado da técnica para efeito do exame preliminar internacional

64.1. Estado da técnica

a) Para os fins do artigo 33.2) e 3), tudo quanto foi tornado acessível ao público em todos os recantos do mundo por divulgação escrita (inclusive desenhos e outras ilustrações), desde que esta locação à disposição do público haja ocorrido antes da data pertinente, será considerado como estado da técnica.

b) Para os fins da alínea *a*), a data pertinente será:

I) com ressalva da alínea *a*), a data do depósito internacional do pedido internacional que constituir o objeto do exame preliminar internacional.

II) quando o pedido internacional que constituir o objeto do exame preliminar internacional reivindicar de maneira hábil a prioridade de um pedido anterior, a data do depósito desse pedido anterior.

64.2. Divulgações não-escritas

Nos casos em que a colocação à disposição do público houver ocorrido por meio de uma divulgação oral, de uma utilização, de uma exposição ou outro meio não-escrito ("divulgação não-escrita") antes da data pertinente tal como definida na regra 64.1.b) e em que a data dessa divulgação não-escrita estiver indicada em uma divulgação escrita que foi tornada acessível ao público depois da data pertinente, a divulgação não-escrita não será considerada como integrando o estado da técnica para os fins do artigo 33.2) e 3). Todavia, o relatório de exame preliminar internacional deverá chamar atenção para uma tal divulgação não-escrita na forma estabelecida na regra 70.9.

64.3. Certos documentos publicados

Quando um pedido ou uma patente, que constituiriam parte integrante do estado da técnica para os fins do artigo 33.2) e 3) caso houvessem sido publicados antes da data pertinente mencionada na regra 64.1, houverem sido publicados como tal depois da data pertinente mas depositados antes da data pertinente ou houverem reivindicado a prioridade de um pedido anterior, depositado antes da data pertinente, esse pedido ou essa patente publicados não serão considerados como constituindo parte integrante do estado da técnica para os fins do artigo 33.2) e 3). Entretanto, o relatório de exame preliminar internacional deverá chamar atenção para um tal pedido ou patente na forma prevista na regra 70.10.

Regra 65 - Atividade inventiva ou não-evidência

65.1. Relação com o estado da técnica

Para os fins do artigo 33.3), o exame preliminar internacional deverá levar em consideração a relação existente entre uma determinada reivindicação e o estado da técnica em seu conjunto. Deverá levar em consideração não só a relação existente entre a reivindicação e os documentos individuais ou as partes de tais documentos considerados individualmente, mas igualmente a relação existente entre a reivindicação e as combinações de tais documentos ou partes de documentos, quando tais combinações forem evidentes para um técnico no assunto.

65.2. Data Pertinente

Para as fins do artigo 33.3), a data pertinente para o estudo da atividade inventiva (não-evidência) será a data prescrita na regra 64.1.

Regra 66 - Processamento na Administração do Exame Preliminar Internacional

66.1. Base do exame preliminar internacional

Antes de ser iniciado o exame preliminar internacional, o depositante poderá fazer emendas de acordo com o artigo 34.2)b); o exame preliminar internacional abrangerá inicialmente as reivindicações, a descrição e os desenhos tal como contidos no pedido internacional na ocasião em que tiver início o exame preliminar internacional.

66.2. Primeiro parecer escrito da Administração encarregada do exame preliminar internacional.

a) Se a Administração encarregada do exame preliminar internacional:

I) for de parecer que o pedido internacional contém qualquer das falhas descritas no artigo 34.4);

II) for de parecer que o relatório de exame preliminar internacional deveria ser negativo em relação a qualquer uma das reivindicações em virtude do fato de que a invenção nele reivindicada não pareça ser nova, não pareça envolver uma atividade inventiva (não pareça ser não-evidente), ou não pareça suscetível de aplicação industrial;

III) constatar qualquer falha na forma ou no conteúdo do pedido internacional de acordo com o Tratado ou presente Regulamento de execução;

IV) considerar que qualquer emenda vai além da exposição contida no pedido internacional, tal como depositada; ou

V) desejar juntar ao relatório de exame preliminar internacional observações relativas à clareza das reivindicações, da descrição e dos desenhos ou à questão de saber se as reivindicações baseiam-se inteiramente na descrição;

a) dita Administração o notificará por escrito ao depositante.

b) A notificação deverá expor, de forma pormenorizada, os motivos do parecer da Administração encarregada do exame preliminar internacional.

c) A notificação deverá solicitar ao depositante que apresente uma resposta escrita acompanhada, quando for o caso, por emendas ou correções.

d) A notificação deverá fixar um prazo para resposta. Esse prazo deverá ser razoável, levando em conta as circunstâncias. Deverá ser normalmente de dois meses a contar da data da notificação. Não deverá em hipótese alguma ser inferior a um mês a contar dessa data. Deverá ser de pelo menos dois meses a contar dessa data, quando o relatório de pesquisa internacional for transmitido ao mesmo tempo que a notificação. Não deverá em hipótese alguma ser superior a três meses a contar da data em questão.

66.3. Resposta formal à Administração encarregada do exame preliminar internacional

a) O depositante poderá responder à solicitação da Administração encarregada do exame preliminar internacional, mencionada na regra 66.2.c), efetuando emendas ou correções ou - caso discorde do parecer essa Administração - apresentado argumentos, conforme o caso, ou por ambos os meios.

b) Qualquer resposta deverá ser apresentada diretamente à Administração encarregada do exame preliminar internacional.

66.4. Possibilidade adicional de emendar ou corrigir

a) Se a Administração encarregada do exame preliminar internacional desejar emitir um ou vários pareceres escritos adicionais, poderá fazê-lo, invocando as regras 66.2 e 3.

b) A pedido do depositante, a Administração encarregada do exame preliminar internacional poderá oferecer-lhe uma ou várias possibilidades adicionais de apresentar emendas ou correções.

66.5. Emendas

Qualquer alteração além da retificação de erros evidentes de transcrição, nas reivindicações, na descrição ou nos desenhos, inclusive qualquer supressão de reivindicações, qualquer omissão de passagens da descrição, ou qualquer omissão, de certos desenhos, será considerada como uma emenda.

66.6. Comunicações informais com o depositante

A Administração encarregada do exame preliminar internacional poderá, a qualquer tempo, comunicar-se de maneira informal com o depositante por telefone, por escrito, ou por meio de entrevistas.

A dita Administração decidirá, a seu critério, se deseja conceder mais de uma entrevista quando o depositante o solicitar, ou se deseja responder a uma comunicação escrita informal do depositante.

66.7. Documentos de prioridade

a) Se a Administração encarregada do exame preliminar internacional necessitar de uma cópia do pedido cuja prioridade for reivindicada no pedido internacional, o Escritório internacional lhe enviará prontamente, a pedido, uma tal cópia, desde que, se o pedido for apresentado antes do Escritório Internacional haver recebido o documento de prioridade de acordo com a regra 17.1)a), o depositante remeta a dita cópia, a sua escolha, ao Escritório internacional ou diretamente à Administração encarregada do exame preliminar internacional.

b) Se o pedido cuja prioridade for reivindicada estiver redigido em uma língua diferente da língua ou de uma das línguas da Administração encarregada do exame preliminar internacional, o depositante lhe remeterá, por solicitação, uma tradução na dita língua, ou numa das ditas línguas.

c) A cópia que o depositante deverá remeter, de acordo com a alínea *a*) e a tradução a que se refere a alínea *b*), deverá ser remetidas o mais tardar ao se expirar um prazo de dois meses a contar da data do pedido ou da solicitação. Se elas não fores remetidas dentro desse prazo, o relatório de exame preliminar internacional será feito como se a prioridade não houvesse sido reivindicada.

66.8. Formas das correções e das emendas

a) O depositante será solicitado a fornecer uma folha de substituição para cada folha do pedido internacional que, devido a uma correção ou emenda, divirja da folha originalmente depositada. A carta que acompanhar as folhas de substituição deverá chamar atenção para as divergências entre as folhas substituídas e as folhas de substituição. Se a emenda resultar na supressão de uma folha inteira essa emenda deverá ser comunicada em uma carta.

b) A Administração encarregada do exame preliminar internacional aporá em cada folha de substituição, o número do pedido internacional, a data em que foi recebida e o carimbo de identificação dessa Administração. Conservará em seus arquivos qualquer folha de substituição, a carta que acompanhar a folha ou folhas de substituição e qualquer carta mencionada na última frase da alínea *a*).

Regra 67 - Matéria a que se refere o artigo 34.4)a)i)

67.1. Definição

Nenhuma Administração encarregada do exame preliminar internacional será obrigada a realizar um exame preliminar internacional de um pedido internacional cuja matéria e na medida em que a matéria seja uma das seguintes:

I) teorias científicas e matemáticas;

II) variedades vegetais, raças animais, processos essencialmente biológicos de produção de vegetais e animais que não os processos microbiológicos e os produtos obtidos através desses processos;

III) planos, princípios ou métodos para a realização de negócios, de ações puramente intelectuais ou de jogos;

IV) métodos de tratamento do corpo humano ao animal pela cirurgia ou a terapia, assim como métodos de diagnóstico;

V) meras apresentações de informações;

VI) programas de computadores na medida em que a Administração encarregada do exame preliminar internacional estiver desaparelhada para proceder a um exame preliminar internacional de tais programas.

Regra 68 - Falta de unidade de invenção (exame preliminar internacional)

68.1. Ausência de solicitação de pagamento

Se a Administração encarregada do exame preliminar internacional for de parecer que a exigência de uma unidade da invenção não for satisfeita e decidir não solicitar que o depositante limite as reivindicações ou pague taxas adicionais, ela fará o relatório de exame preliminar internacional, com ressalva do artigo 34.4)b), em relação ao pedido internacional completo, indicando, porém, nesse relatório, que, em sua opinião, ele não satisfaz a exigência de unidade da invenção, especificando os motivos de sua opinião.

68.2. Solicitação de limitação ou de pagamento

Se a Administração encarregada do exame preliminar internacional for de parecer que o pedido não satisfaz a exigência de unidade de invenção e decidir solicitar que o depositante, a sua escolha, limite as reivindicações ou pague taxas adicionais, indicará pelo menos uma possibilidade de limitação que, em sua opinião, satisfaz a exigência aplicável e especificará o montante das taxas adicionais e os motivos pelos quais considera que o pedido internacional não satisfaz a exigência de unidade de invenção. Fixará ao mesmo tempo um prazo, que leve em consideração as circunstâncias do caso, para que seja atendida essa solicitação; tal prazo não poderá ser inferior a um mês nem superior a dois meses a contar da data da solicitação.

68.3. Taxa adicional

a) O montante da taxa adicional para o exame preliminar internacional a que se refere o artigo 34.3)a), será determinado pela Administração competente encarregada do exame preliminar internacional.

b) A taxa adicional para o exame preliminar internacional, a que se refere o artigo 34.3)a), deverá ser paga diretamente à Administração encarregada do exame preliminar internacional.

c) Qualquer depositante poderá pagar a taxa adicional sob protesto, isto é, juntando uma declaração fundamentada tendente a demonstrar que o pedido internacional preencha a condição de unidade de invenção ou que o montante da taxa adicional exigida é excessivo. Uma comissão de três membros ou qualquer outra instância especial da Administração encarregada do exame preliminar internacional, ou qualquer autoridade superior competente, examinará o protesto e, na medida em que julgar justificado, ordenará o reembolso, total ou parcial, da taxa adicional ao depositante. A pedido deste último, o texto de seu protesto bem como o da decisão serão comunicadas às Repartições eleitas, na forma de anexo ao relatório de exame preliminar internacional.

d) A comissão de três membros, a instância especial ou a autoridade superior competente a que se refere a alínea *c*) não deverá incluir qualquer pessoa que haja participado da decisão, objeto do protesto.

68.4. Procedimento no caso de limitação insuficiente das reivindicações

Se o depositante limitar as reivindicações, porém de forma insuficiente a satisfazer as exigências de unidade da invenção, a Administração encarregada do exame preliminar internacional procederá de maneira prevista no artigo 34.3)c.

68.5. Invenção principal

Em caso de dúvida quanto à questão de saber qual é a invenção principal para os fins do artigo 34.3)c), a invenção mencionada em primeiro lugar nas reivindicações será considerada como a invenção principal.

Regra 69 - Prazo para o exame preliminar internacional

69.1. Prazo para o exame preliminar internacional

a) Todos os acordos concluídos com Administrações encarregadas do exame preliminar internacional estabelecerão o mesmo prazo para a elaboração do relatório de exame internacional. Esse prazo não deverá exceder:

I) 6 meses a partir do início do exame preliminar internacional;

II) quando a Administração encarregada do exame preliminar internacional houver enviado uma solicitação de limitação das reivindicações ou de pagamento das taxas adicionais (artigo 34.3), 8 meses a partir do início do exame preliminar internacional.

b) O exame preliminar internacional será instaurado tão logo a Administração encarregada do exame preliminar internacional receba:

I) de acordo com a regra 62.2.a), as reivindicações tal como emendadas em virtude do artigo 19; ou

II) de acordo com a regra 62.2.b), uma notificação do Escritório Internacional no sentido de que nenhuma emenda decorrente de disposição do artigo 19 foi depositada dentro do prazo determinado ou de que o depositante declarou não desejar fazer tais emendas; ou

III) quando o relatório de pesquisa internacional estiver em poder da Administração encarregada do exame preliminar internacional, uma notificação do depositante manifestando o desejo de que o exame preliminar internacional seja iniciado e vise as reivindicações tal como forma especificadas nessa notificação; ou

IV) uma notificação da declaração da Administração encarregada da pesquisa internacional de que não será feito qualquer relatório de pesquisa internacional (artigo 17.2.a).

c) Se a Administração competente encarregada do exame preliminar internacional pertencer à mesma Repartição nacional ou à mesma organização intergovernamental que a Administração encarregada da pesquisa internacional, o exame preliminar internacional poderá, caso a Administração encarregada do exame preliminar o desejar, ser iniciado ao mesmo tempo que a pesquisa internacional. Nesse caso, o relatório de exame preliminar internacional deverá ser feito, não obstante as disposições da alínea *a*), o mais tardar 6 meses depois de expirado o prazo concedido, de acordo com o artigo 19, para a modificação das reivindicações.

Regra 70 - Relatório de exame preliminar internacional

70.1. Definição

No sentido desta regra, por "relatório" deverá ser compreendido o relatório de exame preliminar internacional.

70.2. Base do relatório

a) Se as reivindicações houverem sido emendadas, o relatório será elaborado à base das reivindicações tal como foram emendadas.

b) Se, de acordo com a regra 66.7.c), o relatório houver sido elaborado como se a prioridade não houvesse sido reivindicada, o relatório deverá mencioná-lo.

c) Se a Administração encarregada do exame preliminar internacional julgar que qualquer emenda vai além da exposição do pedido internacional tal como foi depositado, o relatório será feito como se tal emenda não houvesse sido efetuada e o assinalará, assim como também explicará por que motivos julga que a emenda vai além da exposição em questão.

70.3. Identificações

O relatório identificará a Administração encarregada do exame preliminar internacional que o elaborou, indicando o nome dessa Administração, e identificará o pedido internacional, indicando o número desse pedido, o nome do depositante, o nome da Repartição receptora e a data do depósito internacional.

70.4. Datas

O relatório indicará:

I) a data em que o pedido de exame preliminar internacional foi apresentado; e

II) a data do relatório; esta deverá ser a data de conclusão do relatório.

Classificação:

a) O relatório repetirá a classificação fornecida de acordo com a regra 43.3 se a Administração encarregada do exame preliminar internacional estiver de acordo com essa classificação.

b) Caso contrário, a Administração encarregada do exame preliminar internacional indicará no relatório a classificação, pelo menos segundo a Classificação Internacional das Patentes, que ela considerar correta.

70.6. Declaração a que se refere o artigo 35.2)

a) A declaração mencionada no artigo 35.2) consistirá em um "SIM" ou "NÃO", ou um equivalente dessas palavras na língua do relatório ou um sinal apropriado especificado nas Instruções Administrativas, e será seguido das citações, explicações e observações, caso as haja, previstas na última frase do artigo 35.2).

b) Se não estiver conforme a qualquer um dos três critérios mencionados no artigo 35.2) (a saber, novidade, atividade inventiva (não-evidência), aplicação industrial) a declaração será negativa. Se nesse caso, qualquer um desses critérios, tomado separadamente, houver sido satisfeito, o relatório especificará o mesmo.

70.7. Citações que se refere o artigo 35.2)

a) O relatório citará os documentos considerados como aptos a apoiar as declarações feitas de acordo com o artigo 35.2).

b) As disposições da regra 43.5.b) e e) aplicar-se-ão também ao relatório.

70.8. Explicações a que se refere o artigo 35.2)

As Instruções Administrativas conterão princípios básicos para os casos em que as explicações mencionadas no artigo 35.2) devam ser ou não fornecidas, assim como para a forma dessas explicações. Esses princípios básicos deverão fundar-se nos critérios seguintes:

I) explicações deverão ser fornecidas cada vez que a declaração for negativa a respeito de qualquer reivindicação;

II) explicações deverão ser fornecidas cada vez que a declaração for positiva, salvo se os motivos que levaram à citação de um documento qualquer sejam fáceis de perceber através de consulta do documento citado;

III) em regra geral, deverão ser fornecidas explicações ao se tratar do caso previsto na última frase da regra 70.6.b)

70.9. Divulgações não-escritas

Qualquer divulgação não-escrita a que se refira o relatório em virtude da regra 64.2 será mencionada pela indicação do fato de que se trata de um tal tipo de divulgação, pela data em que a divulgação escrita referente à divulgação não-escrita foi tornada acessível ao público, e pela data em que a divulgação não-escrita foi feita publicamente.

70.10. Certos documentos publicados

Qualquer pedido ou patente publicado em virtude da regra 64.3, será mencionado como tal e seguido de uma indicação de sua data de publicação, de sua data de depósito ou de sua data de prioridade reivindicada (caso haja uma).

A respeito de qualquer data de prioridade reivindicada de qualquer desses documentos, o relatório poderá indicar que, no parecer da Administração encarregada do exame preliminar internacional, essa data não foi reivindicada de maneira válida.

70.11. Menção de emendas ou de correções de certas falhas

Se houverem sido feitas modificações ou correções junto à Administração encarregada do exame preliminar internacional, tal fato será especificado no relatório.

70.12. Menção de certos defeitos

Se a Administração encarregada do exame preliminar internacional for de parecer que na ocasião em que preparar o relatório:

I) o pedido internacional contém qualquer uma das falhas mencionadas na regra 66.2.a)iii) fará constar esse parecer e os motivos relativos ao mesmo relatório;

II) o pedido internacional está sujeito a uma das observações mencionadas na regra 66.2.a)V), poderá fazer constar essa opinião no relatório e, caso o faça, os motivos relativos à mesma.

70.13. Observações relativas à unidade da invenção

Se o depositante houver pago taxas adicionais pelo exame preliminar internacional, ou se o pedido internacional ou o exame preliminar internacional houver sido limitado de acordo com o artigo 34.3), o relatório o indicará. Além disso, quando o exame preliminar internacional houver sido efetuado à base de reivindicações limitadas (artigo 34.3.a) ou unicamente à base de invenção principal artigo 34.3.c), o relatório indicará que partes do pedido internacional constituíram o objeto do exame preliminar internacional e que partes não o constituíram.

70.14. Assinatura

O relatório será assinado por um funcionário autorizado da Administração encarregada do exame preliminar internacional.

70.15. Forma

As condições materiais quanto à forma do relatório serão especificadas nas Instruções Administrativas.

70.16. Anexos ao relatório

Se as reivindicações, a descrição ou os desenhos houverem sido emendados ou se qualquer parte do pedido internacional houver sido corrigida junto à Administração encarregada do exame preliminar internacional, cada folha de substituição anotada de acordo com a regra 66.8.b) será anexada ao relatório. As folhas de substituição substituídas por outras folhas de substituição posteriores não serão anexadas. Se a emenda for comunicada em carta, uma cópia dessa carta será igualmente anexada ao relatório.

70.17. Língua do relatório e dos anexos

a) O relatório será elaborado na língua de publicação do pedido internacional a que disser respeito.

b) Qualquer anexo deverá ser apresentado na língua em que foi depositado o pedido internacional a que se referir e, caso seja diferente, também na língua em que foi publicado esse pedido internacional.

Regra 71 - Transmissão do relatório de exame preliminar internacional

71.1. Destinatários

A Administração encarregada do exame preliminar internacional transmitirá, no mesmo dia, uma cópia do relatório de exame preliminar internacional e de seus anexos, se os houver, ao Escritório Internacional, e uma cópia ao depositante.

71.2. Cópia de documentos citados

a) O pedido a que se refere o artigo 36.4) poderá ser apresentado a qualquer momento durante 7 anos a partir da data de depósito do pedido internacional a que se refere o relatório.

b) A Administração encarregada do exame preliminar internacional poderá exigir que a parte (depositante ou Repartição eleita) que lhe apresentou o pedido, lhe pague as despesas de preparo e expedição das cópias. O montante dessas despesas será determinado nos acordos a que se refere o artigo 32.2) concluídos entre a Administração encarregada do exame preliminar internacional e o Escritório Internacional.

c) Qualquer Administração encarregada do exame preliminar internacional que não deseje enviar cópias diretamente a nenhuma Repartição eleita enviará uma cópia ao Escritório Internacional que então procederá conforme estipulado nas alíneas *a*) e *b*).

d) Qualquer Administração encarregada do exame preliminar internacional poderá confiar as tarefas mencionadas nas alíneas *a*) a *c*) a outra organização responsável perante ela.

Regra 72 - Tradução do relatório de exame preliminar internacional

72.1. Línguas

a) Qualquer Estado eleito poderá exigir que o relatório de exame preliminar internacional, elaborado em uma língua diferente da língua oficial ou de uma das línguas oficiais de sua Repartição nacional, seja traduzido para o alemão, o espanhol, o francês, o inglês, o japonês ou o russo.

b) Qualquer exigência desse gênero deverá ser notificada ao Escritório Internacional, que a publicará prontamente na Gazeta.

72.2. Cópias de traduções para o depositante

O Escritório Internacional transmitirá uma cópia de cada tradução do relatório de exame preliminar internacional ao depositante, na mesma ocasião em que comunicar essa tradução à ou às Repartições eleitas interessadas.

72.3. Observações relativas à tradução

O depositante poderá fazer observações, constitui erros de tradução contidos da tradução do relatório de exame preliminar internacional e deverá enviar uma cópia dessas observações a cada uma das Repartições eleitas interessadas e ao Escritório Internacional.

Regra 73 - Comunicação do relatório de exame preliminar internacional

73.1. Preparo de cópias

O Escritório Internacional preparará as cópias dos documentos que deverão ser comunicados de acordo com o artigo 36.3.a).

73.2. Prazo de comunicação

A comunicação prevista no artigo 36.3)a) deverá ser feita tão rapidamente quanto possível.

Regra 74 - Tradução e transmissão dos anexos ao relatório de exame preliminar - internacional

74.1. Prazo

Qualquer folha de substituição a que se refere a regra 70.16 ou qualquer emenda mencionada na última frase dessa regra que houverem sido depositadas antes da remessa da tradução do pedido internacional exigida de acordo com o artigo 39, ou quanto a remessa dessa tradução for regida pelo artigo 64.2.a)I) e houver sido depositada antes da remessa da tradução do pedido internacional como prescrito no artigo 22, deverão ser traduzidas e transmitidas ao mesmo tempo que a remessa mencionada no artigo 39 ou, quanto aplicável, no artigo 22, ou se depositadas 1 mês antes dessa remessa ou 1 mês depois dessa remessa, deverão ser traduzidas e transmitidas um mês depois que houverem sido depositadas.

Regra 75 - Retirada do pedido internacional, do pedido de exame preliminar - internacional ou de eleições

75.1. Retiradas

a) A retirada do pedido internacional ou de todas as eleições poderá ser efetuada antes de expirado um prazo de 25 meses a contar da data de prioridade, exceto no caso de qualquer Estado eleito em que o processo ou exame nacional já tenham sido iniciados. A retirada da eleição de qualquer Estado eleito poderá ser efetuado na data em que forem iniciados nesse Estado o processo e o exame.

b) A retirada será efetuada por meio de uma nota assinada pelo depositante para o Escritório Internacional. No caso a que se refere a regra 4.8.b), a nota exigirá a assinatura de todos os depositantes.

75.2. Notificação às Repartições eleitas

a) O fato da retirada do pedido de exame preliminar internacional ou de todas as eleições será notificado prontamente pelo Escritório Internacional às Repartições nacionais de todos os Estados que, até o momento da retirada, eram Estados eleitos e tenham sido avisado de sua eleição.

b) O fato da retirada de uma eleição e a data do recebimento da retirada serão notificados prontamente pelo Escritório Internacional à Repartição eleita interessada, salvo se esta ainda não houver sido informada de sua eleição.

75.3. Notificação à Administração encarregada do exame preliminar internacional

O fato da retirada do pedido de exame preliminar internacional ou de todas as eleições será notificado prontamente pelo Escritório Internacional à Administração encarregada do exame preliminar internacional que esta última, no momento da retirada, houver sido informada da existência do pedido de exame preliminar internacional.

75.4. Faculdade concedida pelo artigo 37.4.b)

a) Qualquer Estado contratante que deseje invocar o benefício da faculdade prevista no artigo 37.4.b) deverá notificar este fato por escrito ao Escritório Internacional.

b) A notificação a que se refere a alínea *a)* será publicada prontamente pelo escritório Internacional na Gazeta e aplicar-se-á aos pedidos internacionais depositados mais de um mês depois da data de publicação do exemplar que a publicou.

Regra 76 - Línguas das traduções e montantes das taxas de acordo com artigo 39.1) - Tradução do documento de prioridade

76.1. Notificação

a) Qualquer Estado contratante que exija a remessa de uma tradução ou o pagamento de uma taxa nacional, ou ambos, de acordo com o artigo 39.1), deverá notificar ao Escritório Internacional:

I) as línguas das quais exige uma tradução e a língua em que esta deverá ser feita;

II) o montante da taxa nacional.

b) Qualquer notificação recebida pelo Escritório Internacional de acordo com a alínea *a)* será publicada pelo dito Escritório na Gazeta.

c) Se as exigências a que se refere a alínea *a)* forem mais tarde modificadas, essas modificações deverão ser notificadas pelo Estado contratante ao Escritório Internacional, e este último publicará sem demora a notificação na Gazeta. Se a modificação for no sentido de que uma tradução seja exigida em uma língua não exigida antes, essa modificação não terá efeito senão em relação aos pedidos de exame preliminar internacional apresentados mais de dois meses depois da publicação da notificação na

Gazeta. De outro modo a data efetiva de qualquer modificação será determinada pelo Estado contratante.

76.2. Línguas

A língua em que uma tradução poderá ser exigida deverá ser uma língua oficial da Repartição eleita. Se houver várias línguas oficiais, nenhuma tradução poderá ser exigida se o pedido internacional estiver redigido em uma delas. Se houver várias línguas oficiais e se uma tradução tiver de ser fornecida, o depositante poderá escolher qualquer uma dessas línguas. Não obstante as disposições precedentes nesta alínea, caso haja várias línguas oficiais, mas a legislação nacional determinar a utilização de uma dessas línguas pelos estrangeiros, uma tradução nessa língua poderá ser exigida.

Regra 77 - Faculdade a que se refere o artigo 39.1.b)

77.1. Exercício da faculdade

a) Qualquer Estado contratante que conceda prazos que expirem depois do prazo previsto no artigo 39.1.a), deverá notificar ao Escritório Internacional os prazos assim concedidos.

b) Qualquer notificação recebida pelo Escritório Internacional de acordo com a alínea *a)* será publicada prontamente por esse Escritório na Gazeta.

c) As notificações relativas à abreviação de um prazo anteriormente fixado aplicar-se-ão aos pedidos de exame preliminar internacional apresentados depois de expirados três meses contados a partir da data de publicação da notificação pelo Escritório Internacional.

d) As notificações relativas à prolongação de um prazo anteriormente fixado terão efeito desde o momento da publicação pelo Escritório Internacional na Gazeta nos casos de pedidos de exame preliminar internacional em curso à data dessa publicação ou apresentados depois dessa data ou, se o Estado contratante que fizer a notificação fixar uma data ulterior, nesta última data.

Regra 78 - Emenda das reivindicações, da descrição e dos desenhos - junto às Repartições eleitas

78.1. Prazo, no caso da eleição ocorrer antes de expirados 19 meses a contar da data de prioridade

a) Quando a eleição de qualquer Estado contratante for realizada antes de expirados 19 meses a contar da data de prioridade, o depositante que desejar exercer o direito concedido pelo artigo 41 deverá fazê-lo depois da transmissão do relatório de exame preliminar internacional em obediência ao artigo 39, desde que, se a citada transmissão não houver sido efetuada ao se expirar o prazo a que se refere o artigo 39, ele exerça esse direito o mais tardar na data de expiração desse prazo. Em ambos os casos o depositante poderá exercer o direito em questão em qualquer outra data, se assim o permitir a legislação nacional do Estado em causa.

b) Em qualquer Estado eleito cuja legislação nacional disponha que o exame só tenha início depois de apresentado um requerimento especial, a legislação nacional poderá estabelecer que o prazo dentro do qual, ou a ocasião em que o depositante poderá exercer o direito a que se refere o artigo 41 - quando a eleição de qualquer Estado contratante ocorra antes da expiração do 19º mês a contar da data de prioridade - seja o mesmo que aquele estabelecido pela legislação nacional para o depósito de emendas, no caso de exame, o requerimento especial, de pedidos nacionais, contanto que tal prazo não expire, ou tal ocasião não ocorra antes de esgotado o prazo a que se refere o artigo 39.

78.2. Prazo, no caso da eleição ocorrer depois de expirados 19 meses a contar da data de prioridade

Quando a eleição de qualquer Estado contratante houver sido efetuada depois de expirado o 19º mês a contar da data de prioridade e o depositante desejar apresentar emendas de acordo com o artigo 41, aplicar-se-á o prazo estabelecido no artigo 28 para a apresentação de emendas.

78.3. Modelos de utilidade

As disposições das regras 6.5 e 13.5 aplicar-se-ão, *mutatis mutandis,* perante as Repartições eleitas. Se a eleição houver ocorrido antes da expiração do 19º mês a contar da data de prioridade, a referência ao prazo aplicável de acordo com o artigo 22 será substituída por uma referência ao prazo aplicável de acordo com o artigo 39.

PARTE D - REGRAS RELATIVAS AO CAPÍTULO III DO TRATADO

Regra 79 - Calendário

79.1. Expressão das datas

Os depositantes, as Repartições nacionais, as Repartições receptoras, as Administrações encarregadas da pesquisa internacional e o Escritório Internacional para os fins do Tratado e do presente regulamento, expressarão qualquer data segundo a era cristã e o calendário gregoriano; caso utilizem outras eras ou outros calendários, expressão igualmente todas as datas segundo a dita era ou o dito calendário.

Regra 80 - Cálculo dos prazos

80.1. Prazos expressos em anos

Quando um prazo for expresso em um ano ou em um certo número de anos, terá início no dia em que o acontecimento em consideração ocorreu e expirará, no ano subseqüente a ser considerado, no mês de mesmo nome e no dia de mesmo número que o mês e o dia que constituíram o ponto de partida desse prazo; entretanto, se o mês subseqüente a ser levado em consideração não possuir dia com o mesmo número, o prazo considerado expirará no último dia desse mês.

80.2. Prazos expressos em meses

Quando um prazo for expresso em um mês ou em um certo número de meses, terá início no dia que o acontecimento ocorreu e expirará, no mês subseqüente a ser considerado, no dia de mesmo número que o dia que constituiu o início do prazo; todavia, se o mês subseqüente a ser levado em consideração não tiver dia com o mesmo número, o prazo considerado expirará no último dia desse mês.

80.3. Prazos expressos em dias

Quando um prazo for expresso em um certo número de dias, terá início no dia seguinte àquele em que o acontecimento considerado ocorreu e expirará no dia em que se atingir o último dia do cálculo.

80.4. Datas locais

a) A data a ser levada em consideração como início de um prazo será a data que prevaleceu na localidade no momento em que ocorreu o acontecimento em consideração.

b) A data de expiração de um prazo será a data que prevalecer na localidade em que o documento exigido deverá ser depositado ou que a taxa exigida deverá ser paga.

80.5. Expiração em dia de descanso

Se qualquer prazo durante o qual um documento ou uma taxa tiver de chegar a uma Repartição nacional ou a uma organização intergovernamental expirar num dia em que essa Repartição ou essa organização não estiver aberta ao público para tratar de negócios oficiais, ou bem em um dia em que a correspondência postal comum não for distribuída na localidade em que essa Repartição ou essa organização estiver situada, o prazo terminará no dia seguinte ao qual nenhuma dessas duas circunstâncias existir mais.

80.6. Data de documentos

Quando um prazo tiver no dia da data de um documento ou de uma carta emanado de uma Repartição nacional ou de uma organização intergovernamental, qualquer parte interessada poderá provar que o dito documento ou a dita carta foi posta no correio num dia posterior a essa data, caso em que a data em que esse papel foi efetivamente despachado será a considerada, para efeito do cálculo do prazo, como a data que constitui o início desse prazo.

80.7. Fim de um dia útil

a) Um prazo que expire em um dia determinado expirará no momento em que a Repartição nacional ou a organização intergovernamental em que o documento deverá ser depositado ou em que a taxa deverá ser paga encerrar seu expediente nesse dia.

b) Qualquer Repartição ou qualquer organização poderá fugir às disposições da alínea *a*), prolongando o prazo até meia-noite, no dia em consideração.

c) O Escritório Internacional ficará aberto ao público até às 18 horas.

Regra 81 - Modificação dos prazos fixados pelo Tratado

81.1. Propostas

a) Qualquer Estado contratante e o Diretor-Geral poderão propor modificações dos prazos de acordo com o artigo 47.2)

b) As propostas que emanem de um Estado contratante deverão ser apresentadas ao Diretor-Geral.

81.2. Decisão pela Assembléia

a) Quando a proposta for apresentada à Assembléia, seu texto será enviado pelo Diretor-Geral a todos os Estados contratantes pelo menos dois meses antes da sessão da Assembléia cuja ordem do dia inclua essa proposta.

b) Durante os debates pela Assembléia a proposta poderá ser emendada e emendas apresentadas em consequência.

c) A proposta será considerada como adotada se nenhum dos Estados Contratantes na hora da cotação votar contra a mesma.

81.3. Votos por correspondência

a) Quando o Processo de voto por correspondência for o escolhido, a proposta constará de uma comunicação escrita enviada pelo Diretor-Geral aos Estados contratantes, solicitando a estes últimos que expressem seu voto por escrito.

b) A solicitação fixará o prazo em que as respostas contendo os votos expressos por escrito deverão chegar ao Escritório Internacional. Esse prazo será de pelo menos três meses a contar da data da solicitação.

c) As respostas deverão ser positivas ou negativas. As propostas de emendas ou meras observações não serão consideradas como votos.

d) A proposta será considerada como adotada se nenhum Estado contratante se opuser à emenda e se pelo menos a metade dos Estados contratantes expressar quer sua aprovação, quer sua indiferença, quer ainda sua abstenção.

Regra 82 - Irregularidades no serviço postal

82.1. Atrasos ou perda da correspondência postal

a) Com ressalva das disposições da regra 22.3, qualquer parte interessada poderá tentar provar que despachou o documento ou a carta 5 dias antes da expiração do prazo. Exceto quando a correspondência por via terrestre ou marítima chegar normalmente ao seu destino dentro dos dois dias seguintes à sua entrega na agência postal, ou quando não houver correio, tal prova só poderá ser fornecida se a expedição houver sido feita por via aérea. De qualquer maneira, só poderá ser feita prova se a correspondência houver sido registrada pelas autoridades postais.

b) Se ficar provado a contento da Repartição nacional ou da organização intergovernamental destinatária que a expedição foi feita como indicada acima, o atraso na chegada será desculpado ou, se o documento ou a carta se perderem, sua substituição por uma nova via será autorizada, desde que a parte interessada prove a contento da dita Repartição ou da dita organização que o documento ou a carta remetidos em substituição são idênticos ao documento perdido ou à carta perdida.

c) Nos casos a que se refere a alínea *b*), a prova relativa à expedição postal dentro do prazo determinado e, em caso de perda do documento ou da carta, também o documento ou a carta a serem remetidos em substituição deverão ser apresentados no prazo de um mês a contar da data em que a parte interessada constatou - ou teria constatado se o tentasse devidamente - o atraso ou a perda, porém nunca mais de seis meses depois da expiração do prazo aplicável no caso determinado.

82.2. Interrupção do serviço postal

a) Com ressalvadas das disposições da regra 22.3 qualquer parte interessada poderá tentar provar que, em qualquer um dos 10 dias que precederam a data de expiração do prazo, o serviço postal esteve interrompido por motivo de guerra, revolução, desordem civil, greve, calamidade natural ou outras razões semelhantes, na localidade em que a parte interessada tenha seu domicílio ou sua sede, ou esteja residindo no momento.

b) Se ficar provado a contento da Repartição nacional ou da organização intergovernamental destinatária que tais circunstâncias existiram, o atraso na chegada será desculpado, desde que a parte interessada prove a contento da dita Repartição ou da dita organização que efetuou a expedição postal dentro dos 5 dias seguintes à volta ao funcionamento do serviço postal. As disposições da regra 82.1.c) aplicar-se-ão *mutatis mutandis* .

Regra 83 - Direito de exercer junto a Administrações internacionais

83.1. Prova de direito

O Escritório Internacional, a Administração competente encarregada da pesquisa internacional e a Administração competente encarregada do exame preliminar internacional poderão exigir a produção da prova do direito de exercer a que se refere o artigo 49.

83.2. Informação

a) A Repartição nacional ou a organização intergovernamental, em função das quais for alegado que a pessoa interessada tem o direito de exercer, deverá, a pedido, informar ao Escritório Internacional, à Administração competente encarregada da pesquisa internacional ou à Administração Competente encarregada do exame preliminar internacional, se essa pessoa tem o direito de exercer junto a elas.

b) Uma tal informação obrigará o Escritório Internacional, a Administração encarregada da pesquisa internacional ou a Administração encarregada do exame preliminar internacional, conforme o caso.

PARTE E - REGRAS RELATIVAS AO CAPÍTULO V DO TRATADO

Regra 84 - Despesas das delegações

84.1. Despesas incorridas pelos governos

As despesas de cada delegação que participa de qualquer organismo criado pelo Estado ou em virtude do mesmo serão incorridas pelo governo que a houver designado.

Regra 85 - Falta de *quorum* na Assembléia

85.1. Voto por correspondência

No caso previsto no artigo 53.5.b), o Escritório Internacional comunicará as decisões da Assembléia (exclusive as que dizem respeito ao procedimento interno da Assembléia) aos Estados contratantes que nela não estiverem representados, convidando-os a expressar por escrito, no prazo de três meses a contar da data da dita comunicação, seu voto ou sua abstenção. Se, ao expirar esse prazo, o número dos Estados contratantes que assim expressaram seu voto ou sua abstenção alcançar o número de Estados contratantes que faltou para que fosse atingido o *quorum* na ocasião da sessão, tais decisões entrarão em vigor, desde que ao mesmo tempo permaneça assegurada a maioria necessária.

Regra 86 - Gazeta

86.1. Conteúdo

a) A Gazeta mencionada no artigo 55.4) conterá:

I) em relação a cada pedido internacional publicado, os dados especificados nas Instruções Administrativas retirados da página de cobertura da brochura publicada de acordo com a regra 48, os desenhos (se os houver) que figurem na dita página e o resumo;

II) a tabela de todas as taxas pagáveis às Repartições receptoras, ao Escritório Internacional, às Administrações encarregadas da pesquisa internacional e às Administrações encarregadas do exame preliminar internacional;

III) as notificações cuja publicação seja exigida de acordo com o Tratado ou o presente Regulamento de execução;

IV) todas as informações, se as mesmas foram, e na medida em que foram fornecidas ao Escritório Internacional pelas Repartições designadas ou eleitas, relativas à questão de saber se os atos mencionados nos artigos 22 ou 39 foram realizados em relação aos pedidos internacionais que designaram ou elegeram a Repartição interessada;

V) qualquer outras informações úteis especificadas nas Instruções Administrativas, contanto que o acesso a tais informações não seja proibido em virtude do Tratado ou do presente Regulamento de execução.

86.2. Línguas

a) A Gazeta será publicada em edição francesa e inglesa. Edições em qualquer outra língua serão igualmente publicadas, desde que o custo de publicação seja assegurado pelas vendas ou por subvenções.

b) A Assembléia poderá ordenar a publicação da Gazeta em outras línguas além das mencionadas na alínea *a*).

86.3. Periodicidade

A Gazeta será publicada uma vez por semana.

86.4. Venda

Os preços de assinatura e das vendas avulsas das Gazetas serão fixados nas Instruções Administrativas.

86.5. Título

O título da Gazeta será " *Gazette des demandes internationales de brevest* " e " *Gazette of Internacional Patent Applications* ", respectivamente.

86.6. Outros pormenores

Outros pormenores relativos à Gazeta poderão ser especificados nas Instruções Administravas.

Regra 87 - Cópias de publicações

87.1. Administrações encarregadas da pesquisa internacional e do exame preliminar internacional

Qualquer Administração encarregada da pesquisa internacional ou do exame preliminar internacional terá o direito de receber gratuitamente duas cópias de cada pedido internacional publicado, da Gazeta e de qualquer outra publicação de interesse geral publicada pelo Escritório Internacional a respeito do Tratado ou do presente Regulamento de execução.

87.2. Repartições nacionais

a) Qualquer Repartição nacional terá o direito de receber gratuitamente uma cópia de cada pedido internacional, da Gazeta e de qualquer outra publicação de interesse geral, publicada pelo Escritório Internacional a respeito do Trabalho ou do presente Regulamento de execução.

b) As publicações mencionadas na alínea *a*) serão remetidas a pedido especial apresentado, em relação a cada ano, em 30 de Novembro do ano precedente - Caso uma publicação seja editada em várias línguas o pedido deverá especificar em que língua deseja receber a publicação.

Regra 88 - Modificação do Regulamento de execução

88.1. Exigência de unanimidade

A emenda das disposições seguintes do presente Regulamento de execução exigirá que nenhum Estado com direito de voto na Assembléia vote contra a emenda proposta:

I) regra 14.1 (taxa de transmissão);

II) regra 22.2 (transmissão da via original; processo alternativo);

III) regra 22.3 (prazo previsto no artigo 12.3);

IV) regra 33 (estado da técnica pertinente para fins de pesquisa internacional);

V) regra 64 (estado da técnica para fins de exame preliminar internacional);

VI) regra 81 (modificação dos prazos fixados no Tratado);

VII) a presente alínea (isto é, regra 88.1).

88.2. Exigência de unanimidade durante um período de transição

Durante os primeiros 5 anos depois da entrada em vigor do Tratado, a emenda das seguintes disposições deste Regulamento de execução exigirá que nenhum Estado com direito de voto na Assembléia vote contra a emenda proposta:

I) regra 5 (a descrição);

II) regra 6 (as reivindicações);

III) a presente alínea (isto é regra 88.2)

88.3. Exigência de ausência de oposição de certos Estados

A emenda das disposições seguintes deste Regulamento de execução exigirá que nenhum Estado a que se refere o artigo 58.3.a)II) e com direito de voto na Assembléia vote contra a emenda proposta:

I) regra 34 (documentação mínima);

II) regra 39 (matéria a que se refere o artigo 17.2.a)I));

III) regra 67 (matéria a que se refere o artigo 34.4.a)I));

IV) a presente alínea (isto é, regra 88.3).

88.4. Processo

Qualquer proposta de emenda de uma das disposições mencionadas na regras 88.1, 88.2 ou 88.3, caso caiba à Assembléia pronunciar-se sobre o assunto, deverá ser comunicada a todos os Estados contratantes dois meses pelo menos antes da abertura da sessão da Assembléia que deverá tomar uma decisão a respeito da dita proposta.

Regra 89 - Instruções Administrativas

89.1. Extensão

a) As Instruções Administrativas conterão disposições concernentes a:

I) questões a respeito das quais o presente Regulamento citar expressamente as ditas Instruções;

II) qualquer pormenor relativo à aplicação do presente Regulamento de execução.

b) As Instruções Administrativas não deverão colidir com o Tratado, com o presente Regulamento de execução ou com qualquer acordo concluído pelo Escritório Internacional com uma Administração encarregada da pesquisa internacional ou uma Administração encarregada do exame preliminar internacional.

89.2. Fonte

a) As Instruções Administrativas serão redigidas e promulgadas pelo Diretor-Geral, depois de consultadas as Repartições receptoras, as Administrações encarregadas da pesquisa internacional e as Administrações encarregadas do exame preliminar internacional.

b) Elas poderão ser modificadas pelo Diretor-Geral depois de consultadas as Repartições ou Administrações que tiverem interesse direto na modificação proposta.

c) A Assembléia poderá convidar o Diretor-Geral a modificar as Instruções Administrativas, e o Diretor-Geral agirá em conseqüência.

89.3. Publicação e entrada em vigor

a) As Instruções Administrativas e qualquer modificação que lhes seja introduzida serão publicadas na Gazeta.

b) Cada publicação especificará a data em que as disposições publicadas entrarão em vigor. As datas poderão ser diferentes em relação as disposições diferentes, desde que nenhuma disposição seja posta em vigor antes de sua publicação na Gazeta.

PARTE F - REGRAS RELATIVAS A VÁRIOS CAPÍTULOS DO TRATADO

Regra 90 - Representação

90.1. Definições

Para os fins das regras 90.2 e 90.3:

I) deve-se entender por "mandatário" qualquer uma das pessoas mencionadas no artigo 49;

II) dever-se entender por "representante comum" o depositante a que se refere a regra 4.8.

90.2. Efeitos

a) Qualquer ato efetuado por um mandatário, ou relação a um mandatário, terá os efeitos de um ato efetuado pelo, ou em relação ao depositante ou depositantes que nomearam o mandatário.

b) Qualquer ato efetuado por, ou em relação a um representante comum ou seu mandatário terá os efeitos de um ato efetuado por, ou em relação a todos os depositantes.

c) Se vários mandatários forem nomeados pelo mesmo depositante ou depositantes, qualquer ato efetuado por, ou em relação a qualquer um desses diversos mandatários terá os efeitos de um ato efetuado pelo, ou em relação ao dito depositante ou aos ditos depositantes.

d) Os efeitos descritos na alíneas *a*), *b*) e *c*) se estenderão ao processo do pedido internacional pela Repartição receptora, o Escritório Internacional, a Administração encarregada da pesquisa internacional e a Administração encarregada do exame preliminar internacional.

90.3. Nomeação

a) A nomeação de um mandatário ou de um representante comum no sentido que lhe empreste a regra 4.8.a), caso o dito mandatário ou representante comum não seja nomeado no requerimento assinado por todos os depositantes, deverá ser feita por uma procuração assinada, separada (isto é, um documento nomeando um mandatário ou um representante comum).

b) A procuração poderá ser depositada na Repartição receptora ou no Escritório Internacional. Aquele em que a procuração for depositada notificará prontamente o outro bem como a Administração interessada encarregada da pesquisa internacional e a Administração interessada encarregada do exame preliminar internacional.

c) Se a procuração separada não estiver assinada como previsto na alínea *a*), ou se essa procuração separada estiver faltando, ou ainda se a indicação do nome ou do endereço da pessoa nomeada não estiver conforme a regra 4.4, a procuração será considerada como inexistente até correção da falha.

90.4. Revogação

a) Qualquer nomeação poderá ser revogada pelas pessoas, ou seus procuradores, que fizeram a nomeação.

b) A regra 90.3 aplicar-se-á, *mutatis mutandis,* ao documento que contém a revogação.

Regra 91 - Erros evidentes de transcrição

91.1. Retificação

a) Com ressalva das alíneas *b*) a *g*), os erros evidentes de transcrição, no pedido internacional ou em outros documentos apresentados pelo depositante, poderão ser retificados.

b) Os erros devidos ao fato de que, no pedido internacional ou nos outros documentos, estivesse escrito algo diferente do que, com toda evidência, fora desejado, serão considerados como erros evidentes de transcrição. A retificação ela própria deverá ser evidente no sentido de que qualquer um deverá perceber de pronto que nada senão o texto proposto como retificação poderia ter sido desejado.

c) Omissões de elementos inteiros ou de folhas inteiras do pedido internacional, mesmo resultantes claramente de uma desatenção, ao ser feita uma cópia ou ao serem juntadas as folhas, por exemplo, não serão consideradas retificáveis.

d) Qualquer retificação poderá ser feita a pedido do depositante. A Administração que houver descoberto o que pareça constituir um erro evidente de transcrição poderá convidar o depositante a apresentar um pedido de retificação, tal como disposto nas alíneas *e*) a *g*).

e) Qualquer retificação exigirá a autorização expressa:

I) da Repartição receptora, se o erro se encontrar no requerimento;

II) da Administração encarregada da pesquisa internacional, se o erro figurar em outra parte do pedido internacional ou em outro documento apresentado a essa Administração;

III) da Administração encarregada do exame preliminar internacional, se o erro figurar em outra parte do pedido internacional que não o requerimento ou em outro qualquer documento apresentado a essa Administração; e

IV) do Escritório Internacional se o erro figurar em um outro documento qualquer além do pedido internacional ou das modificações ou correções desse pedido, apresentados ao Escritório Internacional.

f) A data da autorização será inscrita no processo do pedido internacional.

g) A autorização para retificar a que se refere a alínea *e*) poderá ser concedida até que ocorra uma das seguintes circunstâncias:

I) no caso de autorização concedida pela Repartição receptora e o Escritório Internacional, a comunicação do pedido internacional a que se refere o artigo 20;

II) no caso de autorização concedida pela Administração encarregada da pesquisa internacional, a aprovação do relatório de pesquisa internacional ou da declaração tal como disposto no artigo 17.2.a);

III) no caso de autorização concedida pela Administração encarregada do exame preliminar de pesquisa internacional, a aprovação do relatório de exame preliminar internacional.

h) Qualquer retificação autorizada por autoridades outras que não o Escritório Internacional deverá ser prontamente comunicada por essa autoridade ao dito Escritório.

Regra 92 - Correspondência

92.1. Cartas de acompanhamento e assinaturas

a) Qualquer documento, além do pedido internacional ele próprio, submetido pelo depositante no curso do processo internacional previsto no Tratado e no presente Regulamento de execução - se não constituir ele próprio uma carta - deverá ser acompanhado por uma carta que identifique o pedido internacional a que ele se refere. A carta deverá ser assinada pelo depositante.

b) Se as condições a que se refere a alínea *a*) não forem preenchidas, o documento será considerado como não havendo sido submetido.

92.2. Línguas

a) Como ressalva das alíneas *b*) e *c*), qualquer carta ou documento endereçado ou submetido pelo depositante à Administração encarregada do exame preliminar internacional deverá ser redigido na mesma língua que o pedido internacional ao qual diga respeito.

b) Qualquer carta do depositante à Administração encarregada da pesquisa internacional ou à Administração encarregada do exame preliminar internacional poderá ser redigida em outra língua além daquela do pedido internacional se a dita Administração autorizar o uso dessa língua.

c) Quando uma tradução for exigida de acordo com a regra 55.2, a Administração encarregada do exame preliminar internacional poderá exigir que toda a carta que lhe for endereçada pelo depositante seja redigida na língua dessa tradução.

d) Qualquer carta do depositante ao Escritório Internacional deverá ser redigida em francês ou inglês.

e) Qualquer carta ou notificação do Escritório Internacional ao depositante ou a qualquer Repartição nacional deverá ser redigida em francês ou em inglês.

92.3. Expedições postais pelas Repartições nacionais e as organizações intergovernamentais

Qualquer documento ou carta que emane de, ou seja transmitido por uma Repartição nacional ou uma organização intergovernamental e que constitua uma ocorrência a partir da qual tenha início um prazo, de acordo com o Tratado ou o presente Regulamento de execução, deverá ser expedido por correio aéreo registrado, ficando entendido que o correio por via terrestre ou marítima poderá ser utilizado em lugar do correio aéreo quando o primeiro chegue normalmente ao destino no prazo de dois dias depois da expedição ou quando não haja correio aéreo.

Regra 93 - Processos e registros

93.1. Repartição receptora

Toda Repartição receptora conservará os processos e registros relativos a cada pedido internacional ou alegando pedido internacional, inclusive a cópia para a Repartição receptora, durante 10 anos pelo menos a contar da data do depósito internacional ou, quando esta não houver sido concedida, a contar da data do recebimento.

93.2. Escritório Internacional

a) O Escritório Internacional conservará o processo, incluindo a via original, de todo pedido internacional durante 30 anos pelo menos a contar da data de recebimento da via original.

b) Os processos e registros básicos do Escritório Internacional serão conservados indefinidamente.

93.3. Administrações encarregadas da pesquisa internacional e Administrações encarregadas do exame preliminar internacional

Cada Administração encarregada da pesquisa internacional e cada Administração encarregada do exame preliminar internacional conservará durante pelo menos 10 anos a contar da data do depósito internacional, o processo de cada pedido internacional.

93.4. Reproduções

Para os fins da presente regra, os processos, cópias e registros compreenderão igualmente as reproduções fotográficas dos processos, cópias e registros, seja qual for a forma dessas reproduções (microfilmes ou outras).

Regra 94 - Remessa de cópias pelo Escritório Internacional e pela - Administração encarregada do exame preliminar internacional

94.1. Obrigação de remeter

A pedido do depositante ou de qualquer pessoa autorizada pelo depositante, o Escritório Internacional e a Administração encarregada do exame preliminar internacional remeterão, contra reembolso do custo ao serviço, cópias de todo documento incluído no processo do pedido internacional ou do alegado pedido internacional do depositante.

Regra 95 - Disponibilidade de traduções

95.1. Fornecimento de cópias de traduções

a) A pedido do Escritório Internacional, qualquer Repartição designada ou eleita fornecerá uma cópia de tradução do pedido internacional submetida pelo depositante à dita Repartição.

b) O Escritório Internacional poderá, a pedido e contra reembolso do custo, fornecer a qualquer pessoa cópias das traduções que receber em virtude da alínea *a)*.

- ***As regras 5 e 6 foram republicados pelo Decreto nº 81.742, de 31 de maio de 1978 (publicado no Diário Oficial de 1º de junho de 1978).***

- ***Fonte site: www.inip.gov.br em 28.6.2003.***

DECRETO Nº 2.366, DE 5 DE NOVEMBRO DE 1997

Regulamenta a Lei nº 9.456, de 25 de abril de 1997, que institui a Proteção de Cultivares, dispõe sobre o Serviço Nacional de Proteção de Cultivares - SNPC, e dá outras providências.

O Presidente da República, no uso da atribuição que lhe confere o art. 84, inciso IV, da Constituição, e tendo em vista o disposto na Lei nº 9.456, de 25 de abril de 1997,

Decreta:

CAPÍTULO I - DAS DISPOSIÇÕES GERAIS

Seção I - Das Disposições Preliminares

Art. 1º. A proteção de cultivares, nos termos da Lei nº 9.456, de 25 de abril de 1997, dar-se-á em conformidade com as normas previstas neste Decreto.

Art. 2º. A proteção dos direitos relativos à propriedade intelectual referente a cultivar se efetua mediante a concessão de Certificado de Proteção de Cultivar, considerado bem móvel para todos os efeitos legais e única forma de proteção de cultivares e de direito que poderá obstar a livre utilização de plantas ou de suas partes de reprodução ou de multiplicação vegetativa, no País.

Seção II - Do órgão de Proteção de Cultivar

Art. 3º. O Serviço Nacional de Proteção de Cultivares - SNPC, criado pela Lei nº 9.456, de 1997, no âmbito do Ministério da Agricultura e do Abastecimento, é o órgão competente para a proteção de cultivares no País, cabendo-lhe especialmente:

I - proteger as novas cultivares e as cultivares essencialmente derivadas, outorgando-lhes os certificados de proteção correspondentes;

II - divulgar, progressivamente, as espécies vegetais e respectivos descritores mínimos, necessários à abertura de pedidos de proteção, bem como a data-limite, na hipótese da alínea *"a"* do § 1º do art. 6º deste Decreto, para apresentação dos pedidos;

III - elaborar e submeter à aprovação do Ministro de Estado da Agricultura e do Abastecimento normas complementares, no âmbito de sua competência, sobre a proteção de novas cultivares e de cultivares essencialmente derivadas, bem assim de cultivares passíveis de proteção na forma do art. 4º, § 1º, da Lei nº 9.456, de 1997, de qualquer gênero ou espécie vegetal, e estabelecer os formulários necessários à tramitação do pedido de proteção;

IV - receber, protocolizar, deferir e indeferir pedidos de proteção, formalizados mediante requerimento assinado pela pessoa física ou jurídica que obtiver cultivar, ou por seu procurador devidamente habilitado;

V - receber, protocolizar, julgar, deferir e indeferir pedidos de impugnação apresentados por terceiros ou pelo requerente do direito de proteção;

VI - receber, protocolizar, instruir e encaminhar ao Ministro de Estado da Agricultura e do Abastecimento recursos apresentados por terceiros ou pelo requerente do pedido de proteção;

VII - divulgar, mediante publicação no *Diário Oficial* da União e em publicação periódica especializada, os extratos dos pedidos de proteção, a proteção concedida, as transferências de titularidade, a declaração de licenciamento compulsório ou de uso público restrito, a suspensão transitória, a extinção da proteção e a nulidade ou o cancelamento dos certificados de proteção e outros atos, despachos e decisões administrativas decorrentes da proteção de cultivares;

VIII - conceder, manter, transferir, cancelar e anular Certificado Provisório de Proteção e Certificado de Proteção de Cultivar;

IX - estruturar ou credenciar bancos destinados à conservação de amostras vivas que integrarão a coleção de germoplasma de cultivares protegidas;

X - determinar a realização de ensaios de campo e testes em laboratório para diferenciação da cultivar, quando julgar necessários;

XI - fiscalizar o cumprimento das normas legais pertinentes à proteção e ao direito de proteção;

XII - fornecer certidões relativas às matérias de que trata a Lei nº 9.456, de 1997;

XIII - estabelecer os modelos de certificados de proteção;

XIV - emitir parecer técnico conclusivo em processos de requerimento de licença compulsória da cultivar protegida, bem como adotar as medidas complementares, referentes à comunicação às partes interessadas e acompanhamento da implementação da licença concedida;

XV - emitir parecer técnico conclusivo com vistas a subsidiar declaração de uso público restrito de cultivar protegida;

XVI - criar grupo de trabalho composto de especialistas para prestar assessoramento em matérias específicas;

XVII - opinar sobre a conveniência de assinatura, ratificação ou denúncia de convenções, tratados, convênios e acordos sobre proteção de cultivares;

XVIII - averbar, no cadastro de cultivar protegida, as decisões relativas a processos de licença compulsória e de declaração de uso público restrito;

XIX - indicar a participação de servidores em reuniões técnicas, comitês e grupos de trabalho de âmbito nacional e internacional sobre proteção de cultivares;

XX - relacionar-se com instituições públicas e privadas, de âmbito nacional, internacional e estrangeira, com o objetivo de manter banco de dados de denominações e de descritores de cultivares, bem como para intercâmbio técnico-científico na área de proteção de cultivares;

XXI - implantar e manter atualizado o Cadastro Nacional de Cultivares Protegidas - CNCP.

Parágrafo único. Os serviços técnicos de que tratam os incisos IX e X deste artigo poderão ser realizados por convênios ou contratos, ou pelo sistema de credenciamento, com instituições públicas ou privadas.

Art. 4º. O SNPC, sempre que necessário, consultará o Instituto Nacional de Propriedade Industrial - INPI, para verificar se a denominação proposta para a cultivar consta como marca de produto ou serviço vinculado à área vegetal ou de aplicação da cultivar, depositada ou já registrada naquele Instituto.

Parágrafo único. O SNPC se articulará com o INPI visando a troca de informações pertinentes à proteção de cultivares com as marcas depositadas e registradas naquele Instituto.

Seção III - Da Proteção de Cultivar em Geral

Art. 5º. Considera-se, para os efeitos deste Decreto:

I - melhorista: a pessoa física que obtiver cultivar e estabelecer descritores que a diferenciem das demais;

II - descritor: a característica morfológica, fisiológica, bioquímica ou molecular que seja herdada geneticamente, utilizada na identificação de cultivar;

III - margem mínima: o conjunto mínimo de descritores, a critério do SNPC, suficiente para diferenciar uma nova cultivar ou uma cultivar essencialmente derivada das demais cultivares conhecidas;

IV - cultivar: a variedade de qualquer gênero ou espécie vegetal superior que seja claramente distinguível de outras cultivares conhecidas por margem mínima de descritores, por sua denominação própria, que seja homogênea e estável quanto aos descritores através de gerações sucessivas e seja de espécie passível de uso pelo complexo agroflorestal, descrita em publicação especializada disponível e acessível ao público, bem como a linhagem componente de híbridos;

V - nova cultivar: a cultivar que não tenha sido oferecida à venda no Brasil há mais de doze meses em relação à data do pedido de proteção e que, observado o prazo de comercialização no Brasil não tenha sido oferecida à venda em outros países, com o consentimento do obtentor, há mais de seis anos para espécies de árvores e videiras e há mais de quatro anos para as demais espécies;

VI - cultivar distinta: a cultivar que se distingue claramente de qualquer outra cuja existência na data do pedido de proteção seja reconhecida;

VII - cultivar homogênea: a cultivar que, utilizada em plantio, em escala comercial, apresente variabilidade mínima quanto aos descritores que a identifiquem, segundo critérios estabelecidos pelo SNPC;

VIII - cultivar estável: a cultivar que, reproduzia em escala comercial, mantenha a sua homogeneidade através de gerações sucessivas;

IX - cultivar essencialmente derivada: a essencialmente derivada de outra cultivar se, cumulativamente, for:

a) predominantemente derivada da cultivar inicial ou de outra cultivar essencialmente derivada, sem perder a expressão das características essenciais que resultem do genótipo ou da combinação de genótipos da cultivar da qual derivou, exceto no que diz respeito às diferenças resultantes da derivação;

b) claramente distinta da cultivar da qual derivou, por margem mínima de descritores, de acordo com critérios estabelecidos pelo SNPC;

c) não tenha sido oferecida à venda no País há mais de doze meses em relação à data do pedido de proteção e que, observado o prazo de comercialização no Brasil, não tenha sido oferecida à venda em outros países, com o consentimento do obtentor, há mais de seis anos para espécies de árvores e videiras e há mais de quatro anos para as demais espécies;

X - linhagens: os materiais genéticos homogêneos, obtidos por algum processo autogâmico continuado;

XI - híbrido: o produto imediato do cruzamento entre linhagens geneticamente diferentes;

XII - teste de distinguibilidade, homogeneidade e estabilidade (DHE): o procedimento técnico de comprovação de que a nova cultivar ou a cultivar essencialmente derivada são distinguíveis de outra cujos descritores sejam conhecidos, homogêneas quanto às suas características em cada ciclo reprodutivo e estáveis quanto à repetição das mesmas características ao longo de gerações sucessivas;

XIII - amostra viva: a fornecida pelo requerente do direito de proteção que, se utilizada na propagação da cultivar, confirme os descritores apresentados;

XIV - semente: toda e qualquer estrutura vegetal utilizada na propagação de uma cultivar;

XV - propagação: a reprodução e a multiplicação de uma cultivar, ou a concomitância dessas ações;

XVI - material propagativo: toda e qualquer parte da planta ou estrutura vegetal utilizada na sua reprodução e multiplicação;

XVII - planta inteira: a planta com todas as suas partes passíveis de serem utilizadas na propagação de uma cultivar;

XVIII - complexo agroflorestal: o conjunto de atividades relativas ao cultivo de gêneros e espécies vegetais visando, entre outras, à alimentação humana ou animal, à produção de combustíveis, óleos, corantes, fibras e demais insumos para fins industrial, medicinal, florestal e ornamental.

Art. 6º. É passível de proteção a nova cultivar ou a cultivar essencialmente derivada, de qualquer gênero ou espécie vegetal.

§ 1º. São também passíveis de proteção as cultivares não enquadráveis no disposto no *caput* e que já tenham sido oferecidas à venda até a data do pedido, obedecidas as seguintes condições cumulativas:

a) que o pedido de proteção seja apresentado até doze meses após cumprido o disposto no § 2º deste artigo, para cada espécie ou cultivar;

b) que a primeira comercialização da cultivar haja ocorrido há, no máximo, dez anos da data do pedido de proteção;

c) a proteção produzirá efeitos tão somente para fins de utilização da cultivar para obtenção de cultivares essencialmente derivadas;

d) a proteção será concedida pelo período remanescente aos prazos previstos no art. 11 da Lei nº 9.456, de 1997, considerada, para tanto, a data da primeira comercialização.

§ 2º. Cabe ao SNPC divulgar, progressivamente, as espécies vegetais e respectivos descritores mínimos necessários à abertura de pedidos de proteção, bem como as respectivas datas-limite para efeito da alínea *"a"* do parágrafo anterior.

§ 3º. A divulgação de que trata o parágrafo anterior obedecerá a uma escala de espécies, observado o seguinte cronograma, expresso em total cumulativo de espécies protegidas:

a) na data de entrada em vigor deste Decreto: pelo menos cinco espécies;

b) após três anos: pelo menos dez espécies;

c) após seis anos: pelo menos dezoito espécies;

d) após oito anos: pelo menos 24 espécies.

Art. 7º. Da denominação de cultivar a ser protegida, deverá constar no mínimo uma palavra e, no máximo, três, uma combinação alfanumérica, uma combinação de palavras e letras, ou uma combinação de palavras e números.

§ 1º. O titular do direito de proteção não poderá utilizar, como denominação da cultivar, uma designação que:

a) não permita a identificação da cultivar;

b) seja suscetível de indução a erro ou a confusão quanto à origem, à procedência, às características, ao valor ou à identidade da cultivar, ou quanto à identidade do obtentor;

c) seja idêntica ou possa confundir-se com outra denominação que designe uma cultivar preexistente de uma mesma espécie botânica ou de uma espécie semelhante;

d) seja idêntica ou possa confundir-se com outra designação sobre a qual um terceiro possua direito de proteção anterior;

e) seja contrária à moral e aos bons costumes;

f) se refira unicamente a atributos comuns de outras cultivares da mesma espécie;

g) conste de um nome botânico ou comum de um gênero ou espécie;

h) sugira que a cultivar derive de outra cultivar ou com essa esteja relacionada, quando este fato não corresponder à realidade;

i) inclua termos como: variedade, cultivar, forma, híbrido, cruzamento ou traduções dos mesmos;

j) por motivos distintos, não resulte como denominação genérica da cultivar;

l) reproduza, no todo ou em parte, marca de produto ou serviço vinculado à área vegetal, ou de aplicação da cultivar, ou marca notória.

§ 2º. Quando a cultivar já se encontrar protegida ou em processo de proteção em outro país deverá ser mantida a mesma denominação, salvo quando esta for inadequada em face de razões lingüísticas ou por algum dos motivos enumerados no parágrafo anterior, cabendo, neste caso, ao requerente propor outra denominação, sob pena de arquivamento do processo do pedido de proteção.

Art. 8º. A pessoa física ou jurídica que produzir para fins comerciais, vender, oferecer à venda, reproduzir, importar, exportar, bem como embalar ou armazenar para esses fins material de propagação de cultivar protegida ficará obrigada a utilizar a denominação aprovada por ocasião da proteção da mesma.

Parágrafo único. Para os efeitos do *caput* deste artigo, a denominação da cultivar protegida poderá ser associada a uma marca industrial ou comercial ou a um nome comercial ou ainda a uma denominação similar, desde que seja facilmente reconhecida e devidamente autorizada pelo titular da referida cultivar.

Art. 9º. Durante o prazo de proteção da cultivar o titular deve garantir que a cultivar protegida permaneça conforme sua descrição, após reproduções ou multiplicações sucessivas ou, quando o mesmo haja definido um ciclo particular de reproduções ou multiplicações, ao final de cada ciclo.

Art. 10. O documento original de transferência *inter vivos* da titularidade da proteção de cultivar conterá a qualificação completa do cedente e do cessionário, bem como das testemunhas e a indicação precisa da cultivar protegida.

CAPÍTULO II - DAS DISPOSIÇÕES ESPECÍFICAS

Seção I - Do Pedido de Proteção de Cultivar

Art. 11. Somente será aceito pedido de proteção para nova cultivar ou para cultivar essencialmente derivada na hipótese de o SNPC ter, previamente, divulgado as espécies vegetais e seus respectivos descritores mínimos.

Parágrafo único. Aplica-se, também, o disposto no *caput* às cultivares passíveis de proteção, de que trata o art. 4º, § 1º, da Lei nº 9.456, de 1997.

Art. 12. O pedido de proteção de cultivar deverá ser apresentado em formulário próprio, a ser estabelecido pelo SNPC.

Parágrafo único. Quando se tratar de pedido de proteção de cultivar essencialmente derivada, o interessado deverá, sem prejuízo das exigências previstas no art. 14 da Lei nº 9.456, de 1997, indicar, além da origem genética prevista no seu inciso III, a condição de essencialmente derivada.

Art. 13. O pedido de proteção de cultivar será apresentado ao SNPC, que fará a verificação formal preliminar quanto à existência de sinonímia e, se inexistente, o protocolizará, desde que devidamente instruído.

Art. 14. Do protocolo do pedido de proteção de cultivar constarão a data e a hora do registro, o número de apresentação do pedido, o nome e endereço completo do interessado e de seu procurador, se houver, para fins de prevalência da proteção solicitada.

Art. 15. Protocolizado o pedido de proteção de cultivar, proceder-se-á a análise para verificação das exigências legais e técnicas, notadamente quanto aos descritores indicativos das características de DHE, comprovação da efetivação de testes e ensaios com a cultivar, dentre outros.

§ 1º. Caso seja detectada a similaridade entre duas ou mais cultivares da mesma espécie, no decorrer da análise do processo, prevalecerá a prioridade do pedido de proteção na forma estabelecida no artigo anterior.

§ 2º. Quando o pedido de proteção não oferecer os elementos suficientes para a completa análise processual, o SNPC solicitará ao requerente que, no prazo de sessenta dias, a contar da data do recebimento da notificação, apresente novo relatório técnico descritivo, bem como outras informações complementares.

§ 3º. Cumprida a exigência prevista no parágrafo anterior e persistindo dúvidas relativas à diferenciação da cultivar, o SNPC poderá realizar os testes ou ensaios comparativos de campo às expensas do requerente, caso este concorde, ou determinar o arquivamento do pedido.

§ 4º. No caso de diligência, o prazo para publicação do pedido de proteção de cultivar, de até sessenta dias, previsto no art. 16 da Lei nº 9.456, de 1997, passará a ser contado a partir da data do pleno atendimento da citada diligência.

§ 5º. Publicado o pedido, correrá o prazo de noventa dias para apresentação de eventuais impugnações.

§ 6º. Recebida a impugnação, o SNPC, no prazo de até trinta dias, cientificará o requerente da proteção, encaminhando-lhe cópia do inteiro teor da impugnação, para manifestar-se no prazo de trinta dias, a contar da data do recebimento da notificação.

§ 7º. Recebida a defesa do requerente em relação à impugnação, ou decorrido o prazo de trinta dias de que trata o parágrafo anterior, sem manifestação, o SNPC decidirá pelo deferimento ou não do pedido de proteção.

§ 8º. Da decisão que deferir ou denegar o pedido de proteção, caberá recurso no prazo de sessenta dias a contar da data de sua publicação, conforme o disposto no § 7º do art. 18 da Lei nº 9.456, de 1997.

§ 9º. Recebido e protocolizado o recurso, o SNPC instruirá o processo, submetendo-o ao Ministro de Estado da Agricultura e do Abastecimento, que decidirá no prazo de sessenta dias, a partir daquele registro.

Art. 16. Cabe ao SNPC fazer exigência, após publicado o pedido de proteção, para alteração do nome da cultivar quando for:

I - constatado algum fato que teria impedido a aceitação da denominação, se identificado por ocasião da análise do pedido de proteção;

II - solicitado pelo titular do direito ou seu representante legal, devidamente justificado;

III - solicitado por terceiro, caso seja constatada a existência de um direito anterior em relação à denominação.

§ 1º. Deferido o pedido de alteração da denominação, de que tratam os incisos II e III deste artigo, o SNPC solicitará ao detentor do direito a indicação de nova denominação, no prazo de sessenta dias, a contar da data do recebimento da notificação.

§ 2º. Caso a solicitação não seja atendida no prazo estipulado no parágrafo anterior, o pedido será arquivado e cancelado o Certificado Provisório de Proteção, se expedido.

§ 3º. Indicada nova denominação para a cultivar, o pedido de proteção será republicado, restabelecendo-se, em decorrência, o prazo de noventa dias para eventuais impugnações, dando-se ciência ao requerente.

Art. 17. O titular o direito de proteção de cultivar prestará ao SNPC todas as informações e esclarecimentos que lhe forem solicitados, inclusive quanto à inspeção dos meios adotados para a conservação da amostra viva da cultivar em seu poder.

§ 1º. As amostras fornecidas para integrar a coleção de germoplasma de cultivares, a que se refere o inciso IX do art. 3º deste Decreto, só poderão ser utilizadas para fins de comprovação de questões afetas à proteção de cultivares.

§ 2º. A manipulação e o exame das amostras vivas a que se refere o parágrafo único do art. 22 da Lei nº 9.456, de 1997, restringir-se-ão à comprovação do teste de DHE da cultivar.

Art. 18. No pedido de proteção de cultivar, o prazo de oferecimento à venda ou comercialização a ser observado, para os fins previstos no art. 6º deste Decreto, será o da primeira operação comercial da cultivar em referência, como semente básica, registrada, certificada ou fiscalizada.

Art. 19. Serão válidas, para instruir processo administrativo de pedido de proteção de cultivares, e acompanhamento de sua tramitação, as certidões dos originais das procurações públicas, expedidas pelos órgãos competentes.

Seção II - Do Cadastro Nacional de Cultivares Protegidas - CNCP

Art. 20. O Cadastro Nacional de Cultivares Protegidas - CNCP conterá, no mínimo:

I - o número do protocolo do pedido de proteção;

II - o número do Certificado Provisório de Proteção;

III - o número do Certificado de Proteção de Cultivar;

IV - o nome da espécie (nome botânico e nome comum);

V - a denominação da cultivar;

VI - a data do início da proteção;

VII - a data do término da proteção;

VIII - o nome e endereço do titular da proteção;

IX - o(s) nome(s) do(s) melhorista(s);

X - o nome e endereço do representante legal;

XI - o nome e endereço do responsável técnico;

XII - a indicação do país de origem da cultivar;

XIII - as alterações no certificado de proteção;

XIV - as averbações.

Seção III - Da Licença Compulsória

Art. 21. A licença compulsória é o instrumento utilizado pelo Poder Público para autorizar, a requerimento de legítimo interessado, a exploração de cultivar protegida, independentemente da autorização do seu titular, por prazo de três anos, prorrogável por iguais períodos, sem exclusividade, e mediante remuneração, na forma deste Decreto.

§ 1º. Considera-se legítimo interessado, para fins de requerer licença compulsória, o produtor de sementes como definido em lei, desde que contra ele não exista representação por infração à ordem econômica, nos termos da Lei nº 8.884, de 11.7.1994.

§ 2º. A remuneração a que se refere o *caput* será arbitrada pelo SNPC na falta de acordo entre o titular de cultivar protegida e o requerente da licença compulsória, tomando por base percentuais livremente negociados segundo as práticas correntes de mercado para a espécie.

Art. 22. O requerimento de licença compulsória deverá ser instruído com:

I - a qualificação do requerente;

II - a qualificação do titular do direito sobre a cultivar;

III - a denominação e a descrição suficiente da cultivar;

IV - os motivos do requerimento, observado o disposto no art. 28 da Lei nº 9.456, de 1997;

V - prova escrita de que o requerente esgotou todas as providências ao seu alcance, no sentido de negociar proposta de licença voluntária apresentada ao titular da cultivar ou ao seu procurador;

VI - prova de que o requerente goza de capacidade financeira e técnica para a exploração da cultivar, consubstanciada em:

a) área de sua propriedade ou cooperada;

b) capacidade de beneficiamento de sementes;

c) capacidade de armazenamento;

d) responsável técnico;

e) laboratório próprio ou de terceiros para análise de sementes;

f) rede de distribuição de sementes;

g) relação de clientes;

h) relação descritiva das cultivares por ele produzidas e comercializadas, por gênero ou espécie vegetal;

i) prova do seu registro, como produtor de sementes, no Ministério da Agricultura e do Abastecimento;

j) capital compatível com os custos da operação;

VII - outras provas exigidas em ato específico do Conselho Administrativo de Defesa Econômica - CADE, observado, se for o caso, o disposto no art. 35 deste Decreto.

§ 1º. O requerente indicará, ainda, a existência de licença voluntária sobre a cultivar, concedida a terceiros, e de ação judicial pendente, pertinente ao mesmo assunto, se delas tiver conhecimento.

§ 2º. É dever do SNPC e do CADE guardar sigilo, na forma da lei, sobre as informações prestadas pelo requerente.

Art. 23. Recebido o requerimento de licença compulsória, o Ministério da Agricultura e do Abastecimento, se entender satisfatoriamente cumpridos os requisitos do artigo anterior, determinará:

I - a autuação do requerimento com os anexos;

II - a elaboração de parecer técnico pelo SNPC;

III - a intimação do titular da cultivar e, quando couber, do titular de licença voluntária, para que se manifestem, querendo, no prazo de dez dias, a contar da data do recebimento da intimação;

IV - a publicação do extrato do pedido de licença compulsória, para conhecimento e impugnação de terceiros interessados, no prazo de dez dias.

§ 1º. Expirado o prazo de dez dias concedido ao titular da cultivar protegida e ao titular de licença voluntária, se houver, de que trata o inciso III deste artigo, o processo, com ou sem manifestação, será encaminhado ao CADE, instruído com o parecer técnico, na forma do artigo seguinte, no prazo máximo de quinze dias.

§ 2º. Se o requerimento não estiver suficientemente instruído com os documentos que comprovem as exigências previstas no artigo anterior, o Ministério da Agricultura e do Abastecimento poderá determinar que o requerente complemente a documentação especificada, no prazo de quinze dias, a contar da data do recebimento da notificação, sob pena de arquivamento do pedido.

Art. 24. O parecer técnico do SNPC sobre o requerimento da licença compulsória conterá:

I - relatório sobre o requerimento que, além de observar o disposto no art. 22 deste Decreto, indicará a existência, se for o caso, de pedidos anteriores de licença compulsória;

II - avaliação objetiva das conseqüências adversas ao comércio que a licença deseja reparar;

III - proposta de deferimento ou indeferimento da licença compulsória, com indicação objetiva dos motivos da recomendação.

Parágrafo único. O SNPC, quando solicitado, prestará ao CADE as informações adicionais necessárias à instrução do processo de licença compulsória.

Art. 25. Se não houver necessidade de diligências complementares, o CADE apreciará o requerimento da licença compulsória no prazo máximo de trinta dias.

Art. 26. Salvo por motivos legítimos, a juízo do CADE, com base no parecer técnico do SNPC, a licença compulsória caducará, independentemente de notificação se, no prazo de seis meses, contado da publicação da concessão, o requerente não adotar as providências necessárias à sua implementação.

Parágrafo único. O prazo para implementação do disposto neste artigo poderá ser prorrogado uma vez, a pedido do interessado, devidamente justificado.

Art. 27. Aplica-se à licença compulsória, no que couber, as disposições previstas na Lei nº 9.279, de 14 de maio de 1996.

Seção IV - Do Uso Público Restrito

Art. 28. A cultivar protegida será declarada de uso público restrito, *ex officio,* pelo Ministro de Estado da Agricultura e do Abastecimento, com base em parecer técnico dos respectivos órgãos competentes, no exclusivo interesse público, para atender às necessidades da política agrícola, nos casos de emergência nacional, abuso do poder econômico, ou outras circunstâncias de extrema urgência e em casos de uso público não comercial.

§ 1º. Considera-se de uso público restrito a cultivar que, por ato do Ministro de Estado da Agricultura e do Abastecimento, puder ser explorada diretamente pela União Federal ou por terceiros por ela designados, sem exclusividade, sem autorização de seu titular, pelo prazo de três anos, prorrogável por iguais períodos, desde que notificado e remunerado o titular na forma deste Decreto.

§ 2º. A notificação de que trata o parágrafo anterior será expedida imediatamente após a publicação da declaração de uso público restrito e conterá no mínimo:

a) razões da declaração;

b) relação de pessoas físicas ou jurídicas autorizadas a explorar a cultivar, contendo o nome, o endereço e o número do CPF-Cadastro de Pessoa Física ou CGC-Cadastro Geral de Contribuinte junto ao Ministério da Fazenda;

c) remuneração pertinente;

d) volume mínimo anual de material de reprodução ou multiplicação vegetativa da cultivar, necessário à sua exploração.

§ 3º. A remuneração pela exploração de cultivar protegida, declarada de uso público restrito, será calculada tomando-se por base os preços de mercado para a espécie, praticados na data da declaração, levando-se em consideração os fatores que a determinaram.

Seção V - Dos Serviços Públicos

Art. 29. Os serviços de que trata o art. 53 da Lei nº 9.456, de 1997, sujeitos à remuneração pelo regime de preços de serviços públicos específicos, compreendem:

I - pedido de proteção;

II - anuidade;

III - transferência de titularidade;

IV - outras alterações no certificado de proteção;

V - testes de laboratório;

VI - ensaios comparativos de campo sobre a DHE da cultivar;

VII - certidões.

Art. 30. Compete ao Ministério da Agricultura e do Abastecimento fixar, arrecadar e aplicar os valores decorrentes da prestação dos serviços de que trata o artigo anterior, bem como promover as suas atualizações.

Parágrafo único. O produto da arrecadação, a que se refere o *caput*, será aplicado na capacitação de pessoal e na implantação, aparelhamento, aperfeiçoamento e execução dos serviços de que trata este Decreto.

Seção VI - Da Comissão Nacional de Proteção de Cultivares - CNPC

Art. 31. Fica criada, no Ministério da Agricultura e do Abastecimento, de caráter consultivo e de assessoramento ao SNPC, a Comissão Nacional de Proteção de Cultivares - CNPC, sob a presidência do Titular do SNPC, composta de um representante de cada órgão e entidade a seguir discriminados:

I - Secretaria de Defesa Agropecuária, do Ministério da Agricultura e do Abastecimento;

II - Ministério das Relações Exteriores;

III - Ministério da Indústria, do Comércio e do Turismo;

IV - Ministério da Ciência e Tecnologia;

V - Ministério do Meio Ambiente, dos Recursos Hídricos e da Amazônia Legal;

VI - entidade nacional que congregue os Obtentores Vegetais;

VII - Associação Brasileira dos Produtores de Sementes;

VIII - Organização das Cooperativas Brasileiras;

IX - Confederação Nacional da Agricultura;

X - Confederação Nacional dos Trabalhadores na Agricultura;

XI - Conselho Federal de Engenharia, Arquitetura e Agronomia.

§ 1º. Os membros da CNPC serão designados pelo Ministro de Estado da Agricultura e do Abastecimento, para mandato de dois anos, permitida uma recondução.

§ 2º. No prazo de trinta dias, após a publicação deste Decreto, os órgãos e entidades relacionados no *caput* deste artigo indicarão os representantes, com seus respectivos suplentes, para compor a CNPC.

§ 3º. A comissão se reunirá com a presença da maioria simples de seus integrantes.

§ 4º. As decisões da comissão serão tomadas pela maioria dos membros presentes, cabendo ao Presidente o voto de qualidade.

§ 5º. Os membros da CNPC não serão remunerados, sendo os serviços por eles prestados considerados, para todos os efeitos, como relevantes em prol do desenvolvimento do País.

§ 6º. Os custos de deslocamento e hospedagem decorrentes da participação dos membros nas reuniões da CNPC correrão à conta dos respectivos órgãos e entidades representadas.

§ 7º. O SNPC prestará apoio administrativo e operacional à CNPC.

§ 8º. A CNPC terá prazo de sessenta dias, a contar da sua constituição, para elaborar o seu regimento interno, que será aprovado mediante portaria do Ministro de Estado da Agricultura e do Abastecimento.

Art. 32. À CNPC compete:

I - manifestar-se sobre as matérias submetidas à sua apreciação pelo SNPC;

II - sugerir normas e regulamentos sobre proteção de cultivares;

III - assessorar o SNPC nas matérias relacionadas à proteção de cultivares e, em especial, sobre convênios e acordos nacionais e internacionais.

CAPÍTULO III - DAS DISPOSIÇÕES FINAIS

Art. 33. Para os efeitos da indenização prevista no art. 37 da Lei nº 9.456, de 1997, a remuneração do titular será calculada com base nos preços de mercado para a espécie, praticados à época da constatação da infração, sem prejuízo dos acréscimos legais cabíveis.

Art. 34. Para fins de abertura de pedido de proteção de cultivares, ficam divulgados as seguintes espécies vegetais: algodão, arroz, batata, feijão, milho, soja, sorgo e trigo, cujos descritores mínimos estão definidos na forma dos Anexos I a VIII deste Decreto.

Parágrafo único. A divulgação das demais espécies vegetais, seus descritores mínimos e alterações, se necessárias, serão feitas pelo SNPC.

Art. 35. Os Ministros de Estado da Agricultura e do Abastecimento e da Justiça, no âmbito das respectivas atribuições, disporão, de forma complementar, sobre o procedimento e as condições para apreciação e concessão da licença compulsória, observadas as exigências procedimentais inerentes à ampla defesa e a proteção ao direito de propriedade instituído pela Lei nº 9.456, de 1997.

Art. 36. A estrutura do SNPC será definida na estrutura regimental do Ministério da Agricultura e do Abastecimento.

Parágrafo único. O Ministro de Estado da Agricultura e do Abastecimento, no prazo de sessenta dias, a contar da data de publicação deste Decreto, aprovará o regimento interno do SNPC, bem como promoverá a reorganização dos setores incumbidos das atividades de sementes e mudas, inclusive os inerentes aos laboratórios de análise de sementes, de forma a compatibilizá-los com a estrutura do SNPC.

Art. 37. Fica o Ministro de Estado da Agricultura e do Abastecimento autorizado, observado, se for o caso, o disposto no art. 35, a editar normas complementares necessárias à execução deste Decreto.

Art. 38. Este Decreto entra em vigor na data de sua publicação.

Brasília, 5 de novembro 1997; 176º da Independência e 109º da República.

Fernando Henrique Cardoso

DOU de 6.11.1997 - Republicação em 7.11.1997

DECRETO Nº 2.553, DE 16 DE ABRIL DE 1998

Regulamenta os arts. 75 e 88 a 93 da Lei nº 9.279, de 14 de maio de 1996, que regula direitos e obrigações relativos à propriedade industrial.

O Presidente da República, no uso da atribuição que lhe confere o art. 84, inciso IV da Constituição, e tendo em vista o disposto nos arts. 75 e 88 a 93 da Lei nº 9.279, de 14 de maio de 1996,

Decreta:

Art. 1º. A Secretaria de Assuntos Estratégicos da Presidência da República é o órgão competente do Poder Executivo para manifestar-se, por iniciativa própria ou a pedido do Instituto Nacional da Propriedade Industrial - INPI, sobre o caráter sigiloso dos processos de pedido de patente originários do Brasil, cujo objeto seja de interesse da defesa nacional.

§ 1º. O caráter sigiloso do pedido de patente, cujo objeto seja de natureza militar, será decidido com base em parecer conclusivo emitido pelo Estado-Maior das Forças Armadas, podendo o exame técnico ser delegado aos Ministérios Militares.

§ 2º. O caráter sigiloso do pedido de patente de interesse da defesa nacional, cujo objeto seja de natureza civil, será decidido, quando for o caso, com base em parecer conclusivo dos Ministérios a que a matéria esteja afeta.

§ 3º. Da patente resultante do pedido a que se refere o *caput* deste artigo, bem como do certificado de adição dela decorrente, será enviada cópia ao Estado-Maior das Forças Armadas e à Secretaria de Assuntos Estratégicos da Presidência da República, onde será, também, conservado o sigilo de que se revestem tais documentos.

Art. 2º. O depósito no exterior, a exploração e a cessão do pedido ou da patente, e sua divulgação, cujo objeto tenha sido considerado de interesse da defesa nacional, ficam condicionados à prévia autorização da Secretaria de Assuntos Estratégicos da Presidência da República.

Parágrafo único. Quando houver restrição aos direitos do depositante de pedido ou do titular da patente, considerados de interesse da defesa nacional, nos termos do art. 75, § 3º da Lei nº 9.279, de 1996, o depositante ou titular da parente será indenizado mediante comprovação dos benefícios que teria auferido pela exploração ou cessão.

Art. 3º. Ao servidor da Administração Pública direta, indireta e fundacional, que desenvolver invenção, aperfeiçoamento ou modelo de utilidade e desenho industrial, será assegurada, a título de incentivo, durante toda a vigência da patente ou do registro, premiação de parcela do valor das vantagens auferidas pelo órgão ou entidade com a exploração da patente ou do registro.

§ 1º. Os órgãos e as entidades da Administração Pública direta, indireta e fundacional promoverão a alteração de seus estatutos ou regimentos internos para inserir normas que definam a forma e as condições de pagamento da premiação de que trata este artigo, a qual vigorará após publicação no Diário Oficial da União, ficando convalidados os acordos firmados anteriormente.

§ 2º. A premiação a que se refere o *caput* deste artigo não poderá exceder a um terço do valor das vantagens auferidas pelo órgão ou entidade com a exploração da patente ou do registro.

Art. 4º. A premiação de que trata o artigo anterior não se incorpora, a qualquer título, aos salários dos empregados ou aos vencimentos dos servidores.

Art. 5º. Na celebração de instrumentos contratuais de que trata o art. 92 da Lei nº 9.279, de 1996, serão estipuladas a titularidade das criações intelectuais e a participação dos criadores.

Art. 6º. Este Decreto entra em vigor na data de sua publicação.

Brasília, 16 de abril de 1998; 177º da Independência e 110º da República.

Fernando Henrique Cardoso

DOU de 20.4.1998

DECRETO Nº 3.201, DE 6 DE OUTUBRO DE 1999

Dispõe sobre a concessão, de ofício, de licença compulsória nos casos de emergência nacional e de interesse público de que trata o art. 71 da Lei nº 9.279, de 14 de maio de 1996.

O Presidente da República, no uso da atribuição que lhe confere o art. 84, inciso IV, da Constituição, e tendo em vista o disposto no art. 71 da Lei nº 9.279, de 14 de maio de 1996,

Decreta:

Art. 1º. A concessão, de ofício, de licença compulsória, para uso público não-comercial, nos casos de emergência nacional ou interesse público, de que trata o art. 71 da Lei nº 9.279, de 14 de maio de 1996, dar-se-á na forma deste Decreto.

Art. 2º. Poderá ser concedida, de ofício, licença compulsória de patente, para uso público não-comercial, nos casos de emergência nacional ou interesse público, assim declarados pelo Poder Público, desde que constatado que o titular da patente ou seu licenciado não atende a essas necessidades.

§ 1º. Entende-se por emergência nacional o iminente perigo público, ainda que apenas em parte do território nacional.

§ 2º. Consideram-se de interesse público os fatos relacionados, dentre outros, à saúde pública, à nutrição, à defesa do meio ambiente, bem como aqueles de primordial importância para o desenvolvimento tecnológico ou sócio-econômico do País.

Art. 3º. O ato do Poder Executivo Federal que declarar a emergência nacional ou o interesse público será praticado pelo Ministro de Estado responsável pela matéria em causa e deverá ser publicado no Diário Oficial da União.

Art. 4º. Constatada a impossibilidade de o titular da patente ou o seu licenciado atender a situação de emergência nacional ou interesse público, o Poder Público concederá, de ofício, a licença compulsória, de caráter não-exclusivo, devendo o ato ser imediatamente publicado no Diário Oficial da União.

Art. 5º. O ato de concessão da licença compulsória para o uso público não-comercial estabelecerá, dentre outras, as seguintes condições:

I - o prazo de vigência da licença e a possibilidade de prorrogação;

II - aquelas oferecidas pela União, em especial a remuneração do titular;

III - a obrigação de o titular, se preciso, transmitir as informações necessárias e suficientes à efetiva reprodução do objeto protegido, a supervisão de montagem e os demais aspectos técnicos e comerciais aplicáveis ao caso em espécie.

Parágrafo único. Na determinação da remuneração cabível ao titular, serão consideradas as circunstâncias econômicas e mercadológicas relevantes, o preço de produtos similares e o valor econômico da autorização.

Art. 6º. A autoridade competente poderá requisitar informações necessárias para subsidiar a concessão da licença ou determinar a remuneração cabível ao titular da patente, assim como outras informações pertinentes, aos órgãos e às entidades da administração pública, direta e indireta, federal, estadual e municipal.

Art. 7º. No caso de emergência nacional ou interesse público que caracterize extrema urgência, a licença compulsória de que trata este Decreto poderá ser implementada e efetivado o uso da patente, independentemente do atendimento prévio das condições estabelecidas nos arts. 4º e 5º deste Decreto.

Parágrafo único. Se a autoridade competente tiver conhecimento, sem proceder a busca, de que há patente em vigor, o titular deverá ser prontamente informado desse uso.

Art. 8º. A exploração da patente compulsoriamente licenciada nos termos deste Decreto poderá ser iniciada independentemente de acordo sobre as condições contidas no art. 5º.

Art. 9º. A exploração da patente licenciada nos termos deste Decreto poderá ser realizada diretamente pela União ou por terceiros devidamente contratados, ficando impedida a reprodução do seu objeto para outros fins, sob pena de ser considerada como ilícito.

Art. 10. Nos casos em que não seja possível o atendimento às situações de emergência nacional ou interesse público com o produto colocado no mercado interno, ou se mostre inviável a fabricação do objeto da patente por terceiro, ou pela União, poderá esta realizar a importação do produto objeto da patente, desde que tenha sido colocado no mercado diretamente pelo titular ou com seu consentimento.

Art. 11. A contratação de terceiros para exploração da patente compulsoriamente licenciada será feita mediante licitação, cujo processo obedecerá aos princípios da Lei nº 8.666, de 21 de junho de 1993.

Art. 12. Atendida a emergência nacional ou o interesse público, a autoridade competente extinguirá a licença compulsória, respeitados os termos do contrato firmado com o licenciado.

Art. 13. A autoridade competente informará ao Instituto Nacional da Propriedade Industrial - INPI, para fins de anotação, as licenças para uso público não-comercial, concedidas com fundamento no art. 71 da Lei nº 9.279, de 1996, bem como as alterações e a extinção de tais licenças.

Art. 14. Este Decreto entra em vigor na data de sua publicação.

Brasília, 6 de outubro de 1999; 178º da Independência e 111º da República.

Fernando Henrique Cardoso

DOU de 7.10.1999

CONVENÇÃO DE PARIS PARA A PROTEÇÃO DA PROPRIEDADE INDUSTRIAL

DECRETO Nº 75.572, DE 8 DE ABRIL DE 1975

Promulga a Convenção de Paris para a Proteção da Propriedade industrial. Revisão de Estocolmo, 1967.

O Presidente da República,

Havendo o Congresso Nacional aprovado, pelo Decreto Legislativo nº 78, de 31 de outubro de 1974, a Convenção de Paris para a proteção da Propriedade Industrial, revista em Estocolmo a 14 de julho de 1967;

E havendo o instrumento brasileiro de adesão sido depositado junto à Organização Mundial da Propriedade Intelectual (OMPI), a 20 de dezembro de 1974, com a declaração de que o Brasil não se considera vinculado pelo disposto na alínea 1. do artigo 28 (conforme previsto na alínea 2. do mesmo Artigo), e de que a adesão do Brasil não é aplicável aos Artigos 1 a 12, conforme previsto no Artigo 20, continuando em vigor no Brasil a revisão de Haia, de 1925;

E havendo a referida Convenção entrado em vigor definitivamente para o Brasil, a 24 de março de 1975;

Decreta que a mesma, apensa por cópia ao presente Decreto, seja executada e cumprida tão inteiramente como nela, se contém, mantida a declaração acima mencionada.

Brasília, 8 de abril de 1975; 154º da Independência e 87º da República.

Ernesto Geisel

DOU de 10.4.1975

DECRETO Nº 1.263, DE 10 DE OUTUBRO DE 1994

Ratifica a declaração de adesão aos arts. 1º a 12 e ao art. 28, alínea I, do texto da revisão de Estocolmo da Convenção de Paris para Proteção da Propriedade Industrial.

O Presidente da República, no uso da atribuição que lhe confere o art. 84, inciso VIII, da Constituição,

Decreta:

Art. 1º. Fica ratificada a declaração constante do Decreto nº 635, de 21 de agosto de 1992, da extensão da adesão da República Federativa do Brasil aos arts. 1º a 12 e ao art. 28, alínea I, do texto da Revisão de Estocolmo da Convenção de Paris para a Proteção da Propriedade Industrial, constante do anexo a este decreto.

Art. 2º. Este decreto entra em vigor na data de sua publicação.

Brasília, 10 de outubro de 1994; 173º da Independência e 106º da República.

Itamar Franco

DOU de 13.10.1994

ANEXO

CONVENÇÃO DE PARIS PARA A PROTEÇÃO DA PROPRIEDADE INDUSTRIAL DE 20 DE MARÇO DE 1883

Revista em: Bruxelas a 14 de dezembro de 1900; Washington a 2 de junho de 1911; Haia a 6 de Novembro de 1925; Londres a 2 de junho de 1934; Lisboa a 31 de outubro de 1958; Estocolmo a 14 de julho de 1967.

• Artigo 1 •

1) Os países a que se aplica a presente Convenção constituem-se em União para a proteção da propriedade industrial.

2) A proteção da propriedade industrial tem por objeto as patentes de invenção, os modelos de utilidade, os desenhos ou modelos industriais, as marcas de serviço, o nome comercial e as indicações de procedência ou denominações de origem, bem como a repressão da concorrência desleal.

3) A propriedade industrial entende-se na mais ampla acepção e aplica-se não só à indústria e ao comércio propriamente ditos, mas também às indústrias agrícolas e extrativas e a todos os produtos manufaturados ou naturais, por exemplo: vinhos, cereais, tabaco em folha, frutas, animais, minérios, águas minerais, cervejas, flores, farinhas.

4) Entre as patentes de invenção compreendem-se as diversas espécies de patentes industriais admitidas nas legislações dos países da União, tais como patentes de importação, patentes de aperfeiçoamento, patentes e certificados de adição, etc.

• Artigo 2 •

1) Os nacionais de cada um dos países da União gozarão em todos os outros países da União, no que se refere à proteção da propriedade industrial, das vantagens que as leis respectivas concedem atualmente ou venham a conceder no futuro aos nacionais, sem prejuízo dos direitos especialmente previstos na presente Convenção. Em conseqüência, terão a mesma proteção que estes e os mesmos recursos legais contra qualquer atentado dos seus direitos, desde que observem as condições e formalidades impostas aos nacionais.

2) Nenhuma condição de domicílio ou de estabelecimento no país em que a proteção é requerida pode, porém, ser exigida dos nacionais de países da União para o gozo de qualquer dos direitos de propriedade industrial.

3) Ressalvam-se expressamente as disposições da legislação de cada um dos países da União relativas ao processo judicial e administrativo e à competência, bem como à escolha de domicílio ou à designação de mandatário, eventualmente exigida pelas leis de propriedade industrial.

• Artigo 3 •

São equiparados aos nacionais dos países da União os nacionais dos países não participantes da União domiciliados ou que possuam estabelecimentos industriais ou comerciais efetivos e reais no território de um dos países da União.

• Artigo 4 •

• *As disposições do art. 4º da Revisão de Estocolmo se aplicam aos pedidos depositados sob o PCT, segundo o art. 8.2.(A), daquele tratado.*

A.1) Aquele que tiver devidamente apresentado pedido de patente de invenção, de depósito de modelo de utilidade, de desenho ou modelo industrial, de registro de marca de fábrica ou de comércio num dos países da União, ou o seu sucessor, gozará, para apresentar o pedido nos outros países, do direito de prioridade durante os prazos adiante fixados.

2) Reconhece-se como dando origem ao direito de prioridade qualquer pedido com o valor de pedido nacional regular, em virtude da legislação nacional de cada país da União ou de tratados bilaterais ou multilaterais celebrados entre países da União.

3) Deve entender-se por pedido nacional regular qualquer pedido efetuado em condições de estabelecer a data em que o mesmo foi apresentado no país em causa, independentemente do resultado ulterior do pedido.

4) Deve ser considerado como primeiro pedido, cuja data de apresentação marcará o início do prazo de prioridade, pedido ulterior que tenha o mesmo objeto de um primeiro pedido anterior, nos termos do parágrafo 2º, apresentado no mesmo país da União, desde que na data do pedido posterior, o pedido anterior tenha sido retirado, abandonado ou recusado, sem ter sido submetido a inspeção pública e sem deixar subsistir direitos em que não tenha ainda servido de base para reivindicação do direito de prioridade. O pedido anterior então não poderá mais servir de base para reivindicação do direito de prioridade.

B) Em conseqüência, o pedido apresentado ulteriormente num dos outros países da União, antes de expirados estes prazos não poderá ser invalidado por fatos verificados nesse intervalo, como por exemplo outro pedido, publicação da invenção ou sua exploração, oferecimento à venda de exemplares do desenho ou do modelo ou uso da marca, e esses fatos não poderão fundamentar qualquer direito de terceiros ou posse pessoal. Os direitos adquiridos por terceiros antes do dia do primeiro pedido que serve de base ao direito de prioridade são ressalvados nos termos da legislação interna de cada país da União.

C.1) Os prazos de prioridade acima mencionados serão de doze meses para as invenções e modelos de utilidade e de seis meses para os desenhos ou modelos industriais e para as marcas de fábrica ou comércio.

2) Estes prazos correm a partir da data da apresentação do primeiro pedido; o dia da apresentação não é contado.

3) Se o último dia do prazo for feriado legal ou dia em que a Repartição não se encontre aberta para receber a apresentação dos pedidos no país em que a proteção é requerida, o prazo será prorrogado até o primeiro dia útil seguinte.

D.1) Quem quiser prevalecer-se da prioridade de um pedido anterior deverá formular declaração em que indique a data e o país desse pedido. Cada país fixará o momento até ao qual esta declaração deverá ser efetuada.

2) Estas indicações serão mencionadas nas publicações emanadas da autoridade competente, particularmente nas patentes e suas descrições.

3) Os países da União poderão exigir daquele que fizer uma declaração de prioridade a apresentação de uma cópia do pedido (descrição, desenhos, etc.) entregue anteriormente. A cópia autenticada pela autoridade que houver recebido esse pedido estará isenta de qualquer legislação e poderá, em qualquer caso, ser apresentada, sem ônus, em qualquer momento no prazo de três meses a contar da data da apresentação do pedido ulterior. Poderá exigir-se que seja acompanhada de certificado da data da apresentação expedido pela mesma autoridade e de tradução.

4) Para a declaração de prioridade nenhuma outra formalidade poderá ser exigida no momento da apresentação do pedido. Cada país da União determinará quais as conseqüências da omissão das formalidades previstas no presente artigo, as quais não poderão exercer a perda do direito de prioridade.

Aquele que reivindicar a prioridade de um pedido anterior terá de indicar o número desse pedido; essa indicação será publicada nas condições previstas no parágrafo 2 acima.

5) Ulteriormente poderão ser exigidas outras justificativas.

E.1) Quando um desenho ou modelo industrial tiver sido depositado num país, em virtude de um direito de prioridade baseada num pedido de depósito de um modelo de utilidade, o prazo de prioridade será somente o fixado para os desenhos ou modelos industriais.

2) Além disso, é permitido depositar num país um modelo de utilidade, em virtude de um direito de prioridade baseado num pedido de patente e vice-versa.

F) Nenhum país da União poderá recusar prioridade ou pedido de patente em virtude de o requerente reivindicar prioridades múltiplas, mesmo provenientes de diferentes países, ou em virtude de um pedido reivindicando uma ou várias prioridades conter um ou mais elementos que não estavam compreendidos no ou nos pedidos cuja prioridade se reivindica, com a condição de, nos dois casos, haver unidade de invenção, no sentido da lei do país.

No que se refere aos elementos não compreendidos ou nos pedidos cuja prioridade se reivindica, a apresentação do pedido ulterior dá lugar a um direito de prioridade, nas condições usuais.

G.1) Se o exame revelar que um pedido de patente é complexo, poderá o requerente dividir num certo número de pedidos divisionários, cada um dos quais conservará a data do pedido inicial e, se for o caso, o benefício do direito de prioridade.

2) O requerente poderá também, por sua própria iniciativa, dividir o pedido de patente, conservando como data de cada pedido divisionário a data do pedido inicial e, se for o caso, o benefício do direito de prioridade. Cada país da União terá a faculdade de fixar as condições nas quais esta divisão será autorizada.

H) A prioridade não pode ser recusada com o fundamento de que certos elementos de invenção para os quais se reivindica a prioridade não figuram entre as reivindicações formuladas no pedido apresentado no país de origem, contanto que o conjunto dos documentos do pedido revele de maneira precisa aqueles elementos.

I.1) Os pedidos de certificados de autor de invenção depositados num país em que os requerentes têm o direito de pedir, à sua escolha, quer uma patente, quer um certificado de autor de invenção, darão origem ao direito de prioridade instituído pelo presente artigo, nas mesmas condições e com os mesmos efeitos que os pedidos de patentes de invenção.

2) Num país em que os requerentes têm o direito de requerer, à sua escolha, quer uma patente, quer um certificado de autor de invenção o requerente de um certificado de autor de invenção se beneficiará, segundo as disposições do presente artigo aplicáveis aos pedidos de patentes, do direito de prioridade no depósito de um pedido de patente de invenção, de modelo de utilidade ou de certificado de autor de invenção.

• Artigo 4 bis •

1) As patentes requeridas nos diferentes países da União por nacionais de países da União serão independentes das patentes obtidas para a mesma invenção nos outros países, membros ou não da União.

2) Esta disposição deve entender-se de modo absoluta, particularmente no sentido de que as patentes pedidas durante o prazo de prioridade são independentes, tanto do ponto de vista das causas de nulidade e de caducidade como do ponto de vista da duração normal.

3) Aplica-se a todas as patentes existentes à data da sua entrada em vigor.

4) O mesmo sucederá, no caso de acessão de novos países, às patentes existentes em ambas as partes, à data da acessão.

5) As patentes obtidas com o benefício da prioridade gozarão, nos diferentes países da União, de duração igual àquela de que gozariam se fossem pedidas ou concedidas sem o benefício da prioridade.

• Artigo 4 ter •

O inventor tem o direito de ser mencionado como tal na patente.

• Artigo 4 quater •

Não poderá ser recusada a concessão de uma patente e não poderá ser uma patente invalidada em virtude de estar a venda o produto patenteado ou obtido por um processo patenteado sujeita a restrições ou limitações resultantes da legislação nacional.

• Artigo 5 •

A.1) A introdução, pelo titular da patente, no país em que esta foi concedida, de objetos fabricados em qualquer dos países da União não acarreta a caducidade da patente.

2) Cada país da União terá a faculdade de adotar medidas legislativas prevendo a concessão de licenças obrigatórias para prevenir os abusos que poderiam resultar do exercício do direito exclusivo conferido pela patente, como, por exemplo, a falta de exploração.

3) A caducidade da patente só poderá ser prevista para os casos em que a concessão de licenças obrigatórias não tenha sido suficiente para prevenir tais abusos. Não poderá ser interposta ação de declaração de caducidade ou de anulação de uma patente antes de expirar o prazo de dois anos, a contar da concessão da primeira licença obrigatória.

4) Não poderá ser pedida licença obrigatória, com o fundamento de falta ou insuficiência de exploração, antes de expirar o prazo de quatro anos a contar da apresentação do pedido de patente, ou de três anos a contar da concessão da patente, devendo aplicar-se o prazo mais longo; a licença será recusada se o titular da patente justificar a sua inação por razões legítimas. Tal licença obrigatória será não exclusiva e só será transferível, mesmo sob a forma de concessão de sublicença, com a parte da empresa ou do estabelecimento comercial que a explore.

5) As disposições precedentes serão aplicáveis com as modificações necessárias, aos modelos de utilidade.

B) A proteção dos desenhos e modelos industriais não caducará por falta de exploração nem por introdução de objetos semelhantes aos que estão protegidos.

C.1) Se em algum país a utilização de marca for obrigatório, o registro só poderá ser anulado depois de decorrido um prazo razoável e se o interessado não justificar as causas da sua inação.

2) O uso, pelo proprietário, de uma marca de fábrica ou de comércio de forma diferente, quanto a elementos que não alteram o caráter distintivo da marca, da forma por que esta foi registrada num dos países da União não implicará a anulação do registro nem diminuirá a proteção que lhe foi concedida.

3) O uso simultâneo da mesma marca em produtos idênticos ou semelhantes por estabelecimentos industriais ou comerciais considerados co-proprietários da marca, segundo os dispositivos da lei nacional do país onde a proteção é requerida, não impedirá o registro nem diminuirá, de maneira alguma a proteção concedida a referida marca em qualquer dos países da União, contanto que o referido uso não tenha como efeito induzir o público em erro nem seja contrário ao interesse público.

D) Para reconhecimento do direito não será exigido no produto qualquer sinal ou menção da patente, do modelo de utilidade, ou do registro da marca de fábrica ou de comércio, ou do depósito do desenho ou modelo industrial.

• Artigo 5 bis •

1) Uma prorrogação de prazo, de no mínimo seis meses, será concedida para o pagamento das taxas previstas para a manutenção dos direitos de propriedade industrial, mediante pagamento de uma sobretaxa, se a legislação nacional assim dispuser.

2) Os países da União têm a faculdade de prever a revalidação das patentes de invenção caducadas em virtude de não pagamento de taxas.

• Artigo 5 ter •

Em cada um dos países da União não serão considerados lesivos dos direitos do titular da patente:

1) O emprego, a bordo dos navios dos outros países da União, dos meios que constituem o objeto de sua patente no corpo do navio, nas máquinas, mastreação, aprestos e outros acessórios quando esses navios penetrarem temporária ou acidentalmente em águas do país, sob reserva de que tais meios sejam empregados exclusivamente para as necessidades do navio.

2) O emprego dos meios que constituem o objeto da patente na construção ou no funcionamento de aeronaves ou veículos terrestres dos outros países da União, ou dos acessórios destas aeronaves ou veículos terrestres quando estes penetrarem temporária ou acidentalmente no país.

• Artigo 5 quater •

Quando um produto for introduzido num país da União no qual exista uma patente protegendo um processo de fabricação desse produto, o titular da patente terá, com referência ao produto introduzido, todos os direitos que a legislação do país de importação lhe conceder, em virtude da patente desse processo, com referência aos produtos fabricados no próprio país.

• Artigo 5 quinquies •

Os desenhos e modelos industriais serão protegidos em todos os países da União.

• Artigo 6 •

1) As condições de depósito e de registro das marcas de fábrica ou de comércio serão determinadas em cada país da União, pela respectiva legislação nacional.

2) Não poderá, todavia, ser recusada ou invalidada uma marca requerida em qualquer dos países da União por um nacional de um país desta, com o fundamento de não ter sido depositada, registrada ou renovada no país de origem.

3) Uma marca regularmente registrada num país da União será considerada como independente das marcas registradas nos outros países da União, inclusive o país de origem.

• Artigo 6 bis •

1) Os países da União comprometem-se a recusar ou invalidar o registro, quer administrativamente, se a lei do país o permitir, quer a pedido do interessado e a proibir o uso de marca de fábrica ou de comércio que constitua reprodução, imitação ou tradução, suscetíveis de estabelecer confusão, de uma marca que a autoridade competente do país do registro ou do uso considere que nele é notoriamente conhecida como sendo já marca de uma pessoa amparada pela presente Convenção, e utilizada para produtos idênticos ou similares. O mesmo sucederá quando a parte essencial da marca notoriamente conhecida ou imitação suscetível de estabelecer confusão com esta.

2) Deverá ser concedido um prazo mínimo de cinco anos a contar da data do registro, para requerer cancelamento de tal marca. Os países da União têm a faculdade de prever um prazo dentro do qual deverá ser requerida a proibição de uso.

3) Não será fixado prazo para requerer o cancelamento ou a proibição de uso de marcas registradas ou utilizadas de má-fé.

• Artigo 6 ter •

1.A) Os países da União acordam em recusar ou invalidar o registro e em impedir, através de medidas adequadas, o uso, sem autorização das autoridades competentes, quer como marcas de fábrica ou de comércio, quer como elementos dessas marcas, de armas, bandeiras e outros emblemas de Estado dos países da União, sinais e timbres oficiais de fiscalização e de garantia por eles adotados, bem como qualquer imitação do ponto de vista heráldico.

B) As disposições do subparágrafo *A)* acima aplicam-se igualmente às armas, bandeiras e outros emblemas, siglas ou denominações de organismos internacionais intergovernamentais de que um ou vários países da União sejam membros, com exceção de armas, bandeiras e outros emblemas, siglas ou denominações que já tenham sido objeto de acordos internacionais vigentes, destinados a assegurar a sua proteção.

C) Nenhum país da União terá de aplicar as disposições do subparágrafo *B)* acima em detrimento dos titulares de direitos adquiridos de boa-fé, antes da entrada em vigor nesse país da presente Convenção. Os países da União não são obrigados a aplicar as referidas disposições quando o uso ou o registro mencionado no subparágrafo *A)* não for de natureza a sugerir, no espírito do público, uma ligação entre a organização em apreço e as armas, bandeiras, emblemas, siglas ou denominações, ou se este uso ou registro não for claramente de natureza a induzir o público em erro sobre a existência de ligação entre o utilizador e a organização.

2) A proibição dos sinais e timbres oficiais de fiscalização e de garantia só se aplica aos casos em que as marcas que os incluem se destinam a ser usadas em mercadorias do mesmo gênero ou de gênero similar.

3.A) Para a aplicação destas disposições, os países da União acordam em dar a conhecer reciprocamente, por intermédio da Repartição Internacional, a lista dos emblemas de Estado, sinais e timbres oficiais de fiscalização e de garantia que desejam ou desejarão colocar, de uma maneira absoluta ou dentro de certos limites, sob a proteção do presente artigo, bem como todas as modificações, ulteriormente introduzidas nessa lista. Cada país da União porá à disposição do público, oportunamente, as listas notificadas. Entretanto, esta notificação não é obrigatória no que se refere às bandeiras dos Estados.

B) As disposições do subparágrafo *B)* do parágrafo 1 do presente artigo são unicamente aplicáveis às armas, bandeiras e outros emblemas, siglas ou denominações das organizações intergovernamentais que estas comunicaram aos países da União por intermédio da Repartição Internacional.

4) Qualquer país da União poderá, no prazo de doze meses a contar do recebimento da notificação, transmitir, por intermédio da Repartição Internacional, as suas eventuais objeções ao país ou à organização internacional intergovernamental interessados.

5) Com referência às bandeiras de Estado, apenas se aplicarão as medidas previstas no parágrafo 1 às marcas registradas depois de 6 de novembro de 1925.

6) Com referência aos emblemas de Estado que não sejam bandeiras, aos sinais e timbres oficiais dos países da União e às armas, bandeiras e outros emblemas, siglas ou denominações das organizações internacionais intergovernamentais, estas disposições só serão aplicáveis às marcas registradas mais de dois meses depois do recebimento da notificação prevista no parágrafo 3 acima.

7) Em caso de má-fé, os países terão a faculdade de cancelar o registro das marcas que contenham emblemas de Estado, sinais e timbres, mesmo quando tenham sido registradas antes de 6 de novembro de 1925.

8) Os nacionais de cada país que forem autorizados a usar emblemas de Estado, sinais e timbres do seu país poderão utilizá-los, ainda que sejam semelhantes aos de outro país.

9) Os países da União obrigam-se a impedir o uso não autorizado, no comércio, das armas de Estado dos outros países da União, quando esse uso possa induzir em erro quanto à origem dos produtos.

10) As disposições precedentes não obstam a que os países exerçam a sua faculdade de recusar ou invalidar, pela aplicação do nº 3 da letra B do artigo 6 quinquies, as marcas que contenham, sem autorização, armas, bandeiras, e outros emblemas de Estado ou sinais e timbres oficiais adotados por um país da União, assim como sinais distintivos das organizações internacionais intergovernamentais, mencionados no parágrafo 1.

• Artigo 6 quater •

1) Quando, de acordo com a legislação de um país da União, a cessão de uma marca não seja válida sem a transmissão simultânea da empresa ou estabelecimento comercial a que a marca pertence, bastará, para que essa validade seja admitida, que a parte da empresa ou do estabelecimento comercial situado nesse país seja transmitida ao cessionário com o direito exclusivo de aí fabricar ou vender os produtos assinalados com marca cedida.

2) Esta disposição não impõe aos países da União a obrigação de considerarem válida a transmissão de qualquer marca cujo uso pelo cessionário fosse, de fato, de natureza a induzir o público em erro, particularmente no que se refere à proveniência, à natureza ou às qualidades substanciais dos produtos a que a marca se aplica.

• Artigo 6 quinquies •

A.1) Qualquer marca de fábrica ou de comércio regularmente registrada no país de origem será admitida para registro e protegida na sua forma original nos outros países da União, com as restrições indicadas no presente artigo. Estes países poderão, antes de procederem ao registro definitivo, exigir a apresentação de um certificado de registro no país de origem, passado pela autoridade competente. Não será exigida qualquer legislação para este certificado.

2) Será considerado país de origem o país da União em que o requerente tenha um estabelecimento industrial ou comercial efetivo e real, e, senão tiver esse estabelecimento na União, o país da União onde tenha o seu domicílio, e, senão tiver domicílio na União, o país de sua nacionalidade, no caso de ser nacional de um país da União.

B) Só poderá ser recusado ou invalidado o registro das marcas de fábrica ou de comércio mencionadas no presente artigo, nos casos seguintes:

1. quando forem suscetíveis de prejudicar direitos adquiridos por terceiros em país em que a proteção é requerida;

2. quando forem desprovidos de qualquer caráter distintivo ou então exclusivamente compostas por sinais ou indicações que possam servir no comércio para designar a espécie, a qualidade, a quantidade, o destino, o valor, o lugar de origem dos produtos ou a época da produção, ou que se tenha tornado usuais na linguagem corrente ou nos hábitos leais e constantes do comércio do país em que a proteção é requerida;

3. quando forem contrárias à moral ou à ordem pública e, particularmente, de natureza a enganar o público. Fica entendido que uma marca não poderá ser considerada contrária à ordem pública pela simples razão de que não está de acordo com qualquer dispositivo da legislação sobre as marcas, salvo nos casos em que o próprio dispositivo se relacione com a ordem pública. Fica, todavia, ressalvada a aplicação do artigo 10 bis.

C.1) Para determinar se a marca é suscetível de proteção deverão ser levadas em consideração todas as circunstâncias de fato, particularmente a duração do uso da marca.

2) As marcas de fábrica ou de comércio não poderão ser recusadas nos outros países da União pelo único motivo de diferirem das marcas registradas no país de origem apenas por elementos que não alteram o caráter distintivo nem modificam a identidade das marcas na forma sob a qual foram registradas no referido país de origem.

D) Ninguém se poderá beneficiar das disposições do presente artigo se a marca para a qual reivindica proteção não estiver registrada no país de origem.

E) Em nenhum caso, todavia, a renovação do registro de uma marca no país de origem implicará na obrigação de renovar o registro nos outros países da União onde a marca tenha sido registrada.

F) O benefício da prioridade será concedido aos pedidos de registro de marcas efetuados dentro do prazo do Artigo 4, ainda que o registro no país de origem não ocorra após a expiração desse prazo.

• Artigo 6 sexies •

Os países da União se comprometem a proteger as marcas de serviço. Não são obrigados a prever o registro dessas marcas.

• Artigo 6 septies •

1) Se o agente ou representante do titular de uma marca num dos países da União pedir, sem autorização deste titular, o registro dessa marca em seu próprio nome, num ou em vários desses países, o titular terá o direito de se opor ao registro pedido ou de requerer o cancelamento ou, se a lei do país o permitir, a transferência a seu favor do referido registro, a menos que este agente ou representante justifique o seu procedimento.

2) O titular da marca terá o direito de, com as reservas do subparágrafo 1, se opor ao uso da sua marca pelo seu agente ou representante, se não tiver autorizado este uso.

3) As legislações nacionais têm a faculdade de prever um prazo razoável dentro do qual o titular de uma marca deverá fazer valer os direitos previstos no presente artigo.

• Artigo 7 •

A natureza do produto em que a marca de fábrica ou de comércio deve ser aposta não pode em caso algum, obstar ao registro da marca.

• Artigo 7 bis •

1) Os países da União se comprometem a admitir o registro e a proteger as marcas coletivas pertencentes a coletividade cuja existência não seja contrária à lei do país de origem, ainda que essas coletividades não possuam estabelecimento industrial ou comercial.

2) Cada país será juiz das condições particulares em que a marca coletiva será protegida e poderá recusar a proteção se essa marca for contrária ao interesse público.

3) Entretanto, a proteção dessas marcas não poderá ser recusada a qualquer coletividade cuja existência não contraria a lei do país de origem, em virtude de não se achar estabelecida no país onde a proteção é requerida ou de não se ter constituído nos termos da legislação desse país.

• Artigo 8 •

O nome comercial será protegido em todos os países da União sem obrigação de depósito ou de registro, quer faça ou não parte de uma marca da fábrica ou de comércio.

• Artigo 9 •

1) O produto ilicitamente assinalado com uma marca da fábrica ou de comércio ou por um nome comercial será apreendido ao ser importado nos países da União onde essa marca ou esse nome comercial têm direito a proteção legal.

2) A apreensão será igualmente efetuada no país onde a aposição ilícita tenha sido feita ou no país onde o produto tenha sido importado.

3) A apreensão será efetuada a requerimento do Ministério Público, de qualquer outra autoridade competente ou de qualquer interessado, pessoa física ou jurídica, de acordo com a lei interna de cada país.

4) As autoridades não serão obrigadas a efetuar a apreensão em caso de trânsito.

5) Se a legislação de um país não admitir a apreensão no ato da importação, essa apreensão será substituída pela proibição de importação ou pela apreensão dentro do país.

6) Se a legislação de um país não admitir a apreensão no ato da importação, nem a proibição de importação nem a apreensão dentro do país, enquanto a legislação não for modificada nesse sentido, essas medidas serão substituídas pelas ações e meios que a lei desse país assegurar em tais casos aos nacionais.

• Artigo 10 •

1) As disposições no artigo precedente, serão aplicáveis em caso de utilização direta ou indireta de uma falsa indicação relativa à procedência do produto ou à identidade do produtor, fabricante ou comerciante.

2) Será, em qualquer caso, reconhecido como parte interessada, quer seja pessoa física ou jurídica, o produtor, fabricante ou comerciante empenhado na produção, fabricação ou comércio desse produto e estabelecido quer na localidade falsamente indicada como lugar de procedência, quer na região em que essa localidade estiver situada, quer no país falsamente indicado ou no país em que se fizer uso da falsa indicação de procedência.

• Artigo 10 bis •

1) Os países da União obrigam-se a assegurar aos nacionais dos países da União proteção efetiva contra a concorrência desleal.

2) Constitui ato de concorrência desleal qualquer ato de concorrência contrário aos usos honestos em matéria industrial ou comercial.

3) Deverão proibir-se particularmente:

1º) todos os atos suscetíveis de, por qualquer meio, estabelecer confusão com o estabelecimento, os produtos ou a atividade industrial ou comercial de um concorrente;

2º) as falsas alegações no exercício do comércio, suscetíveis de desacreditar o estabelecimento, os produtos ou a atividade industrial ou comercial de um concorrente;

3º) as indicações ou alegações cuja utilização no exercício do comércio seja suscetível de induzir o público em erro sobre a natureza, modo de fabricação, características, possibilidades de utilização ou quantidade das mercadorias.

• Artigo 10 ter •

1) Os países da União se comprometem a assegurar aos nacionais dos outros países da União recursos legais apropriados à repressão eficaz de todos os atos mencionados nos Artigos 9, 10 e 10 bis.

2) Comprometem-se, além disso, a prever medidas que permitam aos sindicatos e associações de industriais, produtores ou comerciantes interessados e cuja existência não for contrária às leis dos seus países, promover em juízo ou junto às autoridades administrativas a repressão dos atos previstos nos Artigos 9, 10 e 10 bis, na medida em que a lei do país em que a proteção é requerida o permite aos sindicatos e associações desse país.

• Artigo 11 •

1) Os países da União, nos termos da sua lei interna, concederão proteção temporária às invenções patenteáveis modelos de utilidade, desenhos ou modelos industriais, bem como as marcas de fábrica ou de comércio, para produtos que figurarem nas exposições internacionais oficiais ou reconhecidas oficialmente, organizadas no território de qualquer deles.

2) Essa proteção temporária não prolongará os prazos fixados no artigo 4. Se mais tarde, se invocar o direito de prioridade, a Administração de cada país poderá contar o prazo desde a data da apresentação do produto na exposição.

3) Cada país poderá exigir, para prova de identidade do objeto exposto e da data da apresentação, as provas que julgar necessárias.

• Artigo 12 •

1) Cada um dos países da União se compromete a estabelecer um serviço especial da propriedade industrial e uma repartição central para informar o público sobre as patentes de invenção, modelos de utilidade, desenhos ou modelos industriais e marcas de fábrica ou de comércio.

2) Esse serviço publicará um boletim periódico oficial. Publicará regularmente:

a) os nomes dos titulares da patentes concedidas com uma breve descrição das invenções patenteadas;

b) as reproduções das marcas registradas.

• Artigo 13 •

1.A) A União tem uma assembléia composta pelos países da União vinculados pelos Artigos 13 a 17.

B) O governo de cada país é representado por um delegado, que pode ser assistido por suplentes, conselheiros e peritos.

C) As despesas de cada delegação correm por conta do Governo que a designou.

2.A) A Assembléia:

i) trata de todas as questões referentes à manutenção e desenvolvimento da União e à aplicação da presente Convenção;

ii) dá à Repartição Internacional da Propriedade Intelectual (a seguir denominada "a Repartição Internacional") mencionada na Convenção que institui a Organização Mundial da Propriedade Intelectual (a seguir denominada "a Organização") diretrizes referentes à preparação das conferências de revisão, levando em consideração as observações feitas pelos países da União que não vinculados pelos Artigos 13 a 17;

iii) examina e aprova os relatórios e as atividades do Diretor-Geral da Organização relativos à União e lhe dá todas as diretrizes úteis com referência às questões da União;

iv) elege os membros da Comissão Executiva da Assembléia;

v) examina e aprova os relatórios e as atividades de sua Comissão Executiva e lhe transmite diretrizes;

vi) fixa o programa, adota o orçamento trienal da União e aprova as suas contas de encerramento;

vii) adota o regulamento financeiro da União;

viii) cria os comitês de peritos e grupos de trabalho que julgar úteis para a realização dos objetos da União;

ix) decide quais são os países não membros da União e quais são as organizações intergovernamentais e internacionais não governamentais que podem ser admitidos às suas reuniões na qualidade de observadores;

x) aprova as modificações dos Artigos 13 a 17;

xi) promove qualquer outra ação apropriada com vista a atingir os objetivos da União;

xii) desempenha-se de quaisquer outras funções em que a presente Convenção implique;

xiii) exerce, sob reserva de os aceitar, os direitos que lhes são conferidos pela Convenção que institui a Organização.

B) A Assembléia deliberada, após ter tomado conhecimento do parecer da Comissão de Coordenação da Organização, sobre as questões que interessam igualmente a outras Uniões administradas pela Organização.

3.A) Sob reserva das disposições do subparágrafo *B)* cada delegado só pode representar um país.

B) Os países da União, agrupados em virtude de um acordo particular num escritório comum que tenha para cada um deles a natureza de serviço nacional especial de propriedade industrial mencionado no Artigo 12, podem, no decorrer das discussões, ser representados conjuntamente por um deles.

4.A) Cada país membro da Assembléia tem direito a um voto.

B) O *quorum* é constituído por metade dos países membros da Assembléia.

C) Não obstante as disposições do subparágrafo *B)*, se, durante uma sessão, o número dos países representados for inferior à metade mas igual ou superior a um terço dos países membros da Assembléia, esta pode tomar decisões; todavia, as decisões da Assembléia, com exceção das que dizem respeito ao seu funcionamento, não se tornam executórias senão depois de satisfeitas as condições a seguir enunciadas. A Repartição Internacional comunica as referidas decisões aos países membros da Assembléia que não estavam representados, convidando-os a expressar, por escrito, no prazo de três meses a contar da data da comunicação, o seu voto ou a sua abstenção. As referidas decisões tornam-se executórias se, terminado esse prazo, o número dos países que deste modo exprimiram o seu voto ou a sua abstenção for, pelo menos, igual ao número de países que faltava para que o *quorum* tivesse sido atingido quando da sessão, contanto que, ao mesmo tempo, se obtenha necessária maioria.

D) Sob reserva do disposto no Artigo 17.2, as decisões da Assembléia são tomadas por maioria de dois terços dos votos expressos.

E) A abstenção não é considerada voto.

5.A) Sob reserva do subparágrafo *B)*, cada delegado não pode votar senão em nome de um único país.

B) Os países da União mencionados no parágrafo *3.B)* esforçar-se-ão, de um modo geral, por se fazer representar, nas sessões da Assembléia, pelas suas próprias delegações. Todavia, se, por razões excepcionais, um dos países citados não se puder fazer representar pela sua própria delegação, pode dar à delegação de outro país o poder de votar em seu nome, entendendo-se que uma delegação não pode votar por procuração senão por um único país. Toda a procuração para este efeito deve ser objeto de documento assinado pelo Chefe do Estado ou pelo Ministro competente.

6) Os países da União que não sejam membros da Assembléia são admitidos às suas reuniões, na qualidade de observadores.

7.A) A Assembléia se reúne de três em três anos, em sessão ordinária, mediante convocação do Diretor-geral e, salvo casos excepcionais, durante o mesmo período e no mesmo local que a Assembléia-Geral da Organização.

B) A Assembléia reúne-se em sessão extraordinária, mediante convocação do Diretor-geral, a pedido da Comissão Executiva, ou de um quarto dos países membros da Assembléia.

8) A Assembléia adota o seu regulamento interno.

Artigo 14

1) A Assembléia tem uma Comissão Executiva.

2.A) A Comissão Executiva é composta pelos países eleitos pela Assembléia dentre os países membros desta. Por outro lado, o país em cujo território a Organização tenha a sua sede dispõe *ex officio* de um lugar na Comissão, sob reserva das disposições do Artigo *16.7.B)*.

B) O Governo de cada país membro da Comissão Executiva é representado por um delegado que pode ser assistido por suplentes, conselheiros e peritos.

C) As despesas de cada delegação correm por conta do Governo que a designou.

3) O número de países membros da Comissão Executiva corresponde à quarta-parte do número dos países membros da Assembléia. No cálculo dos lugares a preencher não é levado em consideração o que restar da divisão por quatro.

4) Quando da eleição dos membros da Comissão Executiva, Assembléia levará em consideração uma distribuição geográfica eqüitativa e a necessidade para todos os países partes dos Acordos particulares estabelecidos em relação com a União de figurarem entre os países que constituem a Comissão Executiva.

5.A) Os membros da Comissão Executiva exercem o mandato a partir do encerramento da sessão da Assembléia no decurso da qual foram eleitos, até ao fim da sessão ordinária seguinte da Assembléia.

B) Os membros da Comissão Executiva são reelegíveis no limite máximo de dois terços do seu total.

6.A) A Comissão Executiva:

i) prepara o projeto da ordem do dia da Assembléia;

ii) submete à Assembléia propostas relativas aos projetos de programa e de orçamento trienal da União, preparados pelo Diretor-Geral;

iii) pronuncia-se, dentro dos limites do programa e do orçamento trienal, sobre os programas e orçamentos anuais preparados pelo Diretor-Geral;

iv) submete à Assembléia, com os comentários apropriados, os relatórios periódicos do Diretor-Geral e os relatórios anuais de verificação de contas;

v) toma todas as medidas úteis com vista à execução do programa da União pelo Diretor-Geral, em conformidade com as decisões da Assembléia e levando em consideração circunstâncias que sobrevenham entre duas sessões ordinárias da Assembléia;

vi) encarrega-se de quaisquer outras funções que lhe sejam atribuídas no âmbito da presente Convenção.

B) A Comissão Executiva decide, depois de tomar conhecimento do parecer da Comissão da organização, sobre as questões que interessam igualmente a outras Uniões administradas pela Organização.

7.A) A Comissão Executiva se reúne uma vez por ano em sessão ordinária mediante convocação do Diretor-Geral, tanto quanto possível durante o mesmo período e no mesmo lugar que a Comissão de Coordenação da Organização;

B) A Comissão Executiva se reúne em sessão extraordinária, mediante convocação do Diretor-Geral, quer por iniciativa deste, quer a pedido do seu Presidente ou de um quarto dos seus membros.

8.A) Cada país membro da Comissão Executiva tem direito a um voto.

B) O *quorum* é constituído por metade dos países membros da Comissão Executiva.

C) As decisões são tomadas por maioria simples dos votos expressos.

D) A abstenção não é considerada voto.

E) Cada delegado não pode representar senão um único país e pode votar apenas em nome deste.

9) Os países da União que não sejam membros da Comissão Executiva são admitidos às suas reuniões na qualidade de observadores.

10) A comissão executiva adota o seu regulamento interno.

• Artigo 15 •

1.A) As tarefas administrativas da competência da União serão asseguradas pela Repartição Internacional, que sucederá à Secretaria da União reunida com a Secretaria da União instituída pela Convenção Internacional para a Proteção das Obras Literárias e Artísticas.

B) A Repartição Internacional assegurará principalmente o secretariado dos diversos órgãos da União.

C) O Diretor-Geral da Organização é o mais alto funcionário da União e a representa.

2) A Repartição Internacional reunirá e publicará as informações relativas à proteção da propriedade industrial. Cada país da União comunicará, logo que possível, à Repartição Internacional, o texto de qualquer lei nova, bem como todos os textos oficiais referentes à proteção da propriedade industrial. Fornecerá, ainda, à Repartição Internacional, todas as publicações dos seus serviços competentes em matéria de propriedade industrial que atinjam diretamente a proteção da propriedade industrial e sejam julgadas pela Repartição Internacional como de interesse para suas atividades.

3) A Repartição Internacional publicará um periódico mensal.

4) A Repartição Internacional fornecerá, a todos os países da União, a seu pedido, informações sobre as questões referentes à proteção da propriedade industrial.

5) A Repartição Internacional procederá a estudos e fornecerá serviços destinados a facilitar a proteção da propriedade industrial.

6) O Diretor-Geral e qualquer membro do pessoal designado por ele participarão, sem direito a voto, de todas as reuniões da Assembléia, da Comissão Executiva e de quaisquer outras Comissões de peritos ou grupos de trabalho. O Diretor-Geral ou um membro do pessoal por ele designado, é ex-officio, secretário desses órgãos.

7.A) A Repartição Internacional, segundo as diretrizes da Assembléia e em cooperação com a Comissão Executiva, prepara as conferências de revisão das disposições da Convenção, excluindo os Artigos 13 a 17.

B) A Repartição Internacional pode consultar organizações intergovernamentais e internacionais não governamentais sobre a preparação das conferências de revisão.

C) O Diretor-Geral e as pessoas por ele designadas tomarão parte, sem direito a voto, nas deliberações destas conferências.

8) A Repartição Internacional executa todas as outras funções que lhe forem atribuídas.

• Artigo 16 •

1.A) A União tem um orçamento.

B) O orçamento da União compreende as receitas e as despesas próprias da União, a sua contribuição para o orçamento das despesas comuns das Uniões, assim como, sendo necessário, a soma posta à disposição do orçamento da Conferência da Organização.

C) São considerados como despesas das Uniões as despesas não atribuídas exclusivamente à União, mas igualmente a uma ou mais Uniões administradas pela Organização. A parte da União nessas despesas comuns é proporcional ao interesse que as mesmas têm para ela.

2) O orçamento da União é fixado levando em consideração as exigências de coordenação com os orçamentos das outras Uniões administrativas pela Organização.

3) O orçamento da União é financiado pelo seguintes recursos:

i) contribuições dos países da União;

ii) taxas e quantias devidas pelos serviços prestados pela Repartição Internacional no âmbito da União;

iii) o produto da venda das publicações da Repartição Internacional referentes à União e os direitos relativos a estas publicações;

iv) doações, legados e subvenções;

v) aluguéis, juros e outros rendimentos diversos.

4.A) Para determinar a sua parte de contribuição no orçamento, cada país da União está incluído numa classe e paga as suas contribuições anuais na base de um número de unidades fixados como se segue:

Classe I	25
Classe II	20
Classe III	15
Classe IV	10
Classe V	5
Classe VI	3
Classe VII	1

B) A menos que o não tenha feito anteriormente, cada país indica, no momento do depósito do seu instrumento de ratificação ou de adesão, a classe na qual deseja ser incluída. Pode mudar de classe. Se escolher uma classe inferior, o país deve dar do fato conhecimento à Assembléia, quando de uma das suas sessões ordinárias. Tal alteração tem efeito no início do ano civil que se segue à referida sessão.

C) A contribuição anual de cada país consiste numa quantia em que a relação com a soma total das contribuições anuais para o orçamento da União de todos os países é a mesma que a relação existente entre o número de unidade da classe na qual cada país está incluído e o número total das unidades do conjunto dos países.

D) As contribuições são devidas no dia 1º de janeiro de cada ano.

E) O país que se atrasar no pagamento das suas contribuições não poderá exercer o seu direito de voto, em nenhum dos órgãos da União de que for membro, se a quantia em atraso for igual ou superior à das contribuições de que é devedor pelos dois anos anteriores completos. Tal país pode todavia ser autorizado a conservar o exercício do seu direito de voto no seio do referido órgão, enquanto este considerar que o atraso resulta de circunstâncias excepcionais e inevitáveis.

F) No caso de o orçamento não ser aprovado antes do início de um novo exercício, será mantido nos mesmos níveis do orçamento do ano anterior, segundo as modalidades previstas pelo regulamento financeiro.

5) O montante das taxas e quantias devidas pelos serviços prestados pela Repartição Internacional com referência à União é fixado pelo Diretor-Geral, que o comunicará à Assembléia e à Comissão Executiva.

6.A) A União possui um fundo de operações constituído por uma contribuição única efetuada por cada país da União. Se o fundo se tornar insuficiente a Assembléia decidirá sobre seu aumento.

B) O montante da contribuição inicial de cada país para o fundo acima citado ou da sua participação no aumento deste é proporcional à contribuição desse país para o ano no decurso do qual o fundo for constituído, ou o aumento for decidido.

C) A proporção e modalidades de contribuição são fixadas pela Assembléia mediante proposta do Diretor-Geral e após parecer Comissão de Coordenação da Organização.

7.A) O acordo de sede concluído com o país em cujo território a Organização tenha sua sede prevê que, se o fundo de operações for insuficiente, este país concederá adiantamentos. O montante destes e as condições em que são concedidos serão objeto, em cada caso, de acordos particulares entre o país em causa e a Organização. Esse país dispõe *ex officio* de um lugar na Comissão Executiva durante todo o período em que tiver de conceder adiantamentos.

B) O país mencionado no subparágrafo *A)* e a Organização têm cada um, o direito de denunciar o compromisso de conceder adiantamentos, mediante notificação escrita. A denúncia tem efeito três anos após o fim do ano no decurso do qual foi notificada.

8) A auditoria das contas é assegurada, segundo as modalidades previstas pelo regulamento financeiro, por um ou vários países da União ou por auditores externos, que serão, com o seu consentimento, designados pela Assembléia.

• Artigo 17 •

1) Podem ser apresentadas por qualquer país membro da Assembléia, pela Comissão Executiva ou pelo Diretor-Geral, propostas de modificação dos Artigos 13, 14, 15, 16 e do presente artigo. Estas propostas são comunicadas por este último aos países membros da Assembléia pelo menos seis meses antes de serem submetidas ao exame da mesma.

2) Qualquer modificação dos artigos referidos no parágrafo 1 é adotada pela Assembléia. A adoção requer três quartos dos votos expressos. Todavia, qualquer modificação do Artigo 13 e do presente parágrafo requer quatro quintos dos votos expressos.

3) Qualquer modificação dos artigos referidos no parágrafo 1 entra em vigor após o recebimento, pelo Diretor-Geral das notificações escritas de aceitação, efetuada em conformidade com as suas regras constitucionais respectivas, por parte dos três quartos dos países que eram membros da Assembléia no momento da modificação ter sido aprovada. Qualquer modificação dos referidos artigos assim aceita vincula todos os países membros da Assembléia no momento em que a modificação entrar em vigor, ou que dela se tornarem membros em data posterior; todavia, qualquer modificação que aumente as obrigações financeiras dos países da União vincula apenas aqueles que notificaram a sua aceitação da referida modificação.

• Artigo 18 •

1) A presente Convenção será submetida a revisões, com vista a nela se introduzirem melhoramentos suscetíveis de aperfeiçoar o sistema da União.

2) Para esse fim, terão lugar conferências, sucessivamente, num dos países da União, entre os delegados dos referidos países.

3) As modificações dos Artigos 13 a 17 são regidas pelas disposições do Artigo 17.

• Artigo 19 •

Fica entendido que os países da União se reservam o direito de, separadamente, celebrar entre eles acordos particulares para a proteção da propriedade industrial, contanto que esses acordos não contrariem as disposições da presente Convenção.

• Artigo 20 •

1.A) Cada um dos países da União que assinou o presente Ato pode ratificá-lo e, se o não assinou, pode a ele aderir. Os instrumentos de ratificação e de adesão são depositados junto ao Diretor-Geral.

B) Cada um dos países da União pode declarar, no seu instrumento de ratificação ou adesão, que a sua ratificação ou adesão não é aplicada:

i) aos Artigos 1 a 12; ou

ii) aos Artigos 13 a 17.

C) Cada um dos países da União que, de acordo com o subparágrafo *B)*, excluiu dos efeitos da sua adesão um dos grupos dos artigos visados no referido subparágrafo pode, a qualquer momento, posteriormente, declarar que estende os efeitos da sua ratificação ou da sua adesão a esse grupo de artigos. Tal declaração é depositada junto ao Diretor-Geral.

2.A) Os Artigos 1 a 12 entram em vigor, com referência aos dez primeiros países da União que depositaram instrumentos de ratificação ou de adesão, sem fazer a declaração permitida pelo parágrafo *1, B) i)*, três meses após o depósito do décimo desses instrumentos de ratificação ou de adesão.

B) Os Artigos 13 e 17 entram em vigor, com referência aos dez primeiros países da União que depositaram instrumentos de ratificação ou de adesão, sem fazer a declaração permitida pelo parágrafo *1, B) ii)*, três meses após o depósito do décimo desses instrumentos de ratificação ou de adesão.

C) Sob reserva da entrada em vigor inicial, de acordo com as disposições dos subparágrafos *A)* e *B)*, de cada um dos dois grupos de artigos referidos no parágrafo *1, B) i)* e *ii)* e sob reserva das disposições do parágrafo *1, B)*, os Artigos 1 a 17 entram em vigor com relação a qualquer país da União, com exceção dos mencionados nos subparágrafos *A)* e *B)*, que depositar um instrumento de ratificação ou de adesão, assim como em relação a qualquer país da União que depositar a declaração prevista no parágrafo *1, C)*, três meses após a data da notificação pelo Diretor-Geral, de tal depósito, a menos que uma data posterior tenha sido indicada no instrumento ou declaração depositados. Neste último caso, o presente Ato entra em vigor, em relação a esse país na data assim indicada.

3) Com referência a cada país da União que depositar um instrumento de ratificação ou de adesão, os Artigos 18 a 30 entram em vigor na primeira data em que qualquer dos grupos de artigos referidos no parágrafo *1, B)* entre em vigor em relação a esse país, de acordo com o parágrafo *2, A), B)* ou *C)*.

• Artigo 21 •

1) Qualquer país estranho à União pode aderir ao presente Ato e tornar-se por este fato, membro da União. Os instrumentos de adesão serão depositados junto ao Diretor-Geral.

2.A) Em relação a qualquer país estranho à União que tenha depositado seu instrumento de adesão pelo menos um mês antes da data da entrada em vigor das disposições do presente Ato, este entra em vigor na data em que as disposições entraram em vigor pela primeira vez, na forma do Artigo 20.2 *A)* ou *B)*, a menos que uma data posterior tenha sido indicada no instrumento de adesão; todavia:

i) se os Artigos 1 a 12 não entraram em vigor nessa data, tal país ficará vinculado, durante o período intermediário anterior à entrada em vigor destas disposições, e em sua substituição pelos Artigos 1 a 12 do Ato de Lisboa;

ii) se os Artigos 13 a 17 não entraram em vigor nessa data, tal país ficará vinculado, durante o período intermediário anterior à entrada em vigor destas disposições, e em sua substituição, pelos Artigos 13 e 14.3, 4 e 5 do Ato de Lisboa.

Se um país indicar uma data posterior no seu instrumento de adesão, o presente Ato entrará em vigor, em relação a esse país, na data assim indicada.

B) Em relação a qualquer país estranho à União que tenha depositado seu instrumento de adesão em data posterior à entrada em vigor de um só grupo de Artigos do presente Ato ou em data que a precedeu de, pelo menos, um mês, o presente Ato entrará em vigor, sob reserva do previsto no subparágrafo *A)* três meses após a data em que a sua adesão foi notificada pelo Diretor-Geral, a menos que uma data posterior tenha sido indicada no instrumento de adesão. Neste último caso, o presente Ato entrará em vigor, em relação a esse país, na data assim indicada.

3) Em relação a qualquer país estranho à União que depositar seu instrumento de adesão após a data da entrada em vigor do presente Ato na sua totalidade, ou menos de um mês antes dessa data, o presente Ato entrará em vigor três meses depois da data em que sua adesão foi notificada pelo Diretor-Geral, a menos que uma data posterior tenha sido indicada no instrumento de adesão. Neste último caso, o presente Ato entrará em vigor, em relação a esse país, na data assim indicada.

Artigo 22

Sob reserva das exceções possíveis previstas nos Artigos 20.1, *B)* e 28.2, a ratificação ou adesão implica, de pleno direito, acessão a todas as cláusulas e admissão a todas as vantagens estipuladas pelo presente Ato.

Artigo 23

Após a entrada em vigor do presente Ato na sua totalidade, nenhum país pode aderir a Atos anteriores à presente Convenção.

Artigo 24

1) Qualquer país pode declarar no seu instrumento de ratificação ou de adesão, ou pode informar o Diretor-Geral, por escrito, a qualquer momento, posteriormente, que apresente Convenção é aplicável a todo ou a parte dos territórios designados na declaração ou na notificação, dos quais assume a responsabilidade das relações exteriores.

2) Qualquer país que tenha feito tal declaração ou efetuado tal notificação pode, a todo o momento, notificar o Diretor-Geral de que a presente Convenção deixa de ser aplicável a todo ou parte desses territórios.

3.A) Qualquer declaração feita nos termos do parágrafo 1 tem efeito da mesma data que a ratificação ou adesão em cujo instrumento foi incluída e qualquer notificação efetuada nos termos deste parágrafo tem efeito três meses após a sua notificação pelo Diretor-Geral.

B) Qualquer notificação efetuada nos termos do parágrafo 2 tem efeito doze meses após seu recebimento pelo Diretor-Geral.

Artigo 25

1) Qualquer país parte da presente Convenção compromete-se a adotar, de acordo com a sua Constituição, as medidas necessárias para assegurar a aplicação da presente Convenção.

2) Entende-se que, no momento em que um país deposita o seu instrumento de ratificação ou de adesão, está em condições, em conformidade com a sua legislação interna, de tornar efetivas as disposições da presente Convenção.

Artigo 26

1) A presente Convenção permanece em vigor por tempo ilimitado.

2) Qualquer país pode denunciar o presente Ato por notificação dirigida ao Diretor-Geral. Esta denúncia implica também a denúncia de todos os Atos anteriores e apenas tem efeito em relação ao país que a efetuou, continuando a Convenção em vigor e executória com referência aos outros países da União.

3) A denúncia tem efeito um ano após o dia em que o Diretor-Geral recebeu a notificação.

4) A faculdade de denúncia prevista no presente Artigo não pode ser exercida por nenhum país antes de expirar um prazo de cinco anos a contar da data em que se tornou membro da União.

• Artigo 27 •

1) O presente Ato substitui, nas relações entre os países aos quais se aplica, e na medida em que se aplica, a Convenção de Paris de 20 de março de 1883 e os Atos de revisão subseqüentes.

2.A) Em relação aos países a que o presente Ato não é aplicável, ou não é aplicável na sua totalidade, mais aos quais é aplicável o Ato de Lisboa de 31 de outubro de 1958, continua este em vigor na sua totalidade ou na medida em que o presente Ato não o substituir em virtude do parágrafo 1.

B) Da mesma forma, em relação aos países aos quais nem o presente Ato, nem partes deste, nem o Ato de Lisboa são aplicáveis, continua em vigor o Ato de Londres de 2 de junho de 1934 na sua totalidade, ou na medida em que o presente Ato não o substitui, em virtude do parágrafo 1.

C) Da mesma forma, em relação aos países aos quais nem o presente Ato, nem partes deste, nem o Ato de Lisboa, nem o Ato de Londres são aplicáveis, mantém-se em vigor o Ato de Haia de 6 de novembro de 1925, na sua totalidade, ou na medida em que o presente Ato não o substitui, em virtude do parágrafo *1*.

3) Os países estranhos à União que se tornaram partes do presente Ato aplica-lo-ão em relação a qualquer país da União que não seja parte deste Ato ou que, sendo parte, tenha efetuado a declaração prevista no Artigo 20.1. *B) i)*. Os referidos países admitem que tal país da União aplique na suas relações com eles as disposições do Ato mais recente do qual é parte.

• Artigo 28 •

1) Qualquer controvérsia entre dois ou mais países da União relativa à interpretação ou à aplicação da presente Convenção que não seja solucionada por negociações pode ser levada por qualquer dos países em causa perante o Tribunal Internacional de Justiça, mediante petição, de acordo com o Estatuto do Tribunal, a menos que os países em causa acordem sobre outro modo de solução. A Repartição Internacional será informada da controvérsia submetida ao Tribunal pelo país requerente; dará conhecimento disso aos outros países da União.

2) Qualquer país poderá, no momento em que assinar o presente Ato ou depositar o seu instrumento de ratificação ou de adesão, declarar que não se considera vinculado pela disposição do parágrafo 1. No que se refere a qualquer controvérsia entre tal país e outro qualquer da União, não são aplicáveis as disposições do parágrafo 1.

3) Qualquer país que tiver feito a declaração prevista no parágrafo 2 pode, a todo momento, retirá-la, mediante notificação dirigida ao Direito-Geral.

• Artigo 29 •

1.A) O presente Ato é assinado em um só exemplar em língua francesa e depositado junto ao Governo da Suécia.

B) Serão estabelecidos textos oficiais pelo Diretor-Geral, depois de consultados os governos interessados, nas línguas alemã, inglesa, espanhola, italiana, portuguesa e russa e nas outras línguas que a assembléia possa indicar.

C) Em caso de conflito sobre a interpretação dos diversos textos, faz fé o texto francês.

2) O presente Ato fica aberto para assinatura, em Estocolmo, até o dia 13 de janeiro de 1968.

3) O Diretor-Geral enviará aos Governos de todos os países da União e, sendo solicitado, ao governo de qualquer outro, duas cópias autenticadas pelo Governo da Suécia do texto assinado do presente Ato.

4) O Diretor-Geral fará registrar o presente Ato junto ao Secretariado da Organização das Nações Unidas.

5) O Diretor-Geral notificará os Governos de todos os países da União das assinaturas, dos depósitos dos instrumentos de ratificação ou de adesão e de declarações compreendidas nestes instrumentos ou efetuadas em aplicação do Artigo 20.1.*C)*, a entrada em vigor de todas as disposições do presente Ato, as notificações de denúncia e as notificações feitas em aplicação do Artigo. 24.

• Artigo 30 •

1) Até a entrada em funções do primeiro Diretor-Geral, as referências no presente Ato à Repartição Internacional da Organização ou ao Diretor-Geral são consideradas como referindo-se, respectivamente, à Secretaria da União ou ao seu Diretor.

2) Os países da União que não estejam vinculados pelos Artigos 13 a 17 poderão, durante cinco anos após a entrada em vigor da Convenção que institui a Organização, exercer, se quiserem, os direitos previstos pelos Artigos 13 a 17 do presente Ato, como se estivessem vinculados por estes artigos. Qualquer país que pretenda exercer os referidos direitos depositará para esse fim junto ao Diretor-Geral uma notificação escrita que terá efeito na data do seu recebimento. Tais países serão considerados membros da Assembléia até a expiração do referido período.

3) Enquanto não se tiverem tornado membros da Organização todos os países da União, a Repartição Internacional da Organização agirá igualmente como Secretaria da União e o Diretor-Geral como Diretor desta Secretaria.

4) Quando todos os países da União se tornarem membros da Organização, os direitos, obrigações e bens da Secretaria da União passarão à Repartição Internacional da Organização.

Em fé do que os abaixo assinados, devidamente autorizados para esse fim, assinaram o presente Ato.

Feito em Estocolmo a 14 de julho de 1967.

Fonte: site do INPI em 22.5.2003 - ***www.inpi.gov.br***

Atos Multilaterais em Vigor no Brasil - sobre Direito Autoral, Propriedade Intelectual e Industrial

Título	Data de celebração	Promulgação	
		Decreto nº	Data
Convenção da União de Paris para a Proteção da Propriedade Industrial e Protocolo de Encerramento.	20.3.1883	9.233	28.6.1884
Protocolo Relativo à Interpretação e Aplicação da Convenção de 20.3.1883 para a Proteção da Propriedade Industrial.	15.4.1891	2.380	20.11.1896
Ato Adicional que Modifica a Convenção da União de Paris para a Proteção da Propriedade Industrial e Protocolo de Encerramento (Revisão de Bruxelas).	14.12.1900	4.858	3.6.1903
Convenção sobre Patentes de Invenção, Desenhos e Modelos Industriais, Marcas de Fábricas e Comércio e Propriedade Literária e Artística.	23.8.1906	9.190	6.12.1911
Convenção de Berna (Revista) para a Proteção das Obras Literárias e Artísticas.	13.11.1908	15.530	21.6.1922

Convenção sobre Patentes de Invenção, Desenhos e Modelos Industriais.	20.8.1910	11.588	19.5.1915
Revisão (ou Ato) de Washington que Modifica a Convenção da União de Paris para a Proteção da Propriedade Industrial e seu Protocolo de Encerramento de 1883. (Revisada em Bruxelas, a 14 de dezembro de 1900).	2.6.1911	11.385	16.12.1914
Acordo de Madri, de 14 de abril de 1891, Relativo à Repressão das Indicações de Procedência Falsas ou Falaciosas das Mercadorias. Revisão.	2.6.1911	11.385	16.12.1914

Fonte: site do INPI em 22.5.2003 - ***www.inpi.gov.br***

ROL HISTÓRICO DA LEGISLAÇÃO SOBRE PROPRIEDADE INTELECTUAL E INDUSTRIAL

A propriedade intelectual abrange tanto a propriedade industrial como o direito de autor. Nesta seção, o termo "Propriedade Intelectual" está se referindo às leis gerais sobre o assunto.

Foram incluídas também as novas formas de proteção, como as aprovadas para Programas de Computadores e Cultivares. A lei de Biossegurança não é, em si, de propriedade intelectual, mas foi incluída por sua interface com uma questão que deverá ser de importância crescente no Brasil: o patenteamento na área de microorganismos modificados geneticamente. Os tópicos abaixo de Propriedade Intelectual se referem às normativas específicas de cada segmento.

Propriedade Intelectual

Patente e Desenho Industrial

Marcas e Indicação Geográfica

Transferência de Tecnologia

Registro de Programa de Computador

Disposições Transitórias

Resoluções e Portarias

PROPRIEDADE INTELECTUAL

Alvará, de 28 de abril de 1.809 - Isenta de direitos as matérias-primas do uso das fábricas e concede outros favores aos fabricantes e da navegação Nacional

Lei nº 3.129, de 14 de outubro de 1882 - Regula a concessão de patentes aos autores de invenção ou descoberta industrial

Lei s/n de 28 de agosto de 1830

Lei nº 16.254, de 19 de dezembro de 1923

Lei nº 24.507, de 29 de junho de 1934

Lei nº 7.903, de 27 de agosto de 1945

Lei nº 1.005, de 21 de outubro de 1969

Lei nº 5.648, de 11 de dezembro de 1970 - Lei de criação do INPI

Lei nº 5.772, de 21 de dezembro de 1971 (Antigo Código de Propriedade Industrial)

Lei nº 5.648, de 11 de dezembro de 1970 - Cria o Instituto Nacional de Propriedade Industrial, e dá outras providências

Lei nº 8.955, de 15 de dezembro de 1994 - Dispõe sobre o contrato de franquia empresarial (franchising) e dá outras providências

Lei nº 8.974, de 5 de janeiro de 1995 - Lei de Biossegurança - Dispõe sobre o uso de técnicas de engenharia genética e liberação de organismos modificados no meio ambiente

Lei nº 9.279, de 14 de maio de 1996 - Em vigor desde 15 de maio de 1997, substitui a Lei nº 5.772/1971

Lei nº 9.456, de 25 de abril de 1997 - Institui a Lei de Proteção de Cultivares e dá outras providências

Lei nº 9.609, de 19 de fevereiro de 1998 - Dispõe sobre a proteção da propriedade intelectual de programa de computador, sua comercialização no País, e dá outras providências

Lei nº 9.610, de 19 de fevereiro de 1998 - Altera, atualiza e consolida a legislação sobre direitos autorais e dá outras providências

Lei nº 10.196, de 14 de fevereiro de 2001 - Altera e acresce dispositivos à Lei n° 9.279, de 14 de maio de 1996, que regula direitos e obrigações relativos à propriedade industrial, e dá outras providências

Decreto nº 68.104, de 22 de janeiro de 1971 - Regulamenta a Lei nº 5.648, de 11 de dezembro de 1970, que criou o Instituto Nacional da Propriedade Industrial - INPI e dá outras providências

Decreto nº 75.572, de 8 de abril de 1975 - Promulga a Convenção de Paris para a Proteção da Propriedade Industrial - Revisão de Estocolmo, 1967

Decreto nº 76.472, de 17 de outubro de 1975 - Promulga o acordo sobre a Classificação Internacional de Patentes, de 24 de março de 1971

Decreto nº 81.742, de 31 de maio de 1978 - Promulga o Tratado de Cooperação em Matéria de Patentes (PCT)

Decreto nº 1.263, de 10 de outubro de 1994 - Ratifica a declaração de adesão aos arts. 1º a 12 e ao art. 28, alínea I, do texto da revisão de Estocolmo da Convenção de Paris para Proteção da Propriedade Industrial

Decreto nº 2.366, de 5 de novembro de 1997 - Regulamenta a Lei nº 9.456, de 25 de abril de 1997, que institui a Proteção de Cultivares, dispõe sobre o Serviço Nacional de Proteção de Cultivares - SNPC, e dá outras providências

Decreto nº 2.553, de 16 de abril de 1998 - Regulamenta os arts. 75 e 88 a 93 da Lei nº 9.279, de 14 de maio de 1996, que regula direitos e obrigações relativos à propriedade industrial

Decreto nº 3.201, de 6 de outubro de 1999 - Dispõe sobre a concessão, de ofício, de licença compulsória nos casos de emergência nacional e de interesse público de que trata o art. 71 da Lei nº 9.279, de 14 de maio de 1996

Ato Normativo nº 141/1998 - Dispõe sobre a habilitação de procuradores junto ao INPI

Ato Normativo nº 142/1998 - Promulga o Código de Conduta Profissional do Agente da Propriedade Industrial

Ato Normativo nº 145/1998 - Altera os procedimentos relativos à tramitação inicial do Pedido de Registro de Marca, com vistas a sua agilização

Ato Normativo nº 146/1998 - Dispõe sobre a restituição do prazo, por motivo de força maior, em decorrência de enchente na Cidade de São Paulo

Ato Normativo nº 148/1999 - Dá nova redação ao item 13, do Ato Normativo nº 144/1999

Ato Normativo nº 156/2000 - Dispõe sobre a habilitação de procuradores, junto ao Instituto Nacional da Propriedade Industrial - INPI

Ato Normativo nº 157/2000 - Dispõe sobre a realização de concursos para habilitação em Agentes da Propriedade Industrial

PATENTE E DESENHO INDUSTRIAL

Decreto nº 3.201/1999 - Dispõem sobre a concessão, de ofício, de licença compulsória nos casos de emergência nacional e de interesse público de que trata o art. 71 da Lei nº 9.279, de 14 de maio de 1996

Decreto nº 2.553/1998 - Regulamenta artigos da Lei nº 9.279/1996 relativos a Patentes de interesse da Defesa Nacional, assim como a retribuição devida a pesquisadores de instituições públicas pela exploração de Patentes

Ato Normativo nº 126/1996 - Regulamenta o procedimento de depósito previsto nos artigos 230 e 231 da Lei nº 9.279/1996

Ato Normativo nº 127/1997 - Dispõe sobre a aplicação da Lei de Propriedade Industrial em relação às Patentes e Certificados de Adição de Invenção

Ato Normativo nº 128/1997 - Dispõe sobre a aplicação do Tratado de Cooperação em Matéria de Patentes

Ato Normativo nº 130/1997 - Dispõe sobre a instituição de formulários para apresentação de requerimentos e petições na área de Patentes, Certificados de Adição de Invenção e Registro de Desenho Industrial

Ato Normativo nº 152/1999 - Dispõe sobre a apresentação de auxílio voluntário para o exame técnico, em relação à Patentes e Certificados de Invenção

Ato Normativo nº 161/2002 - Dispõe sobre a aplicação da Lei de Propriedade Industrial em relação aos registros de desenho industrial

Resolução nº 076/2000 - Dispõe sobre a adoção da Classificação Internacional de Desenhos Industriais e dá outras providências

Resolução nº 077, de 14.3.2001 - Dá nova redação ao item 2, da Resolução nº 076/2000

MARCAS E INDICAÇÃO GEOGRÁFICA

Comunicado RPI nº 1.540, de 11.7.2000 - Segunda revisão da Tabela de Correspondência (Classificação Nacional x Classifcação Internacional)

Ato Normativo nº 134/1997 - Dispõe sobre a instituição de formulários para apresentação de requerimento de registro de Indicações Geográficas

Ato Normativo nº 137/1997 - Dispõe transitoriamente sobre procedimentos relativos a concessão de registros de expressões e de sinais de propaganda e sobre declaração de notoriedade, bem como suas prorrogações

Ato Normativo nº 143/1998 - Institui normas de procedimentos sobre registro das Indicações Geográficas

Ato Normativo nº 150/1999 - Dispõe sobre a adoção da Classificação Internacional de Produtos e Serviços e dá outras providências

Ato Normativo nº 151/1999 - Dispõe sobre a adoção da Classificação Internacional de Elementos Figurativos e dá outras providências

Ato Normativo nº 153/1999 (Revogado pelo Ato Normativo nº 159/2001) - Dispõe sobre a instituição de formulários para apresentação de requerimentos na área de Marcas

Ato Normativo nº 154/1999 (Revogado pela Resolução nº 083/2001 e pelo Ato Normativo nº 160/2001) - Normaliza os depósitos de pedidos de registro de marca e seu processamento e institui o Manual do Usuário

Ato Normativo nº 159/2001 - Institui os formulários para apresentação de requerimentos de serviços de marcas

Ato Normativo nº 160/2001 - Institui o Manual do Usuário da Diretoria de Marcas, que dispõe sobre o correto preenchimento dos formulários instituídos pelo Ato Normativo nº 159/2001

Resolução nº 075/2000 - Estabelece as condições para o registro das indicações geográficas

Resolução nº 083/2001 - Normaliza o processamento dos depósitos de pedidos de registro de marca

Portaria INPI/PR nº 200/2001 - Designação dos Membros das Comissões Permanentes das Classificações Internacionais

TRANSFERÊNCIA DE TECNOLOGIA

Lei nº 3.470/1958 - Altera a legislação do imposto de renda e dá outras providências

Portaria/MF nº 436/1958 - Estabelece coeficientes percentuais máximos para a dedução de *royalties*, pela exploração de marcas e patentes, de assistência técnica, científica, administrativa ou semelhante, amortização, considerados os tipos de produção, segundo o grau de essencialidade

Lei nº 4.131, de 1962 - Disciplina a aplicação do capital estrangeiro e as remessas de valores para o exterior e dá outras providências

Lei nº 4.506, de 1964 - Dispõe sobre o Imposto que Recai sobre as Rendas e Proventos de qualquer Natureza

Lei nº 55.762, de 1965 - Regulamenta a Lei nº 4.131, de 3 de setembro de 1962, modificada pela Lei nº 4.390, de 29 de agosto de 1964

Lei nº 1.730, de 1979 - Altera a legislação do Imposto sobre a Renda das Pessoas Jurídicas e dá outras providências

Lei nº 8.383, de 1991 - Institui a Unidade Fiscal de Referência, altera a legislação do imposto de renda e dá outras providências

Lei nº 8.661, de 1993 - Dispõe sobre os incentivos fiscais para a capacitação tecnológica da indústria e da agropecuária, e dá outras providências

Lei nº 8.884, de 1994 - Transforma o Conselho Administrativo de Defesa Econômica (Cade) em Autarquia, dispõe sobre a prevenção e a repressão às infrações contra a ordem econômica e dá outras providências

Lei nº 8.955, de 1994 - Dispõe sobre o contrato de franquia empresarial (franchising) e dá outras providências

Decreto Legislativo nº 30, de 1994 - Aprova a Ata Final da Rodada Uruguai de Negociações Comerciais Multilaterais do GATT, as listas de concessões do Brasil na área tarifária (Lista III) e no setor de serviços e o texto do Acordo Plurilateral sobre Carne Bovina

Lei nº 9.279, de 1996 - Regula direitos e obrigações relativos à propriedade industrial

Decreto nº 3.201, de 1999 - Dispõe sobre a concessão, de ofício, de licença compulsória, nos casos de emergência nacional e de interesse público de que trata o art. 71 da Lei nº 9.279, de 14 de maio de 1996

Circular nº 2.816/1998 - Institui o Registro Declaratório Eletrônico - RDE de operações de transferência de tecnologia, serviços técnicos complementares e importação de intangíveis

Carta Circular nº 2.795/1998 - Regulamenta o Registro Declaratório Eletrônico - RDE de operações de transferência de tecnologia, serviços técnicos complementares e importação de intangíveis instituído pela Circular nº 2.816, de 15.4.1998

Decreto nº 3.000, de 1999 - Regulamenta a tributação, fiscalização, arrecadação e administração do Imposto sobre a Renda e Proventos de Qualquer Natureza

Coordenação-Geral do Sistema de Tributação - Ato Declaratório (Normativo) nº 1, de 5 de janeiro de 2000 - Dispõe sobre o tratamento tributário a ser dispensado às remessas decorrentes de contratos de prestação de assistência técnica e serviços técnicos sem Transferência de Tecnologia

Coordenação-Geral do Sistema de Tributação - Decisão nº 9, de 28 de junho de 2000 - ASSUNTO: Imposto sobre a Renda de Pessoa Jurídica - IRPJ

Ato Normativo nº 135/1997 - Normaliza a averbação e o registro de contratos de transferência de tecnologia e franquia

Ato Normativo nº 155/2000 - Dispõe sobre a instituição de formulários, para apresentação de requerimento na área de Transferência de Tecnologia

Ato Normativo nº 158/2000 - Dispõe sobre a alteração do formulário para apresentação de requerimento de averbação de contratos e faturas, instituído pela alínea "a", do Ato Normativo nº 155, de 7 de janeiro de 2000

Resolução INPI nº 094/2003 - Dispõe sobre o prazo de análise da Diretoria de Transferência de Tecnologia, consoante o disposto nos artigos 211 e 244 da Lei nº 9.279/1996 e prazo para os efeitos legais, decorrentes do pedido de averbação do contrato

PROGRAMA DE COMPUTADOR

Lei de Programa de Computador nº 9.609/1998 - Promulgada em 19.2.1998, substitui a Lei nº 7.646/1987, entrou em vigor na data de sua publicação, dispõe sobre a proteção de propriedade intelectual de programa de computador e sua comercialização no Brasil

Lei de Direitos Autorais nº 9.610/1998 - Substitui a Lei nº 5.988/1973, entra em vigor 120 dias após sua publicação; foi promulgada em 19 de fevereiro de 1998

Decreto nº 2.556, de 20 de abril de 1998 - Regulamenta o registro previsto no art. 3º da Lei nº 9.609, de 19 de fevereiro de 1998

Decreto nº 91.873, de 4 de novembro de 1985 - Dá novas atribuições ao Conselho Nacional de Direito Autoral

Resolução CNDA nº 057, de 5 de dezembro de 1988 - O Conselho Nacional de Direito Autoral, no uso das atribuições que lhe conferem o artigo 4º da Lei nº 7.646, de 18 de dezembro de 1987 e artigo 7º, item IV, do Decreto nº 96.036, de 12 maio de 1988

Resolução INPI nº 58, de 14 de julho de 1998 - Estabelece normas e procedimentos relativos ao registro de programas de computador

Resolução INPI nº 59, de 14 de julho de 1998 - Estabelece os valoresdas retribuições pelos serviços de registro de programas de computador

DISPOSIÇÕES TRANSITÓRIAS

Ato Normativo nº 137/1997 - Dispõe transitoriamente sobre procedimentos relativos a concessão de registros de expressões de propaganda e sobre declaração de notoriedade, bem como suas prorrogações

RESOLUÇÕES E PORTARIAS

Resolução nº 051/1997 - Institui diretrizes provisórias de análise de Marcas

Resolução nº 052/1997 - Dispõe sobre a redução de valores de retribuições de serviços prestados pelo INPI, nos casos que especifica

Resolução nº 058/1998 - Estabelece normas e procedimentos relativos ao Registro de Programas de Computador

Resolução nº 059/1998 - Estabelece os valores das retribuições pelos serviços de Registro de Programas de Computador

Resolução nº 069/2000 - Aprova o "Manual de Padronização", composto por 3 (três) volumes

Resolução nº 075/2000 - Estabelece as condições para o registro das indicações geográficas

Resolução nº 078/2001 - Edital para a realização de Concurso para Habilitação em Agente da Propriedade Industrial

Resolução nº 082/2001 - Dispõe sobre as condições para a habilitação de instituições como centros depositários de material biológico para fins de procedimentos em matéria de patentes e dá outras providências

Resolução nº 084/2002 - Dá nova redação ao item 19, da Resolução nº 078, de 25/04/2001

Resolução nº 094/2003 - Dispõe sobre prazo de análise da Diretoria de Transferência de Tecnologia, - consoante o disposto nos artigos 211 e 244 da Lei nº 9.279/1996 e prazo - para os efeitos legais, decorrentes do pedido de averbação do contrato

Resolução nº 095/2003

Resolução nº 096/2003

Resolução nº 099/2003 - Dispõe sobre a instrução e a decisão dos recursos e dos processos administrativos de nulidade, previstos na Lei nº 9.279/1996

Portaria PR nº 022/2001 (Revogada pela Portaria INPI/PR nº 200/2001) - Cria o Comitê Gestor da *Homepage*

Portaria PR nº 044/1997 - Cria o Comitê Gestor da *Homepage*

Portaria PR nº 056/1997 - Dispõe sobre a utilização de bens e serviços de informática no âmbito do INPI

Portaria PR nº 071/1998 - Cria Comissão composta a fim de proceder à análise de requerimento de cadastramento

Portaria PR nº 148/1998 - Cria Comissão Especial para examinar e decidir pedidos de Indicação Geográfica

Portaria PR nº 149/1998 - Designa servidores membros da Comissão Especial criada para examinar pedidos de Indicação Geográfica

Portaria PR nº 189/1998 - Substitui membro da comissão especial criada para examinar e decidir pedidos de Indicação Geográfica

Portaria nº 067/2001 - Concede autorização para que as pessoas físicas ou jurídicas, constantes da relação anexa, possam desempenhar a função de Agente da Propriedade Industrial, junto ao Instituto Nacional da Propriedade Industrial

Portaria nº 023 - Portaria INPI/DIRMA nº 001, de 6 de julho de 2001

Portaria nº 067/2002 - Fixa os dias, os horários e os locais das provas para Habilitação de Agentes da Propriedade Industrial

Portaria nº 029/2002 - Concede autorização para que as pessoas físicas ou jurídicas, constantes da relação anexa, possam desempenhar a função de Agente da Propriedade Industrial, junto ao Instituto Nacional da Propriedade Industrial

Portaria nº 188/2002

Portaria INPI/PR nº 014/2003

Portaria INPI/PR nº 015/2003

Portaria INPI/COMISSÃO nº 001/2003

Portaria INPI/PR nº 048/2003

Nota: **Toda a Legislação suplementar aqui citada, e não constante desta obra, pode ser encontrada no site www.inpi.gov.br/legislação**

CARTILHA DA PROPRIEDADE INDUSTRIAL
INPI

(Extraído do *site* www.inpi.gov.br/legislação)

CARTILHA DA PROPRIEDADE INDUSTRIAL
PROJETO INVENTIVA

INPI - Instituto Nacional da Propriedade Industrial
MDIC - Ministério do Desenvolvimento, Indústria e Comércio Exterior
REDETC - Rede de Tecnologia do Rio de Janeiro
REPICT - Rede Temática de Propriedade Intelectual,
Cooperação, Negociação e Comercialização de Tecnologia

APRESENTAÇÃO

A tecnologia é o mais importante instrumento de desenvolvimento na economia atual. O avanço tecnológico proporciona novos métodos de produção, aumento da produtividade, geração de riquezas e melhoria da qualidade de vida da população. Neste sentido, o capital intelectual, representando a capacidade de inovação constante, assume cada vez mais relevância.

A propriedade industrial constitui importante instrumento de proteção à tecnologia que é desenvolvida, tanto no âmbito individual quanto no das empresas, evitando que seja apropriada indevidamente. O conhecimento e a aplicação da mesma são condições relevantes ao processo de modernização e competitividade no mundo globalizado.

Com o intuito de difundir o seu conhecimento, o Instituto Nacional da Propriedade Industrial INPI, em parceria com a Rede de Tecnologia do Rio de Janeiro, elaborou esta cartilha que visa responder às perguntas mais freqüentes sobre marcas, patentes, desenho industrial e *software*.

A iniciativa faz parte do Projeto "Incorporação do Programa Inventiva no Balcão de Tecnologia da Rede de Tecnologia do Rio de Janeiro", que pretende criar um espaço de inventividade para apoio técnico, administrativo e gerencial ao inventor, sejam inventores isolados, empreendedores com perfil inventivo ou empresas interessadas em ampliar seus negócios para suprir as dificuldades e demandas efetivamente existentes. O objetivo principal é incentivar a criatividade e a inserção das invenções na cadeia produtiva, melhorando as condições de competitividade ou criando novas empresas e gerando empregos.

PATENTE

"Além de proteção, a patente é um meio de estimular a criatividade do homem no setor produtivo, fazendo surgir novos produtos e processos, fortalecendo a indústria nacional."

O que é uma patente?

É o documento oficial, expedido pelo Instituto Nacional da Propriedade Industrial (INPI), que determina a propriedade de uma pessoa sobre o que tenha sido criado ou inventado, constituindo o instrumento correto para proteger um produto ou um processo com possibilidades de industrialização.

Quais os tipos de patente?

A natureza da patente se divide em Privilégio de Invenção (PI) e Modelo de Utilidade (MU). A invenção é um novo produto ou processo de fabricação. O Modelo de Utilidade é um objeto já conhecido, ferramentas manuais ou utensílios domésticos, por exemplo ao qual são apresentadas modificações capazes de melhorar função a que se destinam. Por sua vez, em se tratando de máquinas ou partes de máquinas, o requisito estará também preenchido se as adaptações ou disposições forem introduzidas com o objetivo de conferir uma melhor condição de utilização *per se*, independentemente da melhoria, desempenho ou eficiência do equipamento como um todo. A melhor utilização poderá também ocorrer de uma combinação/conjunto de elementos conhecidos (*kits*, pré-moldados, etc.) ou até de uma disposição específica de fibras, em se tratando de trama de urdidura e entrelaçamento de fio (tecidos e similares).

Existe também o Certificado de Adição de Invenção. Este protege um aperfeiçoamento que tenha sido feito em matéria para qual já havia sido pedida ou mesmo concedida a patente de invenção. É necessário que o aperfeiçoamento seja apenas novo e tenha o mesmo conceito inventivo que o pedido ou patente ao qual o Certificado está agregado.

Quais os critérios de patenteabilidade?

É patenteável a invenção que atenda aos requisitos de novidade, atividade inventiva e aplicação industrial.

O que pode e não pode ser patenteado?

Não são protegidos por patente: métodos terapêuticos ou técnicas cirúrgicas aplicados sobre o corpo humano; esquemas ou técnicas comerciais de cálculos, financiamento, crédito, sorteio, especulação e propaganda; espécies animais e vegetais; simples descobertas de fenômenos naturais; e invenções que podem pôr em risco a saúde, a segurança pública e os interesses nacionais.

Obras literárias, de arte, músicas, livros, filmes e projetos arquitetônicos também não são patenteados, podendo ser protegidos pelo Direito Autoral.

Quem pode depositar um pedido de patente?

Qualquer pessoa física ou jurídica, desde que tenha legitimidade para fazê-lo.

É obrigatório ter um procurador?

Não, o próprio usuário pode atuar junto ao INPI, com exceção das pessoas domiciliadas no exterior, que devem constituir e manter um procurador devidamente qualificado e domiciliado no Brasil com poderes para representá-las administrativa e judicialmente, inclusive para receber citações. É, no entanto, conveniente contar com um procurador especialmente quando o inventor possui vários pedidos de patente e não possui disponibilidade de se ocupar com os prazos e trâmites de cada um.

Quem pode ser procurador junto ao INPI?

Estão autorizados a atuarem como procuradores os agentes da Propriedade Industrial, cadastrados no INPI, assim como os advogados com registro na OAB.

Como redigir um pedido de patente?

O INPI publicou diversos Atos Normativos (AN) regulando como escrever os pedidos de patentes. Eles foram compilados na *Coletânea de Atos Normativos Patentes*. Deve-se estudar os AN 127 a 130, de 5.3.1997 e também a *Lei da Propriedade Industrial.* Ambos estão disponíveis na *homepage* do Instituto www.inpi.gov.br - ou podem ser adquiridos na recepção do mesmo (Praça Mauá, nº 7, Rio de Janeiro, RJ), nas suas delegacias e representações estaduais.

O que deve constar em um pedido de patente?

Além do formulário próprio elaborado pelo INPI, devem ser apresentados: Relatório Descritivo, Reivindicação, Desenhos (quando for necessário) e Resumo.

O que é o relatório descritivo?

É uma explicação clara e completa do objeto do pedido de patente, na qual deve ser mencionada também a existência de pedidos anteriores (brasileiros ou estrangeiros), assim como fornecidas informações sobre objetos ou processos semelhantes já existentes. O relatório deve ser suficiente, ou seja, conter todos os detalhes necessários para permitir a um técnico da área reproduzir o objeto.

O que são as reivindicações?

As reivindicações definem o objeto da invenção ou modelo de utilidade para o qual a patente está sendo solicitada e suas características técnicas genuínas (aquelas que não existem nas anteriores). Deve-se destacar ainda as partes já conhecidas, que pertencem ao estado da técnica e que devem ser dispostas no preâmbulo da reivindicação. A reivindicação independente revela as características essenciais da invenção ou modelo, aquelas sem as quais não se pode reproduzir a invenção. As reivindicações dependentes, caso existam, detalham elementos das características essenciais que podem pertencer ao estado da técnica, uma vez que aquelas, por definição, não subsistem isoladamente.

Para que servem os desenhos?

Os desenhos complementam o relatório descritivo, as reivindicações e o resumo, para permitir uma melhor compreensão da técnica apresentada.

O que é o resumo?

O resumo é uma breve descrição da tecnologia reivindicada e da sua aplicação. Deve conter de 50 a 200 palavras.

É obrigatório fazer uma busca prévia?

A busca de anterioridade não é obrigatória, mas é altamente recomendável, pois permite saber se a sua invenção é uma novidade em relação aos pedidos de patente e patentes concedidas já existentes.

Como é feita a busca prévia?

Dirija-se ao 7º andar do Edifício Sede do INPI (Praça Mauá, nº 7, Rio de Janeiro, RJ), onde se localiza o Banco de Patentes. Um examinador especialmente treinado irá selecionar os campos correspondentes ao seu invento. Desta forma, você receberá apenas as pastas contendo os documentos de patentes, tanto brasileiros quanto estrangeiros, que tratam de assuntos semelhantes ao seu. Estes documentos são úteis para determinar o que já existe ("o estado de técnica") e o quanto você inventou ("o escopo da invenção").

Todas estas informações deverão constar do seu relatório descritivo.

É possível, também, fazer uma busca via *internet*, através do *site* *www.inpi.gov.br*. O *link* "Pesquisa Patente" fornece dados dos pedidos brasileiros depositados a partir de 1992. Há também, em Informação Tecnológica, *link* de bases eletrônicas gratuitas de patentes internacionais. Finalmente, você pode solicitar ao próprio INPI que faça a busca e remeta o resultado (Busca Isolada). Caso existam documentos mostrando objetos iguais ao que você inventou, ele não pode ser considerado novo e a patente não poderá ser concedida.

Como depositar um pedido de patente?

Depois de tudo pronto e datilografado, o pedido pode ser depositado. O INPI exige três vias de sua documentação, mas como você deve querer ter uma em seu poder, é aconselhável entregar quatro cópias.

Elas são precedidas de um formulário especial (Depósito de Pedido de Patente, formulário 1.01) e da guia de recolhimento devidamente paga em um banco autorizado. Estes formulários são distribuídos na recepção do INPI, mas você também pode imprimi-los diretamente em processador de textos, desde que fiquem iguais. Na entrega, você recebe um recibo provisório, e deve retornar posteriormente para apanhar sua cópia, devidamente numerada e filigranada. Antes do depósito da patente, será feito um exame formal preliminar para verificar se tudo está de acordo. Em alguns casos, poderão ser feitas exigências que devem ser cumpridas em 30 dias.

O INPI mantém sigilo sobre o pedido de patente?

O INPI mantém sigilo sobre o pedido durante um prazo aproximado de 18 meses, quando, então, publicará o pedido de patente na Revista da Propriedade Industrial (RPI).

Quem faz o pedido também deve manter sigilo?

Não, o requerente pode divulgar seu próprio pedido, bem como iniciar a produção ou comercialização de sua invenção ou modelo de utilidade.

Como é feito o exame do pedido?

Para ter o seu pedido examinado, isto é, estudado por um examinador de patentes, é preciso apresentar uma Solicitação de Exame. Este requerimento tem que ser feito dentro dos primeiros 36 meses do depósito do pedido. Paga-se uma taxa específica, cujo valor é maior quando o pedido tem mais de dez reivindicações ou quando se trata de uma invenção. O pedido de exame não é publicado na RPI. Além disso, terceiros podem apresentar subsídios ao exame de pedido, fornecendo ao INPI as razões e as provas pelas quais consideram que a patente pode ou não pode ser concedida.

O que o exame do pedido determina?

Cumpridas as etapas relacionadas no item acima, vem o exame propriamente dito, que será comunicado pela RPI. O examinador de patentes emite um parecer técnico expondo suas conclusões. Ele pode deferir (conceder a patente), fazer exigências para que o pedido seja reformulado ou indeferir. No último caso, antes de tomar a decisão final, solicitará uma manifestação do requerente. Todas as respostas devem ser depositadas em uma recepção do INPI por escrito e acompanhadas de formulário próprio (formulário 1.02 "Petições") e do recibo de pagamento de uma taxa específica para cada caso. É preciso estar atento aos prazos, em geral de 90 dias a partir da publicação na RPI.

O que acontece quando o pedido é deferido?

Quando o pedido é deferido, esta resolução é publicada na RPI, e o INPI aguarda o prazo de 60 dias para que o requerente solicite, mediante pagamento de uma taxa, a expedição da Carta Patente. Terceiros que se sintam prejudicados podem entrar com uma ação de nulidade da patente, judicialmente ou, nos primeiros seis meses, diretamente no INPI.

Como posso acompanhar o andamento do processo do meu pedido de patente?

Através da *internet* ou da *Revista da Propriedade Industrial.*

Qual o tempo de validade de uma patente?

A patente de Privilégio de Invenção vigorará por 20 anos e a de Modelo de Utilidade por 15 anos. Em ambos os casos, o prazo é contado a partir da data de depósito. O prazo mínimo para a patente de Privilégio de Invenção é de 10 anos e a de Modelo de Utilidade sete anos, a partir da data da concessão.

Uma vez decorrido o período de vigência, cessam os direitos do titular, tornando-se a invenção domínio público, o que quer dizer que qualquer pessoa pode utilizá-la livremente.

Quais os direitos do titular de uma patente?

O titular tem o direito exclusivo de explorar a invenção em território brasileiro. Com isso, pode impedir terceiros de produzir, pôr à venda, usar ou importar o produto ou processo objeto da patente sem sua autorização expressa.

Quais as obrigações do proprietário da patente?

a) Pagamento das anuidades. No segundo aniversário do seu pedido começa o prazo (três meses) para pagamento da anuidade (que é chamada de terceira anuidade). Uma cópia da guia de pagamento contendo o número de seu pedido e o período anual a que se refere deve ser encaminhada ao INPI.

b) Exploração efetiva do objeto patenteado. Dentro de três anos, a partir da data da concessão da patente, o proprietário deverá começar a comercializar o seu produto ou aplicar o seu processo de fabricação. Não sendo possível, para que não perca os seus direitos, ele terá de conceder uma licença de exploração a qualquer pessoa ou empresa interessada. Além disso, se a patente permanecer inexplorada, poderá ser concedida licença compulsória. Se após dois anos da primeira licença esta não se revelar suficiente, poderá ser declarada a caducidade, salvo motivo justificado.

É possível ser proprietário de uma patente em outros países?

Sim. Para isso, deve-se depositar um pedido de patente diretamente no país onde se deseja que ela seja protegida. Esse depósito obedecerá aos acordos internacionais para pedidos de patentes no exterior e os critérios de concessão, assim como as obrigações do proprietário deverão seguir as leis dos países escolhidos. Uma forma de simplificar este procedimento é optar pelo sistema PCT (Tratado de Cooperação em Matéria de Patentes), através do qual o inventor faz um depósito inicial no bureau internacional de um país membro do Tratado, e indica as nações nas quais tem interesse de proteger a sua invenção.

Qual a vantagem de recorrer ao PCT?

Através dele, o inventor receberá um relatório de busca internacional que servirá de apoio na decisão de depositar ou não o pedido de patente. Pode-se solicitar, também, exame preliminar do pedido.

Quando a invenção é feita durante vigência de contrato de trabalho ou de prestação de serviços, quem é o proprietário da patente?

a) Propriedade exclusiva do empregador. Quando a invenção ou modelo de utilidade resulta da própria atividade contratada, ou seja, está prevista ou é decorrente da própria natureza do trabalho do empregado.

b) Propriedade exclusiva do empregado. Quando a criação não tem relação com o contrato de trabalho ou prestação de serviços, e quando for realizada sem utilização de recursos, meios, dados, materiais, instalações ou equipamentos do empregador.

c) Propriedade comum. Quando as criações decorrem da contribuição pessoal do empregado e de recursos, dados, materiais, instalações ou equipamentos do empregador.

Qual a diferença entre inventor e titular da patente?

O inventor/criador é "o mentor intelectual", ou seja, a pessoa que teve a idéia inicial da invenção, ou participou na execução e desenvolvimento da mesma. Titular é o proprietário ou dono da invenção em nome do qual a patente é concedida.

É possível vender ou transferir (fazer uma cessão de direitos) uma patente ou modelo de utilidade, ou mesmo um pedido de patente ou de modelo de utilidade?

Sim. Tanto a patente e o modelo de utilidade, quanto o pedido de patente e de modelo de utilidade podem ser transferidos em virtude de sucessão legítima ou testamentária. Podem também ser vendidos, em parte ou totalmente.

O proprietário de uma patente pode conceder licença para outra pessoa explorar sua invenção?

O titular de uma patente ou do pedido de patente depositado pode conceder uma licença para a sua exploração. Esta pode ser exclusiva, quando o proprietário é excluído do direito de exploração; ou não exclusiva, o que permite ao mesmo fornecer várias licenças a diferentes pessoas ou companhias. A concessão da licença, da qual devem constar as condições de exploração e de remuneração, está sujeita à averbação no INPI. Em ambos os casos, trata-se de uma licença voluntária.

O que é uma licença compulsória?

Instituída para evitar o abuso do monopólio ou do direito exclusivo da patente por parte do titular, ela é aplicada em casos de insuficiência de exploração, abuso de poder econômico e interesse público ou emergência nacional, entre outras situações. Esta licença somente poderá ser requerida após decorridos três anos da concessão da patente. Se, à data da solicitação da licença, o titular justificar o desuso por razões legítimas, comprovar a realização de preparativos para exploração do objeto da patente e justificar a falta de comercialização ou de fabricação por obstáculo de ordem legal, a licença compulsória não poderá ser concedida.

O que é oferta de licença?

Através dela o titular oferece sua patente para licença de exploração. É um mecanismo instituído para estimular a incorporação de invenções e inovações ao processo produtivo. Neste sentido, trata-se da divulgação de patentes concedidas, resultantes de pedidos depositados no Brasil, com o intuito de promover a industrialização e comercialização de seus objetos.

Como é feita a oferta de licença?

A divulgação da oferta deverá ser requerida à Diretoria de Patentes (DIRPA) do INPI através do formulário 1.02. O pedido será examinado e, se considerado cabível, a oferta será notificada na RPI e publicada pelo menos uma vez por semestre. O eventual contrato de licença de exploração entre o titular e o licenciado deve ser averbado no INPI.

Em que casos deve ser feita uma solicitação de oferta de licença?

Quando o titular não dispõe dos meios necessários à exploração da patente; quando, sendo empresa que atue na área da invenção, não tem intenções de explorá-la, nem os meios necessários para tal; e quando a exploração da patente é economicamente viável.

MARCA

"Deixe a sua marca registrada. Ela garante o direito de uso exclusivo em seu ramo de atividade econômica, e constitui elemento fundamental para o lançamento de um produto e conquista de mercado."

O que é marca?

Marca é todo sinal distintivo, visualmente perceptível, que identifica e distingue produtos ou serviços de outros semelhantes ou afins, de procedência diversa, ou certifica a conformidade dos mesmos com determinadas normas ou especificações técnicas.

O que não se pode registrar como marca?

Não são registráveis como marca os sinais compreendidos nas proibições legais, como marca alheia registrada, brasões, emblemas, monumentos, sinais contrários à moral e aos bons costumes, termos técnicos, etc., assim como os sinais sonoros, gustativos e olfativos.

Por que é importante registrar uma marca?

O registro assegura ao seu titular a propriedade da marca e seu uso exclusivo em todo o território nacional, além de constituir elemento fundamental para a identificação e diferenciação de um produto ou serviço no mercado.

Quais os tipos de marcas?

Quanto à natureza, as marcas podem ser de produto, serviço, coletiva ou de certificação. As de produto ou serviço servem para distingui-las de outras idênticas, semelhantes ou afins, de origem diversa. As marcas coletivas são usadas para identificar produtos ou serviços providos de membros de determinada entidade.

Já as marcas de certificação são para atestar a conformidade de um produto ou serviço com determinadas normas ou especificações técnicas, especialmente quanto à qualidade, à natureza, ao material utilizado e à metodologia empregada.

Como a marca se apresenta?

Quanto à apresentação, a marca pode ser nominativa, figurativa, mista ou tridimensional.

O que é marca nominativa?

A marca nominativa é aquela constituída por uma ou mais palavras, incluindo os neologismos e as combinações de letras e números, desde que esses elementos não se apresentem sob forma fantasiosa ou figurativa.

O que é marca figurativa?

Marca figurativa é o sinal composto de desenho, imagem, figura, símbolo, ou qualquer forma fantasiosa de letra e número isoladamente.

O que é a marca mista?

A marca mista combina elementos nominativos e figurativos, ou elementos nominativos, cuja grafia se apresente de forma estilizada.

O que é a marca tridimensional?

É a marca constituída pelo formato, configuração ou conformação física de produto ou embalagem, que tenha capacidade distintiva em si mesma e esteja dissociada de qualquer efeito técnico.

Quem pode pedir o registro da marca?

Qualquer pessoa física ou jurídica de direito público ou privado, sendo que as pessoas de direito privado só podem requerer registro de marca relativa à atividade que exerçam efetiva e licitamente, de modo direto ou através de empresas que controlem direta ou indiretamente.

É obrigatório ter um procurador?

Não, o próprio usuário pode atuar junto ao INPI. Com exceção das pessoas domiciliadas no exterior, que devem constituir e manter um procurador devidamente qualificado e domiciliado no Brasil, com poderes para representá-las administrativa e judicialmente, inclusive para receber citações.

Quem pode ser procurador junto ao INPI?

Estão autorizados a atuarem como procuradores os agentes da Propriedade Industrial, cadastrados no INPI, assim como os advogados com registro na OAB.

Por quanto tempo vale o registro de marca?

O prazo de vigência é de 10 anos, contados a partir da data de concessão. Este prazo é prorrogável por períodos iguais e sucessivos, a pedido do titular. O pedido de prorrogação deve ser formulado durante o último ano de vigência do registro. Se não tiver sido efetuado até o término da vigência do registro, o titular pode fazê-lo nos seis meses imediatamente subseqüentes, mediante o pagamento de retribuição adicional.

Findo esse prazo, o registro é extinto, e a marca estará em princípio disponível.

A busca prévia é obrigatória?

Não. No entanto, é aconselhável realizá-la para verificar se já existe marca semelhante anteriormente depositada ou registrada. Essa busca pode ser solicitada ao INPI, em uma de suas recepções, mediante pagamento da retribuição correspondente. A busca pode ainda ser realizada gratuitamente pelo próprio usuário no site do INPI na internet (www.inpi.gov.br).

Como pedir o registro de uma marca?

O depósito de um pedido de registro de marca deve ser feito por meio de um formulário próprio fornecido pelo INPI. Nesse formulário devem constar dados sobre a marca a ser registrada e sobre o depositante, além de estar anexado o comprovante de pagamento da retribuição específica, efetuado na rede bancária (pessoas físicas, microempresas, empresas de intuito não econômico e órgãos públicos têm redução de 50%). Nos casos de marca figurativa, mista ou tridimensional, é necessário incluir as etiquetas apresentando os desenhos e a indicação de cores, se for o caso.

Como é analisado o pedido de registro de uma marca?

Após a apresentação do pedido, o mesmo é submetido ao exame formal preliminar, e se devidamente instruído, recebe um número de processo definitivo e é publicado na Revista da Propriedade Industrial (RPI) para apresentação de oposição, no prazo de 60 dias. Decorrido o prazo de oposição, ou se interposto este, findo o prazo de manifestação, é feito o exame, durante o qual podem ser formuladas exigências que devem ser respondidas no prazo de 60 dias. Se a exigência não for respondida, o pedido é definitivamente arquivado. Mas, sendo respondida, dá-se prosseguimento ao exame. Concluído o exame, é proferida decisão, deferindo ou indeferindo o pedido de registro.

O que acontece quando o pedido é deferido?

Quando o pedido é deferido, o requerente deve efetuar e comprovar o pagamento das retribuições relativas à expedição do certificado e ao primeiro decênio de vigência do registro no prazo de 60 dias. Se não tiver sido efetuado nesse prazo, o titular pode fazê-lo nos 30 dias imediatamente subseqüentes, mediante ao pagamento de retribuição adicional, sob pena de arquivamento definitivo do pedido.

Como se pode acompanhar o andamento dos processos?

O andamento dos processos deve ser acompanhado pela publicação oficial do INPI, a *Revista da Propriedade Industrial (RPI)*, impressa ou em disquete, à venda e disponível para consulta nas recepções do INPI. O acompanhamento dos processos pode ser feito ainda por meio do site do INPI na Internet (www.inpi.gov.br).

Quais as obrigações do proprietário de uma marca?

O proprietário de uma marca tem a obrigação de utilizá-la para manter o registro, assim como requerer a prorrogação do registro.

É possível ser proprietário de uma marca em outros países?

Sim. No entanto, os procedimentos, direitos e obrigações do requerente são determinados pela legislação de cada país.

DESENHO INDUSTRIAL

"É cada vez maior a solicitação do mercado por profissionais que utilizem harmoniosamente a arte e a tecnologia e que traduzam, através de seus projetos, os diferentes estilos e movimentos culturais da sociedade contemporânea."

O que é desenho industrial?

É a forma de um objeto ou o conjunto ornamental de linhas e cores que possa ser aplicado a um produto, criando um visual novo e original na sua configuração externa, podendo ser industrializado.

O que é o registro de desenho industrial?

É um título de propriedade temporária sobre um desenho industrial.

O que não pode ser registrado?

Os desenhos contrários à moral e aos bons costumes ou que ataquem a honra e a imagem de pessoas ou mesmo a liberdade de consciência, crença, culto religioso ou idéia e sentimentos dignos de respeito.

Também não podem ser registradas as formas que forem determinadas essencialmente por considerações técnicas ou funcionais e as que não apresentem novidade.

Por quanto tempo vale o registro de desenho industrial?

Ele pode vigorar pelo prazo máximo de 25 anos, contados da data do depósito, sendo o período mínimo de 10 anos, prorrogáveis por mais três períodos sucessivos de cinco anos cada. A prorrogação deve ser solicitada no último ano de vigência do registro já concedido.

Quem pode pedir o registro?

Qualquer pessoa física ou jurídica, desde que tenha legitimidade para obtê-lo.

É obrigatório ter um procurador?

Não, o próprio usuário pode atuar junto ao INPI. Com exceção das pessoas domiciliadas no exterior, que devem constituir e manter um procurador devidamente qualificado e domiciliado no Brasil, com poderes para representá-las administrativa e judicialmente, inclusive para receber citações.

Quem pode ser procurador junto ao INPI?

Estão autorizados a atuarem como procuradores os Agentes da Propriedade Industrial, cadastrados no INPI, assim como os advogados com registro na OAB.

Quais os direitos de quem obtém um registro de desenho industrial?

Ele tem o direito de impedir terceiros de produzir, colocar à venda, usar ou importar, sem o seu consentimento, o desenho industrial registrado.

Qual o território de proteção do registro?

É válido em todo o Brasil.

É possível obter registro em outros países?

Após o depósito do pedido de registro no Brasil, é possível depositá-lo também em outros países, desde que isto seja feito em até seis meses após o depósito no país. Neste caso, é necessário conhecer a legislação local. A maioria dos países exige que o pedido seja apresentado por um procurador (Agente da Propriedade Industrial ou advogado local), junto ao órgão nacional responsável.

É necessário fazer uma busca prévia?

Ainda que não seja obrigatória, a busca prévia deve ser realizada antes de efetuar o depósito do pedido, para evitar uma possível anulação do mesmo posteriormente. Esta busca pode ser feita pelo próprio interessado no Banco de Patentes do INPI, constituindo, assim, uma busca individual. Pode-se também solicitar que especialistas do INPI realizem o trabalho. Neste caso, chama-se busca isolada. É importante destacar que, durante o exame do pedido de registro, não será verificada a existência de algum outro pedido anterior. Assim, o interessado poderá obter a concessão de um registro, mesmo já existindo outro de terceiros, o que poderá levar à anulação do registro.

Como é feito o depósito do pedido de registro de desenho industrial?

Pode ser efetuado na sede do INPI, nas suas delegacias e representações estaduais, ou através de carta endereçada à DIMIDI Divisão de Registro de Desenhos Industriais, ligada à Diretoria de Patentes (DIRPA) do INPI. A forma e o conteúdo dos pedidos são estabelecidos pelo INPI, e podem ser encontrados no Ato Normativo nº 129 para desenhos industriais e no Ato Normativo nº 130 para formulários e requerimentos.

Estes atos estão disponíveis nos mesmos locais onde é feito o depósito ou ainda na Internet www.inpi.gov.br sob o item Legislação.

O que deve conter o pedido de registro?

Um requerimento, modelo 1.06; comprovante de recolhimento da guia do INPI; nome e qualificação do autor (pessoa física); campo de aplicação; documento de cessão ou procuração, quando for o caso; e desenhos ou fotografias que permitam que o objeto pretendido seja claramente distinguido. Os desenhos devem ser apresentados nas vistas frontal, lateral, superior e perspectiva. As fotos devem ser em fundo neutro, sem inscrições nominativas, marcas e logotipos, nem outros objetos. Toda a documentação deve ser apresentada em quatro vias.

É feito algum exame preliminar?

Antes de aceito o depósito, o INPI faz um exame para verificar se o pedido está de acordo com as normas.

Poderão ser feitas exigências, as quais precisam ser cumpridas em cinco dias, a contar da notificação ao interessado. Após a análise, sendo o processo deferido, o certificado é expedido automaticamente.

PROGRAMA DE COMPUTADOR

"Não importa que o corpus *mecânico seja uma fibra ótica; continua havendo uma criação intelectual feita pelo homem."*

É possível registrar programa de computador?

Sim. O registro do software é uma forma de assegurar ao autor seus direitos de exclusividade na produção, uso e comercialização de sua criação.

Por quanto tempo vale o registro de um programa de computador?

Para quem desenvolve um programa de computador e comprova sua autoria, os direitos valem por 50 anos, contados de 01 de janeiro do ano subseqüente ao da sua "data de criação", que é aquela na qual o programa se torna capaz de executar a função para o qual foi projetado.

ENDEREÇOS DO INPI

Sede

Praça Mauá, nº 7 – Centro
CEP 20081-240 - Rio de Janeiro - RJ
Tel. (21) 2206-3000 - Fax (21) 2263-2539 - http://www.inpi.gov.br

DIRPA - Diretoria de Patentes

10º andar - Tel. (21) 2206-3306 / 3607 - Fax (21) 2253-4091

DIRMA - Diretoria de Marcas

17º andar - Tel. (21) 2206-3528 - Fax (21) 2233-9730

DIRTEC - Diretoria de Transferência de Tecnologia

15º andar - Tel. (21) 2206-3608 / 3648 / 3651 - Fax (21) 2206-3608

CEDIN - Centro de Documentação e Informação Tecnológica

7º andar - Tel. (21) 2206-3354 - Fax (21) 2233-5077

COTEC - Coordenação de Cooperação Técnica

18º andar - Tel. (21) 2206-3130 - Fax (21) 2233-0334

DELEGACIAS

Bahia

Rua Pedro R. Bandeira, 143, 5º andar
CEP 40015-080 - Cidade Baixa - Salvador - Bahia
Tel./Fax (71) 3326-9597 / 2242-5223

Brasília

SAS - Quadra 2, Lote 1A
CEP 70040-000 - Brasília - DF
Tel./Fax (61) 2224-1114

Ceará

Rua Doutor Mário Martins Coelho, nº 36
CEP 60170-280 - Aldeota - Fortaleza - CE
Tel. (85) 2261-1372 / 1695 - Fax (85) 2268-1495

Minas Gerais

Rua Gonçalves Dias, nº 2.253 - 2º andar
CEP 30140-092 - Santo Agostinho - Belo Horizonte - MG
Tel. (31) 2291-5614 / 5449 - Fax (31) 2291-5623 / 6099

Paraná

Rua Marechal Deodoro, 344, 16º andar
CEP 80010-909 - Edifício Atalaia - Centro - Curitiba - PR
Tel./Fax (41) 3322-4411 Ramal: 201

Pernambuco

Universidade Federal de Pernambuco UFPE
Av. Prof. Moraes Rego, 1.235 - Campus Universitário
CEP 50670-920 - Engenho do Meio - Recife - PE
Tel./Fax (81) 3453-8145 / 3271-8957

Rio Grande do Sul

Rua Sete de Setembro, 515 - 5º andar
CEP 90010-190 - Centro - Porto Alegre - RS
Tel. (51) 2226-6909/ 6422

Santa Catarina

Secretaria de Desenvolvimento Econômico e Integração ao Mercosul
Av. Rio Branco, 387 - 2º andar
CEP 88015-200 - Centro - Florianópolis - SC
Tel./Fax (48) 2223-5227

São Paulo

Rua Tabapuã, 41 - 4º andar
CEP 04533-010 - Itaim Bibi - São Paulo - SP
Tel. (11) 3044-3434

REPRESENTAÇÕES

Acre

Secretaria Executiva de Indústria, Comércio e Turismo
Rua Marechal Deodoro, 219 - 4º andar
CEP 69900-210 - Centro - Rio Branco - AC
Tel. (68) 2223-1390 - Fax (68) 2223-2699

Alagoas

Secretária da Indústria, Comércio e Serviço
Av. da Paz, 1.108
CEP 57022-050 - Centro - Maceió - AL
Tel. (82) 3315-1721 / 1720 / 1719

Amapá

Junta Comercial
Av. FAB, 1610
CEP 68906-030 - Centro - Macapá - AP
Tel. (96) 2222-4866 Ramal: 25/27 - Fax (96) 2222-4866

Amazonas

Secretária de Estado do Desenvolvimento Econômico
SEDEC
Av. André Araújo, 1.500
CEP 69060-000 - Aleixo - Manaus - AM
Tel. (92) 2642-8002 - Fax (92) 3642-8101

Espírito Santo

Instituto Nacional de Metrologia, Normalização e Qualidade Industrial
INMETRO/ES
Av. Marechal Mascarenhas de Morais, 1.635
CEP 29040-570 - Ilha de Santa Maria - Vitória - ES
Tel. (27) 3322-8340 - Fax (27) 2222-0352

Goiás

Junta Comercial do Estado de Goiás
Rua 260, esquina 259 - Setor Universitário Quadra 85/A Lote 05 a 08
CEP 74610-240 - Goiânia - GO
Tel. (62) 2202-2246 / 2261-0524 / 0542

Maranhão

Subdelegacia de Indústria e Comércio
Avenida Carlos Cunha, s/n - 1º andar - Edifício Nagib Haickel
CEP 65065-180 - Calhau - MA
Tel./Fax : (98) 217-4015 / 4026

Mato Grosso

Instituto Nacional de Metrologia, Normalização e Qualidade Industrial
INMETRO/MT
Rua Joaquim Muntinho, nº 1.318
CEP 78020-830 - Porto - Cuiabá - MT
Tel. (65) 2624- 8785 / 0991 / 1392 - Fax (65) 2624-5822

Mato Grosso do Sul

Secretária de Turismo, Indústria e Comércio
Junta Comercial/MS
Rua Dr. Arthur Jorge, 1.376
CEP 79010-210 - Centro - Campo Grande - MS
Tel. (67) 3783-4429 - Fax (67) 3724-3498

Pará

Junta Comercial do Estado do Pará
Av. Magalhães Barata, 1.234
CEP 66060-670 - São Brás - Belém - PA
Tel. (91) 2217-5800 / 5847 /5844 - Fax (91) 2217-5858

Paraíba

Instituto de Pesos e Medidas IPEM
Rua Geraldo Von Shosten, s/nº
CEP 58015-190 - Jaguaribe - João Pessoa - PB
Tel. (83) 2241-1672 / 4384 - Fax (83) 2241-4315

Piauí

Secretaria da Indústria, Comércio, Ciência e Tecnologia
Av. Pedro Freitas, s/nº
Centro Administrativo - Bloco A - 2º andar
CEP 64018-200 - São Pedro - Teresina - PI
Tel. (86) 2218-1838 Ramal 23 - Fax (86) 2218-1833

Pernambuco

Instituto de Pesos e Medidas IPEM
Rua Oliveira Lima, 987
CEP 50050-390 - Boa Vista - Recife - PE
Tel. (81) 3271- 8957 / 3453-8154 / 8237

Rio Grande do Norte

Centro Administrativo SINTEC
BR 101 - Km 0 - 1º andar
CEP 59064-901 - Lagoa Nova - Natal - RN
Tel. (84) 2232-1723 - Fax (84) 2232-1724

Rondônia

Junta Comercial
Av. Pinheiro Machado, 326
CEP 78900-050 - Centro Caiari - Porto Velho - RO
Tel. (69) 2224-3681 - Fax (69) 2221-5070

Roraima

Av. Jaime Brasil, 203
CEP 69301-350 - Centro - Boa Vista - RR
Tel. (95) 2623-2171 / 1220

Sergipe

Secretaria de Desenvolvimento Econômico, Ciência e Tecnologia
SEBRAE / SE
Rua Paulo Henrique Machado Pimentel, 170 - Quadra C
Distrito Federal de Aracajú
CEP 49040-240 - Aracajú - SE
Tel. (79) 2216-7551

Tocantins

Secretaria de Indústria e Comércio do Estado do Tocantins
Praça dos Girassóis, s/nº
CEP 77100-000 - Palmas - TO
Tel. (63) 2218-2002 - Fax (63) 2218-2091

POSTOS AVANÇADOS

RIO DE JANEIRO

Cabo Frio

ACIACF
Rua Bento José Ribeiro, 18 - 3º andar
CEP 28905-090
Tel. (22) 2647-6333

Campos

Associação Comercial e Industrial
Praça São Salvador, 41 - 16º andar
CEP 28010-00
Tel. (22) 2724-0401 - Fax (22) 2722-5174

Petrópolis

Associação Comercial, Industrial e Rural de Petrópolis
Rua Irmãos D'Angelo, nº 48 - 7º andar
CEP 25685-33
Tel./Fax (24) 2237-1101

Nova Friburgo

ACINF
Av. Alberto Braune, 111 - Sobrado
CEP 28613-001
Tel. (22) 2522-1145

Volta Redonda

Associação Comercial, Industrial e Agropastoril
Rua Assis Chateaubriand, nº 18 Aterrado
Tel. (24) 3346-5332 - Fax (24) 3347-2999

SÃO PAULO

Campinas

Instituto de Pesos e Medidas
Av. das Amoreiras, 163 - São Bernardo
CEP 13063-120
Tel. (19) 2272-8654 / 9720 - Fax (19) 2272-9133

Ribeirão Preto

Av. Maurílio Biagi, 2940
CEP 14021-000
Tel. (16) 3916-3009

São José dos Campos

Instituto de Pesos e Medidas
Rua Major Francisco de Paulo Elias, 355 - Jardim São Dimas
CEP 12245-320
Tel. (12) 3321-0626 / 3551 - Fax (12) 3321-5628 / 0626

MINAS GERAIS

Coronel Fabriciano

ACICEL Associação Comercial e Industrial de Coronel Fabriciano
Rua José Anastácio, nº 78 - 2º andar - Centro
CEP 35170-040
Tel. (31) 3842-3868

Montes Claros

AMAMS Associação dos Municípios da Área Mineira da SUDENE
Av. "A", nº 416 - Ibituruna
CEP 39401-289
Tel. (38) 3212-2219 - Fax (38) 3212-1490

Juiz de Fora

Universidade Federal de Juiz de Fora UFJF
CRITT Centro Regional de Inovação e Transferência de Tecnologia
Campus Universitário São Pedro
CEP 36036-330
Tel. (32) 3229-3435 Ramal 23 - Fax (32) 3229-3479
e-mail: critt@critt.ufjf.br

Patrocínio

ACIP Associação Comercial de Patrocínio
Rua Joaquim Carlos do Santos, nº 141 - Cidade Jardim
CEP 38740-000
Tel. (34) 3831-2430 / 5500

Sete Lagos

Prefeitura Municipal/Terminal Rodoviário
Av. Dr. Renato Azeredo, 1.500 - Bloco "C" - Sala 03 - Centro
CEP 35700-312
Tel. (31) 3773-2598

Uberlândia

ACIUB Associação Comercial e Industrial de Uberlândia
Rua Vasconcelos Costa, nº 1.500 - Martins
Caixa Postal 545
CEP 38400-452
Tel. (34) 3239-1513 - Fax (34) 3231-9600

Varginha

ACIV Associação Comercial e Industrial de Varginha
Av. Presidente Antônio Carlos, nº 303 - Centro
CEP 37002-020
Tel. (35) 3222-2099

SANTA CATARINA

Araranguá

Associação Comercial e Industrial
Rua Virgulino Queiroz, 203 - Térreo
CEP 88900-000
Tel. (48) 2522-0973 / 2524-1102 / 0061 - Fax (48) 2524-1102

Rio do Sul

Associação Comercial e Industrial
R. XV de Novembro, 73 - 2º andar
Caixa Postal 174
CEP 98160-000
Tel. (47) 2521-3857 - Fax (47) 2521-3857

Xanxerê

Associação Comercial e Industrial
Av. Brasil, 260 - 5º andar - Ed. Tiradentes
Caixa Postal 241
CEP 89820-000
Tel. (49) 2433-0420 - Fax (49) 2433-0420

Chapecó

Associação Comercial e Industrial de Chapecó
Av. Getúlio Vargas, 1.748
CEP 89805-100
Tel. (49) 3323-4100 - Fax (49) 3323-1723

Joinville

Associação Comercial e Industrial de Joinville
Rua do Príncipe, 330 - 10º andar
CEP 89200-000
Tel. (47) 2461-3364

PARÁ

Santarém

SEFA - Secretária Estadual da Fazenda
Av. Mendonça Furtado, 2.797 - Fátima
CEP 68040-050
Tel. (91) 2523 2632

GOIÁS

Rio Verde

Rua Augusta Bastos, nº 479 - Centro
CEP 75900-000
Tel. (62) 2621-1985

REDE DE TECNOLOGIA DO RIO DE JANEIRO

Avenida Rio Branco, 125 - 6º andar
CEP 20040-006 - Centro - Rio de Janeiro - RJ
Tel. (21)2221-9292 - Fax (21)2222-0312
e-mail: info@redetec.org.br
http:// www.redetec.org.br